GATA CU
SCU

RACHEL HOLLIS

GATA CU SCUZELE!

CUM SĂ NU-ȚI MAI FIE RUȘINE SĂ-ȚI URMEZI VISURILE

Traducere din engleză de
Ianina Marinescu

Editori:
SILVIU DRAGOMIR
VASILE DEM. ZAMFIRESCU
MAGDALENA MĂRCULESCU

Director:
CRINA DRĂGHICI

Redactare:
DOMNICA DRUMEA

Design copertă: Samy Lane c/o The Hollis Company
Design original © 2019 HarperCollins Leadership
Foto copertă © Jorge Macias
Foto autor © Alexa Sorensen c/o The Hollis Company

Director producție:
CRISTIAN CLAUDIU COBAN

Dtp:
GABRIELA ANGHEL

Corectură:
ANCA BACIU
LORINA CHIȚAN

Descrierea CIP a Bibliotecii Naționale a României
HOLLIS, RACHEL
Gata cu scuzele!: cum să nu-ți mai fie rușine să-ți urmezi visurile /
Rachel Hollis; trad. din engleză de Ianina Marinescu. - București: Lifestyle Publishing, 2019
ISBN 978-606-789-181-2

I. Marinescu, Ianina (trad.)

159.9

Titlul original: GIRL, STOP APOLOGIZING: A SHAME-FREE PLAN FOR EMBRACING AND ACHIEVING YOUR GOALS
Autor: Rachel Hollis

Published by arrangement with HarperCollins Leadership,
a division of HarperCollins Focus, LLC

Lifestyle Publishing face parte din Grupul Editorial Trei

O.P. 16, Ghișeul 1, C.P. 0490, București
Tel.: +4 021 300 60 90; Fax: +4 0372 25 20 20
e-mail: comenzi@edituratrei.ro
www.lifestylepublishing.ro

ISBN 978-606-789-181-2

Pentru fiica mea, Noah.
Fie ca tu să-ți trăiești viața — în care scuzele să nu aibă loc — ca pe o celebrare a ceea ce Dumnezeu te-a menit să fii!

Cuprins

Introducere

Ce-ar fi dacă...

Când m-am apucat să scriu această carte, eram convinsă că o să-i pun titlul *Scuze, dar nu-mi cer scuze*. Și, da, m-am inspirat pentru asta din cântecul lui Demi Lovato*. De fapt, aș merge și mai departe și aș afirma că acel cântec a fost cel care m-a determinat să scriu cartea de față.

Îți propun să-ți imaginezi vara lui 2017, când am auzit pentru prima dată această melodie. Era o dimineață însorită de luni. Știu că era luni, pentru că toți oamenii mei dansau în jurul mesei de conferințe, pregătindu-se pentru prima noastră ședință săptămânală. Și știu că era însorită, pentru că era vară în Los Angeles — iar impozitul exorbitant pe proprietăți face ca lucrurile să rămână încinse, iar temperatura să nu scadă niciodată sub 23° C.

Noi întotdeauna dansăm înaintea unor ședințe importante pentru că asta ne dă energie și ne face mintea să zbârnâie. În fiecare săptămână (ca să nu se supere nimeni), este atribuit prin rotație rolul de DJ — persoana care alege muzica menită să ne stimuleze. În vara respectivă, toată lumea (în afară de mine) avea sub 28 de ani, așa că erau numai unul și unul din generația milenialilor — deci nu știam niciodată la ce să mă aștept. În acea zi de luni am auzit pentru prima dată piesa lui Demi Lovato.

Și am iubit-o din prima.

---

* Referire la melodia *Sorry Not Sorry*. (*N.t.*)

Dacă nu ai dansat niciodată pe această piesă, atunci trebuie să o adaugi imediat la lista ta de melodii pe care te antrenezi. Este stimulatoare și distractivă, având o impertinență dusă la extrem — exact acel tip de inspirație necesar înaintea unei ședințe intense de cardio sau înaintea primului tur de alegeri locale.

Demi ne spune că arată de milioane și se simte de milioane și-și trăiește viața așa cum vrea. Și se scuză că nu-și cere scuze. Trăiesc pentru genul acesta de muzică. Este revigorantă, te prinde și se potrivește mănușă în arsenalul de melodii la care recurg ca să-mi dea energie sau să-mi ridice moralul.

După acea primă experiență, am făcut o obsesie din piesa lui Demi. O ascultam la duș, la sală, în mașină — ba chiar am mers atât de departe încât să pun o variantă modificată pentru copii atunci când erau și copiii de față, doar ca să o pot asculta încontinuu. Asta da implicare, prieteni! Oricine a ascultat vreodată variantele modificate pentru copii ale melodiilor la modă poate să confirme că e ca și cum ai trece prin infernul parentajului, dar atât de mult mi-a plăcut această melodie! O ascultam tot timpul și, în cele din urmă, mi-a răsărit în minte o întrebare: *Pentru ce nu mi-aș cere scuze?*

Vedeți voi, Demi nu-și cere scuze pentru că-și trăiește viața așa cum vrea. Nu-și cere scuze că arată bine sau că se simte bine și nici că-l face gelos pe fostul iubit sau că face o baie cu spumă într-un jacuzzi în sufragerie — asta dacă ne luăm după videoclipul melodiei. Dar eu? Care sunt lucrurile din viața mea pentru care refuz total să-mi cer scuze?

Mi-aș dori să pot spune că fiecare parte a vieții mele cuprinde o lungă listă de lucruri pentru care nu dau doi bani pe ce cred ceilalți, dar asta n-ar fi adevărat, indiferent cât de mult îmi doresc să fiu acum un exemplu pentru tine.

Printre altele, anul trecut de Crăciun mi-am petrecut cea mai mare parte a timpului în pat, având bronșită. Am profitat de asta și am citit multe romane istorice de dragoste, în care acțiunea se desfășura în epoca Regenței, cu duci visători care spun mereu chestii de genul: „Evangeline, nu dau doi bani pe ce crede lumea!", chiar înainte de a o săruta pe eroină cu pasiunea a zece mii de sori sau măcar pe-aproape. Decizia mea pentru noul an a fost să încep să folosesc sintagma *nu dau doi bani* în discursul de zi cu zi. Deja mi-am îndeplinit visul, și nu este decât 2 ianuarie. Ura!

Dar, sincer vorbind, ca multe alte femei, sunt pe cale să-mi depășesc nevoia de-o viață de a le face altora pe plac. Mă străduiesc tot timpul să-mi văd de viață fără să mă preocup de părerile altora, dar sincer îți spun că nu-mi iese de fiecare dată. Da, chiar și eu, sfătuitoarea de profesie, sunt prinsă uneori în capcana poverii apăsătoare a așteptărilor celorlalți și trebuie să negociez cu mine însămi ca să nu cad în această capcană. Dar fii convinsă că sunt domenii unde îmi iese cu desăvârșire. Există segmente întregi ale vieții mele pentru care m-am străduit să nu mă las distrasă de la propriile valori și să nu-mi fac griji referitor la ce-ar putea crede alții. Cel mai grăitor exemplu în acest sens? Visurile mele mărețe, îndrăznețe. Stabilirea unor țeluri revoltător de înalte. A fi mândră de faptul că sunt o mamă care lucrează, în loc să mă las atrasă în acel tip special de descurajare izvorât din vinovăție. Îndrăzneala de a crede că pot schimba lumea ajutând femei ca tine să se simtă curajoase, mândre și puternice.

Din când în când, poate că mă las prinsă în capcana vreunei necunoscute de pe internet care zice ceva de rău despre părul meu, despre hainele mele sau despre stilul meu literar — dar nu-mi mai petrec nicio secundă preocupându-mă de ce cred alții despre mine fiindcă am visurile pe care le am.

Să accepți ideea că poți să-ți dorești lucruri pentru tine, chiar dacă nimeni altcineva nu înțelege motivele de la baza lor, este cea mai eliberatoare și mai puternică senzație din lume. Vrei să fii învățătoare? Minunat! Vrei să-ți deschizi un salon de coafură pentru căței, specializat în vopsirea în roz a pudelilor? Excelent! Vrei să strângi bani ca să pleci într-o vacanță luxoasă în care să te recomanzi drept Bianca, deși numele tău real este Pam? Fantastic!

Indiferent de vis, este al tău, nu al meu. Nu trebuie să te justifici pentru el, căci, atâta timp cât nu ceri aprobarea cuiva, atunci nici nu ai nevoie de permisiunea cuiva. De fapt, ziua în care înțelegi că n-ai motive să-ți justifici visurile în fața nimănui este ziua în care începi cu adevărat să pășești pe calea către a deveni cine ești menită să fii. Nu vreau să spun că trebuie să le arăți tuturor degetul mijlociu, ca în cântecul lui Beyoncé. Nu vreau să spun că trebuie să fii răutăcioasă şi nepoliticoasă şi să faci caz de țelurile tale în fața altora. Ci că trebuie să te concentrezi pe visul tău, să muncești şi să te zbați pentru el și să încetezi să te mai simți vinovată pentru asta!

Din păcate, sunt oameni care nu trăiesc această experiență niciodată în viața lor. Femeile mai ales sunt foarte dure cu ele însele și se conving singure să renunțe la visurile lor chiar înainte să le dea o șansă.

Ceea ce e o mare greşeală.

Oamenii cărora le este teamă să-și dea o șansă au atâta potențial nefolosit. Chiar acum sunt femei care citesc aceste rânduri și care au idei de organizații nonprofit care să schimbe lumea... asta dacă ar avea curajul de a-și urma visurile. Sunt femei care citesc aceste rânduri și au potențialul de a pune bazele unei companii care să le schimbe viața de familie — viețile altora fiind la rândul lor influențate pozitiv de afacerea clădită, asta dacă ar avea îndrăzneala să creadă că o să le iasă. Chiar acum sunt femei care citesc aceste rânduri și care ar inventa următoarea aplicație extraordinară, ar crea următoarea colecție vestimentară fabuloasă, ar scrie următorul mare bestseller sau ar crea niște produse de înfrumusețare din care noi toate să facem o obsesie — asta dacă ar crede în ele însele.

Un vis pornește întotdeauna de la o întrebare, iar întrebarea este întotdeauna o variațiune pe tema lui *Ce-ar fi dacă...*

Ce-ar fi dacă mi-aș relua studiile?
Ce-ar fi dacă aș încerca să construiesc asta?
Ce-ar fi dacă m-aș forța să alerg 42 km?
Ce-ar fi dacă m-aș muta în alt oraș?
Ce-ar fi dacă aș fi eu cea care să schimbe sistemul?
Ce-ar fi dacă Dumnezeu a avut motivele lui pentru care m-a făcut să-mi doresc asta?
Ce-ar fi dacă aș contribui și eu cu ceva la contul nostru bancar?
Ce-ar fi dacă aș scrie o carte care să-i ajute pe oameni?

În acest *ce-ar fi dacă* stă posibilitatea de a bate la ușa inimii tale, implorând-o să-ți dea curajul de a-ți învinge toate fricile din minte. Acest *ce-ar fi dacă* are motive să fie acolo. Acest *ce-ar fi dacă* este reperul tău. Acest *ce-ar fi dacă* îți indică pe ce anume să te concentrezi în continuare.

Dacă fiecare femeie care simte acest *ce-ar fi dacă* în inima ei i-ar da voie să-i hrănească dorința arzătoare de a-și urma calea, nu doar că ar fi extrem de surprinsă văzând de ce este în stare, dar ar ului pe toată lumea. Sunt convinsă că, dacă oricare dintre noi am trăi pur și simplu urmând calea care ne conduce către răspunsul la această întrebare, efectul asupra lumii din jur ar fi fantastic.

Oamenii de știință estimează că ne folosim doar 10% din creier. Dar ai văzut vreodată vreunul dintre acele filme în care protagonistul are dintr-odată acces la tot creierul său? Ia o pastilă sau este antrenat de o agenție guvernamentală secretă și, brusc, poate să îndoaie metalul cu mintea și să rezolve în doar câteva ore criza sărăciei mondiale pentru că se folosește de întregul său potențial. Sunt convinsă că pe lume sunt multe femei asemenea lui Peter Parker înainte de a fi mușcat de păianjenul radioactiv — funcționează numai cu o mică parte din potențialul lor pentru că nu au dat de un catalizator suficient de puternic care să-l deblocheze în întregime.

Doar un număr mic de oameni sunt încurajați încă din copilărie să creadă în ei înșiși și în potențialul lor. Oamenii care au acces la educație tind să vadă mai multe posibilități. Oamenii cărora li se spune că sunt valoroși de la o vârstă fragedă sunt mult mai înclinați să creadă în capacitățile lor la maturitate. Oamenii care au mai multe resurse percep de regulă un obiectiv ca fiind mai ușor de atins decât cei cu mai puține resurse. Dar dacă n-ai fost crescută să crezi în tine? Dacă n-ai avut acces la educație sau la mai multe resurse? Cât de probabil ar fi să crezi că ești capabilă de mult mai mult? Cât de probabil ar fi să-ți urmezi scopul când ești deturnată de la drumul tău?

Dar dacă l-ai urma? Dacă ai crede cu adevărat în tine? Și nu doar tu, dar ce-ar fi dacă femei foarte diferite din toate colțurile lumii ar lua hotărârea să înlocuiască așteptările celorlalți cu propria lor reprezentare despre cine ar putea fi?

Poți să-ți imaginezi dacă 25% sau 15% sau fie și numai 5% dintre femeile din lume s-ar hotărî să-și urmeze propriul *ce-ar fi dacă*? Poți să-ți imaginezi cum ar fi dacă ar înceta să-i mai permită vinovăției sau rușinii de a nu fi un anumit tip de femeie să le strivească potențialul? Îți poți imagina avântul exponențial pe care l-am vedea în toate domeniile, de la artă la știință și de la tehnologie la literatură? Poți să-ți imaginezi cât de bucuroase și de împlinite ar fi aceste femei? Poți să-ți imaginezi efectul pe care l-ar avea asta asupra familiilor lor? Dar asupra comunității? Ori asupra altor femei care le-ar vedea reușita și s-ar lăsa inspirate și încurajate de asta ca de un catalizator pentru a face o schimbare în propria viață? Dacă ar avea loc o astfel de revoluție — revoluția lui *ce-ar fi dacă* — am schimba lumea.

De fapt, cred că *putem* schimba lumea. Însă mai întâi trebuie să încetăm să mai trăim cu frica de a nu fi judecate pentru ceea ce suntem.

Stau aici de douăsprezece minute, în încercarea de a-mi da seama cum să încep acest subiect de discuție, dar știi ce? Suntem femei în toată firea; putem să-i facem față. Putem face față unei conversații reale. Putem să facem față când cineva ne ia viața la puricat și putem să recunoaștem unele adevăruri grele care ne trag înapoi.

Așa că, uite unul dintre ele: femeile se tem de ele însele.

Da, e adevărat! Dacă nu ne-ar fi teamă de propria persoană, n-am pierde atâta timp tot cerându-ne scuze pentru ceea ce suntem, pentru ceea ce ne dorim de la viață și pentru timpul de care avem nevoie ca să facem asta.

În cazul unei femei obișnuite, povestea sună cam așa. Când vii pe lume, ești întru totul tu însăți. Nu e o decizie conștientă aceea de a fi exact ceea ce ești; ești așa în mod instinctiv. Ai urlat? N-ai scos un sunet? Ai tânjit după alint? Ți-a fost foarte bine fără compania altora?

Nevoile tale au fost simple, ți-era limpede ce voiai și nu ți-a trecut o clipă prin cap să fii într-un anumit fel — existai pur și simplu. Apoi ceva s-a schimbat. S-a întâmplat ceva de proporții, ceva care avea să-ți modeleze tot restul vieții, chiar dacă n-aveai cum să fii conștientă de asta la momentul respectiv.

Ai învățat lecția așteptărilor celorlalți.

Și iată-te pe tine, acel bebeluș adorabil care dintr-odată nu mai coopera. Oamenii așteptau de la tine să faci lucruri: să nu-ți mai arunci biberonul pe jos, să nu mai țipi când nu ți se face pe voie, să începi să mergi la toaletă ca o persoană normală, să încetezi să-ți mai muști fratele doar pentru că așa îți vine. În perioada în care ai trecut de la a fi acceptată întru totul la a trebui să te ridici la nivelul anumitor așteptări s-au petrecut două lucruri esențiale.

Primul este că ai învățat să trăiești în cadrul normelor sociale. Iar acesta e un lucru bun, fată dragă, pentru că, dacă ai continua să porți scutece la 32 de ani fiindcă nu te-a ajutat nimeni să mergi la toaletă, n-ar mai fi deloc drăguț.

Al doilea lucru care s-a întâmplat e că ai învățat cum să obții atenție, iar pentru un copil, atenția este echivalentul iubirii. De fapt, dacă nu înveți niciodată altceva, îți trăiești întreaga viață crezând că dacă te observă cineva înseamnă că te iubește. A se vedea social media ca întreg.

Fii atentă, urmează să-ți spun ceva care să te ajute să înțelegi practic orice persoană pe care o cunoști și probabil și pe tine însăți. Ca nou-născut, ai avut nevoie constant de îngrijire și atenție ca să supraviețuiești, dar la un moment dat, n-ai mai primit acea atenție totală, pentru că n-ai mai avut nevoie de ea. Însă a continuat să-ți placă să fii luată în seamă (erai totuși doar un copilaș), iar mintea ta isteață a început să testeze diverse modalități de a primi atenție la cerere. Unii copii mici primesc atenție când sunt afectuoși, așa că învață să fie dependenți de asta. Alți copii mici primesc atenție când fac ceva care stârnește râsul părinților, prin urmare, învață să distreze. Unii copii mici învață că primesc atenție dacă fac ceva bun, lăudat de toată lumea; și devin dependenți de rezultate. Alți copii mici observă că, atunci când cad și se lovesc sau când se îmbolnăvesc, mama le acordă mai mult timp și e mai grijulie cu ei; și așa ia naștere un ipohondru. Sunt și copii care nu primesc deloc atenție indiferent ce-ar face, așa că dau din picioare și țipă și fac o criză de nervi. Să fii furios e mai bine decât să fii ignorat. Obiceiurile din copilărie rămase nemodificate se transformă în feluri inconștiente de a fi.

Știu că sună ca o generalizare lipsită de nuanțe și uniformizatoare, dar, serios, pune-ți întrebarea dacă nu cumva atitudinea asta seamănă cu a unor adulți pe care-i cunoști. Există cineva în viața ta care are mereu probleme? Căruia îi cade cerul în cap în orice zi a săptămânii? Asta pentru că problemele respective îi asigură atenția după care tânjește. Știi pe cineva care să fie obsedat de rezultate? Un împătimit de muncă? Care trage de sine fără pauză? Probabil pentru că — la fel ca mine — a primit atenție când a realizat ceva în copilărie, iar de acest obicei e greu de scăpat. Știi vreo femeie care pare absolut neajutorată? Care are tot timpul nevoie de cineva care să o ajute, să-i rezolve problema sau să o sfătuiască în privința oricărei decizii? Sunt gata să pun pariu până la ultimul bănuț că e din cauză că a fost crescută într-o familie care i-a băgat pe gât toate aceste minciuni sau i-a controlat până târziu fiecare decizie luată, încât ea nu mai are deloc încredere în faptul că este o persoană capabilă.

Ideea e că învățăm de la vârste foarte fragede că există lucruri pe care le putem face pentru a primi atenție și, chiar dacă acțiunile specifice privind modul în care facem asta se modifică în timp, felul general în care suntem învățați să obținem atenție în copilărie — de la a fi amuzanți la a fi obsedați de rezultate, bolnavi cronic, excesiv de furioși sau tot timpul în criză — rămâne de cele mai multe ori neschimbat și influențează modul în care căutăm atenția celorlalți la maturitate.

În cazul meu, de fiecare dată reuşeam doar prin rezultate să primesc atenție din partea părinților mei. Din asta am învățat, încă de la o vârstă foarte fragedă, că, dacă voiam să fiu iubită, trebuia să fac lucruri prin care să le câștig afecțiunea. M-au iubit părinții mei? Fără îndoială. Dar pe un copil pentru care atenția echivalează cu manifestările de afecțiune, absența acesteia îl face să învețe cu disperare tot ce poate face pentru a o primi.

Prin urmare, să recapitulăm. Ești mică și înveți că prin anumite comportamente primești atenție. Asta începe să se imprime în ființa care urmează să devii. Dar acesta nu este singurul lucru dureros pe care-l înveți. Cam pe la aceeași vârstă înveți nu doar cum să obții afecțiune, dar ți se spune și *cine va trebui să fii* pentru a continua să o primești.

Te-ai gândit vreodată cât din viața ta actuală este de fapt rezultatul unor alegeri și care sunt domeniile în care ai făcut practic doar ce se aștepta de la tine?

Eu am fost crescută știind că mă voi căsători și voi face copii... repede chiar. În micul meu oraş natal, majoritatea colegelor mele de liceu aveau primul copil pe la 19 ani.

Când am avut primul meu copil, la 24 de ani, eram practic bătrână.

Douăzeci. Și. Patru.

Dar în lumea reală? Retrospectiv, mi se pare o vârstă foarte tânără. Ideea ca unul dintre copiii mei să aibă un copil la 24 de ani îmi provoacă palpitații. Viața e atât de bogată, sunt atâtea lucruri de văzut, atâtea lucruri pe care nu le știi despre tine la acea vârstă! Nu pot spune că aș schimba ceva referitor la vârsta la care m-am căsătorit sau am făcut copii, căci asta ar însemna să nu am copiii pe care-i am acum. Dar, cu cât înaintez în vârstă, cu atât îmi dau mai mult seama că am fost crescută să cred că adevărata mea valoare consta în rolul pe care aveam să-l joc pentru alți oameni. Până la urmă, să fii considerată o soție bună, o mamă bună sau o fiică bună rareori se bazează pe cât de autentică ești tu față de tine însăți.

Nimeni nu rămâne duminica după slujbă să zică: „Iat-o pe Becca. Știi că e foarte devotată ideii de auto-îngrijire. Ce mamă bună!“ Sau: „Oh, uite! Tiffany se antrenează pentru următorul ei semimaraton. Uite câte ore petrece ca să fie cât mai în formă. Ce soție bună!“ Dacă astfel de discuții au loc, n-au loc prin împrejurimile orașului în care am crescut eu. Nu, acolo de unde vin eu, femeile sunt învățate că pentru a fi o femeie bună trebuie să fii bună cu alții. Dacă ai niște copii fericiți, atunci ești o mamă bună. Dacă ai un bărbat fericit, atunci ești o soție bună. Cum rămâne cu o bună fiică, angajată, soră, prietenă? Întreaga ta valoare e strâns legată de fericirea altor oameni. Cum poate cineva să se descurce să fie la înălțime cu toate astea întreaga viață? Cum poate cineva să viseze la mai mult? Cum poate cineva să urmeze calea propriului *ce-ar fi dacă*, dacă are mai întâi nevoie de aprobarea altcuiva?

Nici nu e de mirare că sunt atâtea femei care-mi scriu că s-au pierdut pe ele însele! Sigur că s-au pierdut! Dacă-ți trăiești viața doar pentru a le face celorlalți pe plac, uiți ce anume te face pe tine *tu*. Dar dacă încă nu ți-ai găsit partenerul de viață sau n-ai nicio dorință de a face copii? Nu ești decât o femeie de nimic pentru că nu există nimeni pentru care să fii bună?

Nu. Sigur că nu. Ești o ființă care are propriile speranțe și dorințe, scopuri și visuri. Unele sunt foarte mici („Vreau să scriu poezie“), altele sunt imense („Vreau să creez o companie de milioane de dolari“), dar toate sunt ale tale și sunt valoroase pur și simplu pentru că tu ești valoroasă. Ai voie să-ți dorești mai mult pentru tine însăți din unicul motiv că te face fericită. N-ai nevoie de permisiunea nimănui și evident că nu trebuie să te bazezi pe sprijinul nimănui drept catalizator pentru a ajunge unde îți dorești.

Din păcate, multe femei sunt preocupate de ce-ar crede lumea despre obiectivele pe care și le-au stabilit pentru ele însele. Așa că, în loc să și le urmeze, își lasă visurile să moară. Sau le urmează în secret, ori mai rău — cu sentimentul enervant că i-au dezamăgit pe cei din jur fiindcă fac ceva pentru ele în loc să facă pentru ceilalți. Trăiesc cu vină, rușine și frică. *Ce-ar fi dacă* încetează să mai fie o posibilitate cât de mică dintr-un colț al sufletului și devine în mintea lor o litanie de învinuiri. *Dar dacă dau greș? Dar dacă o să râdă de mine? Dar dacă e o pierdere de vreme? Dar dacă o să fie furioși pe mine? Dar dacă o să creadă că sunt avidă? Dar dacă irosesc tot acest timp pe care altfel l-aș fi putut petrece cu familia mea?*

Ajunse aici, frica ne domină existența și ne împiedică să mergem mai departe, oricât de puțin. Putem ajunge să trăim cu o imensă frică de eșec și cu un mare complex al perfecționistului. Sau poate că ne e frică pentru că alții au obținut deja lucrurile la care și noi visăm, și-atunci ce rost mai are? Sau poate că ne temem să nu ne simțim stânjenite că ieșim (iarăși) în evidență. Sau ne temem că nu suntem suficient de deștepte, de drăguțe, de tinere, de coapte... sunt atâtea feluri în care să nu fii „suficient de".

Ca femei, avem o viață plină de minciuni care ne alimentează fricile. O viață în care am crezut că valoarea noastră stă în primul rând în capacitatea de a-i face pe alții fericiți. Referitor la visurile noastre, ne este teamă de atât de multe lucruri, dar frica noastră cea mai mare e să nu fim judecate că avem aceste visuri.

E o porcărie.

Și e timpul s-o spunem. E o porcărie această minciună din viața mea și spun că e o porcărie și în numele tău.

La începutul fiecărui an, stau și mă gândesc la o tematică pe care să o abordez. Încerc să concep un mesaj pentru voi, pentru comunitatea mea, pentru acest grup de femei care e alături de mine online. Când am început să scriu cartea de față, m-am întrebat ce vreau să vă transmit vouă, femei, surori, fiice, prietene și femei singure. Ce mi-aș dori să știți. Iar răspunsul care mi-a venit din suflet a provenit din acest *ce-ar fi dacă*.

Dacă e să-ți spun ceva, dacă e să te conving de ceva, acel ceva este că ești făcută pentru mai mult. Ești făcută să ai visurile pe care ți-e frică să le ai. Ești făcută să faci lucrurile pentru care nu crezi că ești calificată. Ești făcută să fii un lider. Ești făcută să-ți aduci contribuția. Ești făcută să aduci o schimbare pentru totdeauna, și în comunitatea ta, și în lumea întreagă. Ești făcută să fii mai mult decât ești astăzi și — asta e partea importantă — ce înseamnă pentru tine mai mult s-ar putea să nu corespundă cu ce înseamnă pentru mine sau pentru altcineva.

Pentru tine, poate că *mai mult* înseamnă să te înscrii în sfârșit la acea cursă de 10 000 de metri. Pentru altcineva, *mai mult* poate să însemne să schimbe modul în care mănâncă pentru a fi mai sănătoasă. Pentru altcineva, *mai mult* poate să însemne să-și reia studiile. Pentru altcineva, *mai mult* poate să însemne să iasă dintr-o relație cu cineva care este rău și dur și crud. *Mai mult* poate să însemne să nu te întorci de fiecare dată la acea relație toxică, plină de suișuri și coborâșuri. Pentru altcineva, *mai mult* poate să însemne să fie mai blândă cu sine. Poate că *mai mult* înseamnă mai mult timp și mai multă odihnă. Poate că *mai mult* înseamnă să nu-ți pierzi cumpătul și să numeri până la zece înainte de a țipa la copiii tăi. Poate că *mai mult* înseamnă să deții controlul asupra emoțiilor tale sau să faci *mai multă* terapie sau să bei *mai multă* apă sau să crezi *mai mult* că ești în stare de lucruri mari sau să nu-ți mai faci *atât de multe* griji referitor la ce-ar putea crede altcineva despre tine.

Ești, prin definiție, făcută pentru mai mult, iar dorința ta de mai mult nu este ceva de care să-ți fie rușine! Potențialul nostru — acel potențial care zace în fiecare dintre noi — este darul venit de la Creator. Cum valorifici acel potențial e darul pe care-l faci la rândul tău Creatorului. Cel mai rău lucru la care mă pot gândi este că ai putea muri cu acel potențial încă neatins în tine. Așa că am scris această carte, intitulată inițial după piesa lui Demi Lovato, ca pe o încurajare, ca pe un ghid de teren și ca pe aerul care să ațâțe flacăra acelui *ce-ar fi dacă* din tine, pe care să-l transforme apoi într-un pârjol.

De ce?

Pentru că lumea are nevoie de scânteia ta. Lumea are nevoie de energia ta. Lumea are nevoie ca tu să fii prezentă în viața ta și să fii la cârma potențialului tău! Avem nevoie de ideile tale. Avem nevoie de iubirea și de grija ta. Avem nevoie de pasiunea ta. Avem nevoie de modelele de business. Avem nevoie să-ți sărbătorim succesele. Avem nevoie să te vedem cum te ridici la loc după un eșec. Avem nevoie să te vedem curajoasă. Avem nevoie să cunoaștem acel *ce-ar fi dacă* al tău. Avem nevoie să încetezi să-ți mai ceri scuze pentru ceea ce ești și să devii cine ești menită să fii.

Mi-am petrecut mult timp în încercarea de a-mi da seama cum anume vreau să aștern pe hârtie această carte. Conține cele mai tactice — așa sper eu, cel puțin — recomandări pe care le-am scris vreodată. Mi-am dorit să fie ușor de înțeles și de aplicat indiferent de scopul tău, așa că a fost necesar să ajung la esența a ceea ce am făcut să-mi pot realiza visurile. Ceea ce m-am întrebat în cele din urmă a fost: *Ce lucruri m-au ajutat sau m-au afectat în urmărirea obiectivelor mele personale în ultimii 15 ani?* Până la urmă, nu sunt un expert. Nu sunt specialist sau profesor și nu cunosc răspunsul pentru ceilalți. Ceea ce știu este cum să ajungi dintr-un orășel și de la o copilărie traumatică la a fi un antreprenor de succes care a clădit o companie de mai multe milioane de dolari având la activ doar o diplomă de liceu. Știu cum e să treci de la a fi o tânără nesigură de sine, sufocată de anxietate când se gândea la cum o văd ceilalți, la a fi o femeie încrezătoare în sine și mândră de ea. Știu cum e să treci de la a fi supraponderală și cu un stil de viață nesănătos, când mâncarea este un mecanism de compensare, de la a nu putea urca niște trepte fără a răsufla din greu la a fi o alergătoare la maraton care sare din pat în fiecare dimineață, gata să-și înceapă ziua. Știu cum e să treci de la a fi o femeie disperată după aprobarea altora și care speră să fie iubită la a fi o femeie atât de plină de iubire pentru ceilalți, pentru propriile pasiuni și pentru munca la care nu mai recurge din motivele greșite. Toate aceste domenii de evoluție din viața mea au fost cândva obiective pe care mi le-am propus și, deși când am pornit-o pe această cale, nu știam exact ce fac, pot să mă uit în urmă și să văd ce au în comun toate reușitele și eșecurile care m-au adus până aici.

Nu sunt un expert. Sunt doar prietena ta Rachel și vreau să-ți spun ce a avut efect în cazul meu. Am încercat un pic din toate, dar, în cele din urmă, să-mi ating marile obiective personale și profesionale s-a redus la următoarele trei lucruri:

1. Să renunț la scuzele care mă țineau blocată.
2. Să adopt obiceiuri și comportamente potrivite care să mă poarte către succes.
3. Să dobândesc abilitățile necesare pentru a face posibilă o evoluție exponențială.

Îți spun sincer că n-am avut capacitatea necesară de a conștientiza aceste etape în timp ce le trăiam, dar acum pot să privesc în urmă și să văd că aceștia au fost factorii principali care au dus la fiecare succes pe care l-am avut între timp. Și intenționat am creat cele trei părți ale cărții în această ordine.

Am început cu **scuzele la care să renunți**, căci, dacă nu recunoști lucrurile care te limitează în prezent, nu vei reuși niciodată să le depășești. O să vezi și că partea despre scuze este cea mai cuprinzătoare din carte. Nu e întâmplător. Obiceiurile și abilitățile de care avem nevoie sunt simple, dar litania scuzelor care se interpun între unde suntem și unde ne dorim să ajungem este mai lungă și mai dramatică decât a doua parte a piesei *Hamilton**. După ce treci prin ele

---

* Piesă de teatru americană de tip musical despre Alexander Hamilton, unul dintre fondatorii națiunii americane. (*N.t.*)

și le identifici drept minciunile care sunt de fapt, poți merge mai departe, îndreptându-te spre lucrurile care te fac mai puternică.

A doua parte a acestei cărți este despre **comportamentele pe care să le adopți**, fiind modul meu sofisticat de a-ți spune că obiceiurile pe care le ai contează foarte mult. Dacă vrei să aibă efect și să vezi rezultate, secretul stă în consecvență. Adică nu poți să faci ceva o dată sau chiar și de zece ori și să te aștepți să te ducă acolo unde dorești să ajungi. Trebuie să ai comportamente care să devină atât de obișnuite, încât să pară că-ți sunt înscrise în ADN. Trebuie să faci în așa fel încât a trăi la înălțimea potențialului tău să fie noua ta normalitate.

În sfârșit, am încheiat cu **abilitățile pe care să contezi**. Acestea sunt niște lucruri universale de care are nevoie oricine vrea să-și atingă un scop. Ce te-ar putea mira este că aceste elemente sunt rareori numite abilități. Chestii ca încrederea în sine sau perseverența sunt considerate de obicei caracteristici pe care le ai sau nu le ai, dar vreau să-ți schimbi felul în care percepi aceste lucruri. Se poate să cultivi noi caracteristici pozitive și, foarte important, asta și trebuie să faci dacă vrei să-ți atingi mai ușor obiectivele personale.

Această carte conține multe informații (pe care mi-a luat o viață să le obțin), dar te rog să nu te lași copleșită de asta. Ești puternică și curajoasă și ești capabilă de mai mult. De acum înainte, alege să vezi ideile de schimbare drept posibilități în viața ta. O viață plină de posibilități este rețeta pentru a ajunge departe. Să purcedem!

PARTEA I

SCUZE LA CARE SĂ RENUNȚI

a scuza
verb
1. încercare de a atenua vinovăția privitoare la o greșeală sau o ofensă; încercare de dezvinovățire sau justificare.
2. a scuti (pe cineva) de o datorie sau o sarcină.
sinonime: a justifica, a dezvinovăți, a ierta

Scuzele sunt deghizate sub mai multe forme. Unii oameni le cred din toată inima. Aceștia chiar cred că nu sunt buni, că nu au timp sau că nu sunt „genul de persoană care să urmărească un scop". Nu-și dau seama că, de fiecare dată când se agață de aceste convingeri, nu doar că se privează de motivație, dar renunță chiar de dinainte de a începe. Hai să nu mai facem asta! Care sunt scuzele pe care le crezi? E probabil ca una sau mai multe dintre aceste idei să-și fi găsit loc în capul tău ca justificare privind motivele pentru care nu ești capabilă să-ți urmezi visurile. Sper că, aprofundând unele dintre cele mai comune scuze și motivele pentru care nu trebuie de fapt să le acordăm niciun fel de putere, vei putea să rupi lanțurile care te țin pe loc pentru moment.

Scuza 1:

Alte femei nu fac așa

Am avut dinți ca de rechin.

Sincer! Am fost unul dintre acei copii nefericiți ai căror dinți de lapte nu voiau să cadă. În loc s-o taie ca orice incisiv care se respectă, se agățau de gingie cu ultimele puteri. În același timp, dinții mei de adult nu mai voiau să-i înghită. Au venit potop peste mine, ca o soacră agresivă, gata să te cotropească. Și aveam două rânduri de dinți. Ca rechinii.

Cam în aceeași perioadă m-am hotărât să-mi tai bretonul cu foarfeca pentru mustață a tatălui meu. Pentru că nu eram chiar atât de proastă, *mi-am dat seama* că nu era cel mai inteligent lucru de făcut. Am fost — și încă sunt — genul care urmează regulile cu strictețe, iar să-mi tai părul la 11 ani era ca și cum aș fi făcut o operație pe cord deschis cu tacâmurile desperecheate ale bunică-mii. Nerecomandabil. Dar pe-atunci bretonul îmi intra în ochi și mă scotea din minți. Pe cât îmi place să urmez regulile, pe-atât eram — și sunt încă — un om al acțiunii. Așa că am decis să mă descurc singură. Când tata a descoperit rezultatul proactivității mele, a încercat să îndrepte linia inegală a bretonului. Din păcate, nici el nu se pricepea mai bine decât mine la asta. Și era extrem de obsesiv-compulsiv... asta însemnând că era disperat să obțină o linie dreaptă. În încercarea de a obține o margine perfectă, a continuat să-mi taie bretonul tot mai scurt, până când am avut un breton cam de lungimea genelor. Fotografiile mele din clasa a cincea sunt o priveliște de pomină!

Ți-am spus oare că tot pe-atunci mi-am ras și sprâncenele? Încă nu știam cum să mi le smulg. Știam doar că nu mai voiam să am sprâncene unite și mi s-a părut o alegere ideală să mi le rad cu aparatul de ras al surorii mele mai mari.

Mai eram și plinuță.

Și cântam la clarinet.

Eram ciudată și ciufulită, grasă cât două majorete și îmbrăcată cu haine primite de pomană care rareori îmi veneau bine. Nimic nu-mi doream mai mult pe lume decât să fiu populară și drăguță și să fiu acceptată. Și n-aveam nicio șansă, nici cât negru sub unghie.

Când ești mic, nu ai control asupra felului în care arăți, nici asupra lucrurilor la care ai acces sau oamenilor cu care interacționezi. Dar știi foarte bine ce-ți lipsește, ce nu ai, ce *ar trebui* să fie acolo, dar nu este. Tot ce trebuie să faci e să privești în direcția celor care par să fie de-acolo, care par că le-au pus pe toate cap la cap, ca să vezi ce-ți lipsește. Într-o lume ideală, cam pe când observi tu diferențele, vine și cineva mai bătrân și mai înțelept și te învață că acea ciudățenie a ta unică și înnăscută este valoroasă. Îți este alături și-i insuflă autenticitate existenței tale și poate chiar îți arată calea cea mai bună, astfel încât părul tău să nu arate ca în acel episod din *Prietenii tăi* în care Monica s-a dus în Barbados. Într-o lume ideală, ai fi încurajată să fii tu însăți și ai fi ajutată să-ți dai seama cum să evoluezi în feluri care să-ți sporească încrederea în tine.

Dar cele mai multe dintre noi nu am crescut într-o lume ideală.

Cele mai multe dintre noi am crescut identificând de foarte devreme toate lucrurile care nu erau în regulă la propria persoană. Am crezut că suntem prea grase, prea urâte, prea ciudate ca să fim iubite și acceptate fără a face mari schimbări. Unele femei fac față situației cufundându-se din ce în ce mai mult în sine. Altele fac față fiind rebele. *Lumii nu-i place de mine așa ciudată cum sunt? Foarte bine! O să fiu atât de altfel, că asta o să te țină la distanță încă de dinainte să te apropii!* Sau, dacă ești ca mine, hotărăști chiar în perioada cu dinții de rechin și bretonul scurt de doi centimetri că a fi atât de ciudată și a arăta atât de rău chiar este nașpa. Așa că tu, în plină prepubertate, începi să fii atentă la ce fac celelalte fete și, ca în scena din *Micuța sirenă* când ea este superentuziasmată că are ocazia să umble pe uscat, hotărăști la rândul tău că o să faci parte din lumea lor. Și că o să faci orice e necesar pentru asta: o să te comporți, o să te îmbraci, o să arăți și o să vorbești într-un fel care să-ți asigure acceptarea totală.

N-a fost un proces rapid, dar în cele din urmă mi-am pus aparat dentar și am învățat să-mi întind părul cu placa. Iar pe la 25 de ani, mă pricepeam deja foarte bine să joc un rol. De fapt, devenisem atât de bună să fiu exact ca orice altă femeie, că nici măcar nu mi-a trecut prin cap să mă întreb dacă-mi plăceau sau nu alegerile pe care le făceam. Când am început să mă întreb dacă îmi place calea pe care apucasem, mi se părea că ajunsesem mult prea departe ca să mai dau înapoi.

Așa că am început să trăiesc o viață dublă.

Nu gen „asistent manager ziua și agent secret/spion internațional noaptea". Mai degrabă am început să-mi trăiesc viața — foarte public, merită spus — prefăcându-mă a fi un anumit tip de persoană, când de fapt eram cu totul altcineva.

În viața publică și pe fiecare platformă de social media eram soție și mamă, avidă să gătească și să deguste bunătăți, specialistă în chestii făcute cu propriile mâini, care avea un blog și era înnebunită să posteze pe Facebook. În culise eram o mamă care lucrează și o antreprenoare competitivă de cel mai înalt nivel.

Aveam un birou.

Aveam cinci angajați cu normă întreagă.

Lucram peste 60 de ore pe săptămână.

Și acum vine partea importantă — îmi plăcea la nebunie fiecare clipă.

Îmi plăcea la nebunie fiecare clipă, dar nu vorbeam niciodată despre asta. Nu în public, în social media. Nici în particular, la reuniunile familiale. Nici la evenimentele de business ale soțului meu și nici măcar la întâlnirile de afaceri cu potențiali clienți. Minimizam totul. Alungam adevărul așa cum ai alunga o muscă sâcâitoare. *Oh, nu e mare lucru ce fac.* Ascundeam fiecare realizare și nu recunoșteam nici față de mine însămi care sunt visurile mele cele mai mari. Mă preocupa ce-ar putea crede alții despre mine. Mă preocupa ce-ai putea crede *tu* despre mine dacă ai ști ce era cu adevărat în sufletul meu.

Și adevărul este că erau atât de multe lucruri la care visam. Aveam idei pe care să le împărtășesc lumii despre cum ar putea femeile să schimbe felul în care gândesc, starea lor de sănătate mentală, stima lor de sine și, da, felul în care își colorează sprâncenele (căci asta contează pentru mine aproape la fel de mult ca toate celelalte la un loc). M-am gândit că, dacă pot crea o platformă, atunci le pot vorbi femeilor din toată lumea și pot să le încurajez, să le ridic moralul și să le fac să râdă. Am crezut în ideea că, dacă alți oameni postează în social media filmulețe cu pisici și poze cu cafele, atunci eu aș putea adăuga citate motivaționale și gânduri pozitive. Eram convinsă că puteam schimba întreaga afacere pe baza acestei idei. Eram convinsă că puteam schimba lumea.

Adică, tu câți oameni știi care să spună asta?

Pe mine. Acum, cel puțin.

Aș fi spus-o acum cinci sau zece ani? Sub nicio formă! Am ținut aceste visuri secrete, bine ascunse undeva unde nimeni să nu le poată considera ciudate sau să mă judece pentru ele și de unde, apropo, n-ar fi văzut niciodată lumina zilei și n-ar fi avut nicio șansă de înfăptuire. Talentele și abilitățile sunt ca orice ființă vie — nu pot crește pe întuneric.

Poate că nimic din ce-am făcut nu are sens pentru tine. Dacă ți se pare ciudat să te ascunzi de propriile visuri, o să presupun că n-ai lucrat niciodată în domeniul meu... și că n-ai avut troli care să te facă praf pe Facebook. Dă-mi voie să-ți spun că e nevoie de un obraz incredibil de gros ca să ignori chestiile răutăcioase pe care le spun oamenii pe internet și, asemenea calusului, o piele îngroșată apare doar după ce a fost crăpată de câteva ori și apoi s-a vindecat, devenind mai dură decât înainte.

A fost nevoie de ani ca să am curajul să vorbesc deschis despre visurile mele.

Am început să țin un blog după patru ani de coordonare a unei firme de succes din Los Angeles, unde am organizat de una singură petreceri sofisticate și nunți rafinate. Eram absolut epuizată. E frumos să participi la evenimente de milioane de dolari, dar este teribil să le organizezi. La finalul celui de-al patrulea an, nu eram convinsă că mai vreau să continui și am început acest blog. Pe-atunci era explozie de bloguri și toată lumea — cu cățel, cu purcel — avea blog, așa că m-am hotărât să fac și eu o încercare.

A fost atroce.

Am scris literalmente despre ce-am mâncat la cină cu o seară în urmă. Fotografiile mele arătau de parcă le făcusem într-o cameră obscură, cu un aparat de unică folosință — iar asta nu era departe de adevăr — și, sincer vorbind, nimeni nu s-a grăbit să-l citească. La fel ca aproape orice parte a carierei mele antreprenoriale, habar nu aveam ce fac. Dar, fată dragă, dă-mi voie să-ți spun chiar acum că, în absența experienței sau a cunoștințelor, determinarea face diferența dintre unde ești și unde vrei să ajungi!

Când am început să-mi îngustez opțiunile și să am conținuturi mai coerente, a început să apară o temă pentru blogul meu — care a devenit în cele din urmă afacerea mea. Mi-am dorit să mă concentrez pe trăirea unei vieți mai frumoase, a unei existențe mai fericite. Am început să am câțiva urmăritori și să atrag o oarecare atenție. Apoi am primit câteva oferte. *Aș fi dispusă să vorbesc despre decorațiunile de Ziua Recunoștinței la un matinal local?* Sigur că da! *Aș vrea, pentru 250 de dolari, să folosesc această marcă de ouă în rețeta de pe site-ul meu?* Bineînțeles! *Aș fi dispusă să port acești pantofi în următoarea postare pe Instagram în schimbul unui card Visa cadou de 100 de dolari?* Absolut!

Ofertele au venit constant și, deși nu câștigam nici pe departe cât câștigam din organizarea de evenimente, aveau potențial pentru a face bani! Brandurile aveau bani de dat și căutau să-i dea unor oameni ca mine. Încet și sigur, în următorul an și jumătate, am crescut fluxul financiar obținut din blog și am acceptat din ce în ce mai puțini clienți pe organizarea de evenimente, până când am putut face trecerea de tot. Până atunci regresasem la a avea doar un intern part-time ca ajutor, dar, când am luat hotărârea să mă concentrez pe blog, mi-am dat seama că am nevoie de niște profesioniști. Obiectivele mele au fost mereu înalte, chiar dacă nu mă simțeam confortabil să le mărturisesc celorlalți. Habar nu am cum să mă limitez la lucruri mărunte. Imaginația excesivă și o dorință de-o viață de a-mi dovedi valoarea prin realizări înseamnă că vizez întotdeauna luna de pe cer.

Cunoști expresia: „Ținteşte cât mai sus sau lasă-te păgubaş“? Eu nu mă las niciodată păgubașă.

Dacă de ziua mea îmi faci cadou un pui de teckel, ei bine, o să... în primul rând, o să fiu surprinsă. Nu mi-am dorit vreodată un teckel, așa că nu prea știu ce semnificație are acest cadou, dar o să-l primesc cu toată inima. O să-i pun un nume elegant, de pildă Reginald Wadsworth, al optulea Duce de Hartford, și n-o să treacă mult până când o să încep să-mi închipui că voi clădi o mică fermă în apropiere de Phoenix unde să cresc astfel de cățel campioni pentru competiții.

Ideea e că...

La scurt timp după ce am luat hotărârea să cresc partea de blog a afacerii, am știut că am nevoie de oameni. Am angajat redactori care să mă ajute să scriu și fotografi care să facă poze superbe, plus o asistentă care să se ocupe de tot ce ține de birou. Odată cu sporirea conținuturilor, a sporit și numărul de fani. Am muncit din greu și am fost atenți la tendințe și, odată cu creșterea publicului, au crescut și veniturile. A fost fantastic! A fost o companie creată pe baza reputației mele și, până la urmă, a idealului pe care acești fani l-au văzut în mine.

Acum dă-mi voie să fac o paranteză și să-ți spun ceva despre celebrități sau influenceri, ceva ce pe-atunci n-am înțeles. Acum, când scriu această carte, am un pic peste un milion de fani în social media. Dar la acel punct din istoria afacerii mele, probabil că aveam zece mii de fani pe Facebook, iar Instagram încă nu exista. Oricum, ceea ce e valabil astăzi privind faima de orice fel era valabil și atunci și iată care este ideea: tu nu mă cunoști. Cunoști doar percepția ta despre mine. Același lucru este valabil și pentru The Rock, Oprah, Kardashian sau președintele. Chiar și atunci când cineva este cât de transparent se poate — și aș zice că, de la fotografiile cu vergeturile mele care au fost virale pe internet și până la ultima mea carte în care recunosc că am făcut exces de alcool și că nu eram bună la pat, am dus o viață publică foarte transparentă, nici chiar atunci nu cunoști persoana la propriu. Nu pentru că este neapărat o persoană secretoasă, ci pentru că o percepi prin lentilele pe care le-ai creat.

Astfel, de pildă, dacă e prima dată când mă urmărești pe Instagram datorită unei fotografii în care arăt extrem de stilată, ai putea crede despre mine că sunt foarte stilată și în privința vestimentației mele. Dacă mi te-ai fi alăturat odată cu mai sus-menționata explozie a fotografiilor mele cu vergeturile, atunci e posibil să mă vezi ca mamă sau ca persoană care s-a luptat cu probleme legate de felul în care arată. Indiferent cum m-ai percepe (pe mine sau pe oricine altcineva pe care nu-l cunoști cu adevărat), asta are mai mult de-a face cu sertărașul în care ne-ai pus decât cu cine suntem cu adevărat. E ceva absolut normal și în regulă, mai puțin atunci când acea persoană pășește dincolo de tiparele în care ai situat-o.

În cazul meu, această încălcare a avut loc când am devenit mamă. Și iată cum toată chestia asta cu viața dublă despre care am vorbit mai devreme a început să intre în joc.

Aveam o legiune de fani care erau mămici (și încă mai am și în prezent), dar pe atunci încă nu vorbisem public despre firma mea; eram pur și simplu atât de concentrată pe crearea de conținuturi, încât nu m-am oprit o clipă ca să povestesc cum a luat naștere totul. Am presupus că toată lumea și-ar da seama că am fost ajutată. Cream săptămânal șase postări pe blog care necesitau o producție complexă și aveam doi copii mici. Sigur că aveam parte de ajutor! Dar, din cine știe ce motiv, asta nu a fost evident pentru cei mai mulți dintre oameni, iar atunci când și-au dat seama cum stau lucrurile, unii dintre ei au fost supărați. Și nemiloși. Nici măcar nu-mi mai amintesc de la ce a pornit totul, dar știu că a fost o postare pe Facebook în care vorbeam despre cum e să fii mamă. În comentarii, cineva mă întreba când am timp „să le fac pe toate". Nici măcar nu mi-a trecut prin cap să mint.

Am răspuns veselă: „Oh, dar nu le fac pe toate. Și soțul meu e foarte implicat și avem o bonă care ne ajută cu copiii când eu sunt la muncă".

Internetul a explodat.

„Ce fel de mamă lasă pe altcineva să-i crească copiii?"

„Doar o nenorocită egoistă ar alege munca în defavoarea familiei!"

„Probabil că e bine să stai degeaba toată ziua în timp ce altă femeie îți crește copiii!"

Vitriolul a venit imediat și a fost intens. Unii fani au fost dezamăgiți să afle că aveam un job în afara casei. Alții au fost siderați că aveam o bonă. Retrospectiv, îmi dau seama că mă percepuseră ca pe o mamă care stă acasă, probabil pentru că așa erau acele femei. Suntem înclinați să-i vedem pe oameni nu așa cum sunt, ci așa cum suntem noi. Când am pășit în afara tiparelor pe care le stabiliseră pentru mine, fanii s-au simțit trădați sau mințiți.

Am fost devastată!

N-am făcut față faptului că oamenii erau atât de supărați pe mine. Ce conta că erau doar niște necunoscuți? Ce conta că erau doar niște comentarii la o postare pe Facebook? Eram dărâmată. Îți aduci aminte de mine când eram mică? De dinții ca de rechin? Ei bine, acea fetiță încă vrea cu disperare să fie acceptată și detestă ideea că s-ar putea supăra cineva pe ea.

Retrospectiv, chiar mi se pare stupid, pentru că sunt atât de departe de acea femeie tânără și nesigură (mulțumesc, terapie!). Dar asta m-a făcut să mă gândesc încă o dată la tot ce am făcut și am spus public. Existau câteva subiecte despre care știam că-i vor enerva pe oameni, așa că încetasem cu totul să le mai aduc în discuție. Că lucrez, că sunt antreprenor, că am o echipă, că am o bonă, că am o menajeră, că fac deplasări de afaceri — toate acestea au devenit repede tabu. M-am concentrat pe ce le plăcea oamenilor. Erau la mare căutare fotografiile demne de Pinterest despre cum să te organizezi, recomandările de parenting, sfaturile privind exercițiile fizice și rețetele de brioșe. Am muncit pe rupte ani de zile ca să-mi dezvolt compania și să o fac să crească, dar, dacă mă întrebai pe-atunci cu ce mă ocup, îți răspundeam cu sfială că am „un mic blog".

Acel „mic blog" era citit în fiecare lună de milioane de oameni și avea un flux financiar cu cinci zerouri, dar am înțeles că afacerea din spatele blogului deranja anumite persoane, așa că n-am adus niciodată vorba despre ea. Și nu pentru că treceam sub tăcere anumite aspecte ale vieții mele. Prin natura sa, însuși faptul de a face un secret din asta a început să-mi întărească ideea că trebuia să-mi fie rușine de cine eram și de ceea ce făceam. Asta mi-a alimentat vinovăția că sunt o mamă care muncește. Mi-a alimentat nesiguranțele despre cum trebuie să fie o nevastă. Când cineva spunea ceva negativ despre alegerile mele, fie că era online sau față în față la vreun eveniment de familie, nu puneam la îndoială. Ajunsesem să cred că are dreptate, că o femeie, o soție și o mamă bună ar trăi exclusiv pentru familie.

Doar că nu puteam renunța. Îmi iubeam afacerea și adoram să încerc să rezolv dificultățile antreprenoriatului. Era ceva ce mă făcea fericită. Făcea să-mi bată inima mai tare. Mă făcea să mă simt vie. Dar, în același timp, nu voiam ca lucrul care-mi făcea mie plăcere să deranjeze pe cineva.

Câte dintre voi faceți asta? Câte dintre voi care citiți aceste rânduri trăiți pe jumătate sau, mai rău, sunteți o umbră a ceea ce erați cu adevărat menite să fiți, doar pentru că e cineva în viața voastră care nu vă apreciază cu totul sau nu vă înțelege?

Nu am vrut să renunț la visul meu cu afacerea de succes, dar nu voiam nici să fiu dezaprobată. Am trăit această viață dublă aproape cinci ani și am suferit constant de atacuri de panică. A fost nevoie de o cantitate uriașă de muncă pe plan personal și de niște revelații masive ca să ajung la motivele fundamentale pentru care simțeam nevoia de a trăi în felul acela, dar în esență era cam așa: îmi păsa mai mult să fiu iubită de alții decât îmi păsa să mă iubesc eu însămi.

Și deși am continuat să-mi dezvolt afacerea, am încetat să mai vorbesc public despre asta. Iar când membri ai familiei mă întrebau — constant și cu tot mai multă nemulțumire — de ce prefer să muncesc în loc să stau acasă cu copiii, am învățat să nu mai vorbesc despre asta nici în privat.

Brené Brown afirmă: „Rușinea este centrată pe sine, vinovăția este centrată pe comportament. [...] Vinovăție: îmi pare rău, am greșit. Rușine: îmi pare rău, sunt greșită".[1] N-am înțeles asta pe-atunci, dar mi-a fost extrem de rușine că sunt o mamă care lucrează. Și mi-a fost rușine ani de zile. Ani în care m-am autoflagelat, ani în care am încercat să le fac pe plac tuturor, ani în care am încercat să pregătesc niște mese excepționale de familie și să dau niște extraordinare petreceri aniversare pentru copii ca să dovedesc că micuților mei nu le lipsește nimic. Am pierdut atât de mulți ani, chinuită pe dinăuntru din cauza așteptărilor pe care le aveau ceilalți de la viața mea. Ani întregi am fost distrasă de la misiunea mea esențială de a motiva și a ajuta alte femei, pentru că am fost atât de preocupată de percepția celorlalți despre mine.

Mi-am petrecut atâția ani cerându-mi scuze pentru cine sunt.

Oh, nu e vorba de niște scuze verbale. Scuzele mele au fost mult mai dureroase pentru că nu le-am spus prin cuvinte. M-am scuzat prin modul în care mi-am trăit viața. Am făcut asta de fiecare dată când m-am simțit vinovată că plec în interes de afaceri, de fiecare dată când am înghițit minciuna despre vinovăția că sunt o mamă care muncește. De fiecare dată când m-am îmbrăcat într-un anumit fel sau am vorbit într-un anumit fel ca să fiu mai bine văzută a fost o scuză pentru ceea ce eram de fapt, o minciună prin omisiune. Și de fiecare dată când am mințit referitor la cine sunt, am întărit convingerea din mintea mea că este ceva în neregulă cu mine. Și chiar am crezut că sunt singura femeie care se simțea așa.

Apoi, în 2015, m-am dus la o conferință care avea să-mi schimbe viața pentru totdeauna. Am vorbit în amănunt despre asta în ultima mea carte și jur că nu voi fi acel tip de autor care doar își repetă vechile povești, dar esența acelei experiențe a fost să facem ceva pentru limitarea convingerilor și a minciunilor care ne trag înapoi. Am început să scormonesc în propria copilărie și să caut ce-am învățat sau am acceptat pe-atunci și care încă mă afecta.

Atenție, urmează o dezvăluire: majoritatea lucrurilor învățate în copilărie te afectează și în ziua de azi. Nici eu nu am făcut excepție.

Am crescut într-o familie cu o structură tradițională. Tata muncea, iar mama avea grijă de casă... chiar dacă și ea muncea. Totuși, mi-am găsit cumva calea către a deveni o mândră feministă — asta însemnând, per total, că sunt de părere că femeile și bărbații ar trebui tratați în mod egal. M-am căsătorit cu convingerea că eu și bărbatul meu vom împărți povara în mod egal, dar a fost atât de ușor să alunec către structura cu care am crescut și care stabilea cum ar trebui să fie o femeie, cum ar trebui să se comporte și care ar trebui să fie valorile ei.

Dă-mi voie să fac o scurtă paranteză și să dezvolt conceptul despre „cum ar trebui să fie o femeie". Dacă prin această carte vreau să-ți dau o idee la care să reflectezi, atunci acea idee este că majoritatea am fost crescute pe baza unei imense diferențe între felul în care trebuie să fie femeile și felul în care trebuie să fie bărbații. Asta nu e o chestiune de tip masculin versus feminin. Scriu asta machiată și aranjată — cu tot cu conturare! Este o chestiune legată de cine sunt crescuți să fie băieții versus cine sunt crescute să fie fetițele. Așa cum afirmam mai devreme, cele mai multe femei, indiferent de locul unde au crescut sau de cultura din care provin, au fost practic învățate că a fi bună înseamnă a fi bună pentru alții. Problema este că asta înseamnă să-i lași pe alții să-ți stabilească valoarea. Mai este de mirare atunci că jumătate dintre femeile pe care le cunosc suferă de anxietate și de depresie, copleşite de acest val de păreri ale altora? Am fost învățate că nu avem nicio valoare dacă alții nu au o părere bună despre noi.

Dar mă îndepărtez. M-am dus la acea conferință și am avut o revelație care mi-a schimbat viața. Am fost învățată să mă fac mică, dar mă născusem cu o inimă în care să încapă doar visuri mari. Această inimă cu tot ce cuprindea ea îmi fusese dată când eram încă în formare. Visurile mele nu erau doar o parte din mine; erau esența a ceea ce sunt. Erau un dar de la Dumnezeu și, dacă Creatorul mă înzestrase cu ceva, cum putea fi greșit? Am mers și mai adânc și mi-am dat seama că dorința mea de a munci și a mă dezvolta mi se părea greșită doar când începea să mă preocupe ce-ar putea crede alții despre asta. Să stai acasă poate fi o chemare și o frumoasă alegere personală — dar nu și a mea. Pentru mine era ceea ce voiau alții de la viața mea. Era ceea ce știam conform culturii, dar asta nu însemna că este corect. Așa că am început să mă întreb: *Oare n-ar fi corect să cred cu adevărat în mine însămi și să fiu sinceră cu privire la viața mea? Oare n-ar fi corect să fiu mândră de ceea ce sunt menită să fiu? Oare n-ar fi corect să mă mândresc cu faptul că muncesc atât de mult și cu realizările mele și să încetez să mă mai fac mică?*

Am plecat răscolită de la acea conferință! Când am ajuns acasă, eram o cu totul altă femeie — de fapt, ar trebui să spun că am ajuns acasă fiind întru totul eu însămi pentru prima dată în viață. Anii care au urmat au fost cei mai fericiți, mai împliniți și mai satisfăcători din toată existența mea, plus că m-au făcut să-mi dau seama de ceva important. N-am dat lovitura pentru că mi-era rușine că nu mă încadram în tiparul celorlalte femei din jurul meu. Nu sunt singura care a avut vreodată astfel de sentimente. Dar catalizatorul care m-a mânat să-mi urmez visurile pe care am privilegiul să le trăiesc astăzi e că am acceptat provocarea de a depăși activ acele sentimente și, făcând asta, viața mea s-a schimbat masiv.

Dacă munca mea te-a influențat, dacă ți-a plăcut ultima mea carte sau ai avut un weekend de revelații la una dintre conferințele noastre, dacă ai găsit chestii interesante în podcastul meu, reține că nimic din toate astea nu s-ar fi întâmplat dacă nu aș fi încetat să ascult de acel glas firav din mintea mea care-mi spunea: „Alte femei nu sunt așa. E prea îndrăzneț, prea ciudat, prea criticabil. Stai la locul tău. Stai potolită". Să lupt împotriva instinctului de a asculta acel glăscior a fost unul dintre cele mai grele lucruri prin care am trecut, dar, pentru că am făcut-o, viața mea — și, poate, și a ta, de ce nu? — s-a schimbat în bine.

Scuza 2:

Nu sunt o persoană orientată către scop

Instinctul îmi spune că majoritatea femeilor care aleg această carte sunt în căutarea unui scop. Nu în căutarea aurului — ci a unui scop. Adică ai în suflet un scop sau un vis și vrei un sfat sau niște încurajări care să te mâne înainte. Dar e probabil ca printre cititoare să existe și femei care sunt curioase sau nedumerite sau care sunt pur și simplu fani ai canalului meu de YouTube și care nu sunt foarte sigure cum o să le iasă chestia asta cu scopul pentru că ele pur și simplu nu sunt genul de fată orientată către scop. Au hotărât că nu e în gena lor și pace; unii oameni sunt pasionați de „chestia asta" cu dezvoltarea personală, iar alții, nu. Persoanele respective pot chiar să-și dorească să fie acel gen de persoană, dar nu prea au la ce spera, pentru că „pur și simplu nu așa s-au format".

Ideea e că înțeleg întru totul de ce crezi asta. Adică, sigur că, dacă n-ai venit pe lume fiind deja maestru în ceva, atunci nu e pentru tine acel ceva. Să mergi, să vorbești, să mănânci mâncare solidă fără să te îneci și să mori, să conduci mașina, să desparți în silabe, să folosești calculatorul — toate astea au făcut natural parte din „ceea ce ești" de la naștere, nu?

Nu. Nu fi proastă!

Ai învățat aceste abilități la fel cum ai învățat alte milioane de lucruri. Nu susțin că în prezent ai fi o persoană orientată către scop, căci percepția este realitate și, dacă crezi că ceva e adevărat, atunci chiar este. Ce susțin este că îți lipsește un cuvânt din propoziție. Nu ești o persoană orientată către scop — *deocamdată*. Oricine poate să afle care este scopul său, să se concentreze asupra lui și să învețe să se apropie de el pe zi ce trece. Să afli care este scopul tău necesită o oarecare căutare în tine și o oarecare claritate, dar celelalte două? Să te concentrezi și să fii suficient de productivă pentru a te apropia de locul unde vrei să ajungi? Acestea sunt doar obiceiuri. Dacă încă nu le ai e pentru că încă nu le-ai dobândit. Nu pentru că nu le vei avea niciodată.

Visurile sunt ceva la care speri în viață. Visurile sunt ceea ce ți se întâmplă când îți vezi de viața de zi cu zi. Sunt cam așa: *Îmi doresc să nu mă mai simt atât de obosită tot timpul. N-ar fi minunat să fiu în formă?* Sau: *Cât mi-ar plăcea să nu mai am datorii!* Sau: *Mi-aș dori să plec într-o vacanță de lux în vara asta.* Sau: *Mi-aș dori să nu trebuiască să trăiesc de pe-o zi pe alta. Poate reușesc să încep în paralel ceva pe cont propriu.* Pentru că ne-am născut în locuri diferite și avem o educație diferită, visurile noastre sunt la fel de unice și de variate ca și coafurile noastre. Toată lumea are un vis în viață — toată lumea! Nu toată lumea îl recunoaște față de sine sau măcar ia în considerare ca fiind posibil să-şi împlinească visul său latent, dar fiecare persoană care citește această carte vrea ceva. Acele dorințe pe care le ai? Acelea sunt visurile tale. Dar un vis și un scop sunt două lucruri total diferite.

Un scop e un vis care și-a suflecat mânecile. Un scop este un vis pe care te-ai hotărât să-l transformi în realitate. Un scop este o destinație către care te îndrepți, și nu o idee la care doar te gândești sau la care doar speri. Speranța e ceva minunat și un instrument incredibil de valoros care să ne ajute să rămânem motivate și inspirate cu privire la posibilitățile viitorului. Dar hai să stabilim foarte clar un lucru: speranța nu este o strategie.

N-are vreo valoare doar să speri că viața o să fie mai bună, că o să-ți fie mai bine, că vei fi dintr-odată concentrată și motivată fără să întreprinzi nimic concret pentru ca toate astea să devină realitate. Pentru a reuși trebuie să ai un plan. Trebuie să ai o intenție și să hotărăști chiar acum că poți fi oricine dorești să fii și că poți obține orice-ți dorești să obții.

Trebuie să crezi asta.

Trebuie să crezi în tine și să crezi că ești capabilă să faci schimbările necesare pentru a deveni persoana care dorești să devii. Pe măsură ce citești această carte și încerci să-ți dai seama cum este persoana care-ți dorești să devii, nu uita că acest parcurs începe cu un scop. Începe cu găsirea direcției în care vrei să te îndrepți și cu înțelegerea modului în care să-ți creezi acele obiceiuri care să te conducă acolo.

În ultimii cinci ani, unul dintre cele mai bune momente din cariera mea a fost o conversație telefonică pe care am avut-o cu o membră a comunității noastre. Acest grup este alcătuit din milioane de femei din toată lumea (plus câțiva bărbați de treabă) care ne urmăresc în social media. Eram la telefon cu una dintre ele și am întrebat-o cum a fost pentru ea să participe la prima noastră conferință. În primul an în care am organizat conferința Rise, chiar nu știam ce facem. Tot ce știam era că voiam să creez ocazia ca femeile să se strângă la un loc și să audă informații și idei care să le pună la dispoziție mijloacele cu care să-și schimbe viața, dar și ocazia să se întâlnească unele cu altele în cadrul acestei comunități de femei care gândesc la fel. Deci eram la telefon cu una dintre femeile care au fost suficient de curajoase cât să vină la primul nostru eveniment și care ne povestea experiența ei. Această femeie a menționat jenată că a venit la conferință doar pentru că spera să primească un autograf pe romanele mele. Până atunci nu fusese interesată de dezvoltarea personală.

Ea ne-a spus:

— N-am știut niciodată că aș putea avea un scop. Sunt soție și mamă și nu m-am gândit niciodată să mă concentrez pe ceva doar pentru mine.

Ca să fiu sinceră până la capăt, am fost șocată de această revelație. Șocată, pentru că eu sunt o persoană foarte orientată către scop (de parcă nu s-ar vedea) și chiar nu mi-a trecut niciodată prin cap că nu toată lumea este așa. Oh, sigur, înțeleg că nu toată lumea sare din pat la cinci dimineața așa ca mine, dar am presupus mereu că toată lumea se străduiește să obțină ceva. Iar faptul că cineva putea veni la unul dintre evenimentele noastre de la care să plece înțelegând că ea, ca femeie, are valoare în sine, și nu pentru ce le poate oferi celorlalți — copiilor, soțului, mamei, ci pentru sine însăși, mi-a deschis ochii. Acea femeie a descoperit că are voie să aibă un vis, o dorință, un scop și, la naiba, asta e minunat și m-a făcut să fiu atât de mândră de compania noastră!

Dar a mai fost și o lecție pentru mine și m-a făcut să înțeleg că există femei care nu-și permit să aibă un scop sau măcar un vis. Iar asta îmi frânge inima. Nu pentru că tind să exagerez (deși tind, mai mult ca sigur), ci pentru că evoluția înseamnă fericire. Sincer. Să ai ceva către care să te îndrepți îți dă un scop în viață. Să depășești obstacole, fie ele și foarte mici, îți dă un sentiment de împlinire și de mândrie. Toate organismele vii, toate relațiile și toate afacerile ori evoluează, ori mor. Punct.

Dacă te trezești că treci prin viață fără un scop sau un țel către care să te îndrepți, nu e de mirare că nu simți că-ți trăiești viața. Nu-mi pasă dacă ești CEO la o companie din topul Fortune 500 sau dacă ești o mamă casnică — trebuie să ai un scop. Poate fi unul personal: să revii în formă, să strângi bani să-ți iei casă, să pui bazele unei afaceri sau să-ți salvezi căsnicia. Poate fi orice. Află doar că trebuie să ai unul și, chiar dacă n-ai reușit până acum să te concentrezi pe un scop, poți să-ți faci acest obicei și poți să devii acea persoană care, da, este oricine își dorește ea să fie!

Scuza 3:

Nu am timp

O să presupun că lipsa timpului este ceva cu care rezonează toate persoanele care citesc această carte. Poate că ești mamă singură. Poate că abia ai absolvit facultatea și ai două joburi ca să supraviețuiești. Poate că abia ai zburat din cuib și programul tău dă pe dinafară. Adevărul este că, indiferent unde te afli și în ce etapă a vieții te găsești, e foarte probabil ca timpul să nu-ți ajungă. Adesea, pare că nu e timp pentru lucrurile de care ți-ar plăcea să te bucuri mai mult în viață: timp pe care să-l petreci cu prietenii, timp pe care să-l petreci cu partenerul, timp pentru un masaj sau ca să te plimbi printr-un magazin o oră întreagă de una singură, fără copii, doar ca să-ți amintești cum e să faci cumpărături de una singură și fără să ții de mână pe cineva. Și poate fi dificil să ai timp pentru scopul tău. Când să te mai ocupi și de el? Unde să mai încapă și asta, între job, viața de zi cu zi și creșterea copiilor? Cum mai adaugi asta într-un program care e deja copleșitor și mult prea aglomerat?

Ei bine, fată dragă, uite cum stă treaba — și poate să ți se pară sau nu surprinzător că am mai zis-o și înainte, dar rămâne valabil. Timpul necesar ca să-ți urmezi scopurile n-o să-ți pice din cer; o să-ți faci timp pentru asta. Și primul lucru pe care trebuie să-l admiți este că tu deții controlul asupra programului tău. Da, tu, marea directoare executivă! Da, tu, mama a patru copii! Da, tu, studenta cu 27 de evenimente în această săptămână! Da, tu, asistenta începătoare cu un șef solicitant! Tu deții controlul asupra programului tău. De fapt, în acest moment nu există un lucru în viața sau în agenda ta căruia tu să nu-i fi permis să fie acolo. Stai o clipă și gândește-te la asta. Ai programul supraîncărcat? De tine ține. N-ai timp nici să mănânci? La fel. Stai două ore în fiecare noapte uitându-te la televizor sau pe Instagram ca să te relaxezi? Tot alegerea ta este.

Fata mea, întrebarea care se pune nu este dacă ai suficient timp. Întrebarea este: cum te folosești de timpul pe care-l ai? Poți să-ți continui studiile cât stai acasă cu copiii. Femeile fac asta tot timpul. Poți să te antrenezi pentru semi-maraton și să ai un job cu normă întreagă. Femeile fac asta tot timpul. Poți să-ți clădești propria afacere seara, după ce ai terminat de muncit în firma altcuiva. Eu am făcut-o.

Când încă eram coordonator de evenimente în industria de divertisment, am început să am această fantezie despre cum ar fi să am propria mea firmă. Visam tot timpul la asta, iar înainte de inventarea Pinterest decupam fotografii din reviste și le puneam într-o mapă la păstrare. Pe-atunci lucram mai mult de 50 de ore pe săptămână și eram căsătorită de mai puțin de un an, deci existau o grămadă de chestii de făcut în weekenduri. Îmi plăcea să fac maraton de filme cu Drew Barrymore la care mă uitam pe TBS. Îmi plăcea să mă duc la Home Depot și să încerc să redecorez baia. Îmi plăcea să fac economii ca să ieșim la un restaurant scump. Iar, după ce munceam toată săptămâna, puține lucruri erau mai plăcute decât să stau acasă cu Dave. Dar, pe măsură ce visul de a pune bazele unei companii de organizare de evenimente a început să fie tot mai important pentru mine, am știut că trebuie să renunț la ceva. Să-mi dau demisia și să mă apuc singură de o afacere pur și simplu nu era posibil. Aveam o casă mică, dar cu o ipotecă mare ce trebuia plătită — și era nevoie de ambele salarii pentru asta. Nu aveam nici banii să mă apuc singură de afacere. Nu aveam nici relații, nici mentor, potențiali clienți sau un cont baban de economii. Aveam doar timp și — în asta constă esența — disponibilitatea de a da la schimb acel timp ca să fac ce-mi place.

Așa se întâmplă lucrurile în viață.

Se spune că, dacă vrei ceva ce n-ai mai avut niciodată, atunci trebuie să faci ceva ce n-ai mai făcut niciodată. Pentru mine, asta a însemnat să renunț la weekendurile în care mă uitam la televizor cu soțul meu. Am renunțat la weekendurile în care să hoinăresc prin magazine în căutarea unei carpete pentru camera de oaspeți. Și am lucrat în schimb. Am stat sute de ore în picioare pe tocuri la nunți și la premiere cinematografice ca să știu cum să fac asta pe cont propriu. Am lucrat un an întreg având cel mai greu și mai ingrat job de pe planetă (asistent coordonator pentru petreceri de elită), pe lângă programul meu normal de muncă, și am făcut-o gratis. N-am primit niciun bănuț pe acele ore. Nu mi-a părut rău să pierd niște weekenduri de stat acasă confortabil cu Dave în schimbul ocaziei de a munci pentru clienți pretențioși și pentru organizatori abuzivi de evenimente ca să aflu mai multe despre industria din care voiam să fac parte.

Ce să ne mai ascundem după deget, a fost oribil! Crezi că nu eram obosită după ce veneam de la jobul meu obișnuit? Crezi că seara, după zece ore de muncă la birou, îmi doream să dau fuga la o repetiție pentru nuntă a vreunui mic monstru de mireasă? Crezi că îmi doream să pierd petreceri aniversare de-ale prietenilor și weekenduri în afara orașului ca să pregătesc o nuntă? Crezi că nu era descurajant să fiu tratată rău, eu lucrând gratis? Sigur că era! Dar, frate, uite unde am ajuns!

Lucrurile pe care le-am aflat în acel an le-am folosit pentru lansarea propriei mele companii de organizări de evenimente. De acea companie de organizări de evenimente m-am folosit ca să-mi lansez blogul. Blogul mi-a asigurat această comunitate de fani. Iar mai târziu, acel an pe care l-am petrecut în slujba unor coordonatoare răutăcioase de evenimente a fost sursa de inspirație pentru primul meu roman bestseller, *Party Girl*. La început, să învăț să-mi fac timp pentru afacerea mea m-a ajutat să înțeleg că, atunci când doream să mă implic în ceva nou, singurul lucru care stătea în calea atingerii scopului respectiv era disponibilitatea de a-mi găsi timp pentru asta.

De pildă, când am vrut să scriu acea primă carte, am început să mă trezesc la cinci dimineața ca să apuc să tastez numărul necesar de cuvinte înainte de trezirea copiilor. Ca să-mi ating scopul am învățat să scriu oricând și oricum se putea. Această tactică mă ajută și în ziua de azi. Chiar acum revizuiesc acest capitol pe scările unui terminal supraaglomerat al aeroportului din Toronto. Tocmai am petrecut trei zile dând autografe pe cărți pentru presă și pentru public și sunt frântă de oboseală. Dar cred în această carte și vreau să ajungă în mâinile tale cât mai curând posibil, asta însemnând că aleg să-mi sacrific timpul de odihnă în acest scop. Dacă îmi doresc să obțin ceva nou în viață, întrebarea care se pune nu este niciodată: pot oare? Întrebarea care se pune întotdeauna este: la ce sunt dispusă să renunț ca să obțin asta?

La asta se reduce totul. Nu la timpul pe care-l ai sau nu, ci la cât de obligatoriu, de frumos, de *necesar* pentru fericirea ta viitoare este acel scop, astfel încât să fii dispusă să-ți sacrifici confortul actual pentru a-l atinge. Te bagi? Ești dispusă să renunți la puțin din relaxarea zilei de azi pentru posibilitățile zilei de mâine? Primul pas este să treci peste scuza că nu ai timp. Următorul pas este să reconfigurezi timpul pe care-l ai ca să atingi scopul pe care-l urmărești. Iată cum:

1. Fă o cronologie a săptămânii tale așa cum este ea acum

Știi cum se face — când te duci la nutriționist pentru prima dată, îți spune să ții un jurnal alimentar timp de o săptămână, ca să știi în cele mai mici detalii ce mănânci. Ideea e aceeași. Trebuie să pui la socoteală fiecare oră a unei săptămâni obișnuite. Vreau să notezi tot ce faci. Cel mai ușor e să deschizi o aplicație de calendar de pe telefon și să notezi acolo pe măsură ce săptămâna înaintează. Ai ieșit la o alergare care a durat 45 de minute? Notează. Te-ai oferit voluntară la biserică? Scrie cât timp ți-a luat, cu tot cu pregătire, deplasare cu mașina etc. Ți-ai petrecut cumva 58 de ore în această săptămână jucându-te Candy Land cu copilul tău? Jos pălăria... ești o sfântă pentru noi. Notează în calendar.

După ce ai notat întreaga săptămână, vezi de unde poți să obții cinci ore pe săptămână în care să lucrezi pentru scopul tău. N-are de ce să te ia cu palpitații! Primele cinci ore nu înseamnă chiar atât de mult timp. Înseamnă o oră pe zi timp de cinci zile din șapte. Sau o sesiune de trei ore și câteva intervale de câte o jumătate de oră. Există o mulțime de modalități în care să-ți programezi acest timp. Ideea e să hotărăști chiar acum că vei dedica minimum cinci ore pe săptămână scopului tău.

Dacă ești alături de mine de mai mult timp, atunci știi că am niște obiceiuri zilnice care mă ajută să trăiesc cel mai bine posibil, obiceiuri cărora le spun „Cele cinci elemente de dezvoltare". Păi, fată dragă, aceste cinci ore sunt pentru scopul tău și au și un nume drăguț: „Cele cinci elemente de dezvoltare". Însemnând că o să te implici minimum cinci ore pe săptămână, ca efort pentru atingerea scopului tău. Dacă ai mai mult timp, folosește-l, dar fă-ți măcar acest obicei de cinci ore și ține-te de el!

2. După stabilirea noului program, cele cinci ore sunt sfinte!

Dacă mă uit pe calendarul tău săptămâna viitoare, ar trebui să văd că este creat în jurul lucrurilor pe care dorești să le obții. Să presupunem că mi-ai zis așa: „Scopul meu este să ajung să arăt foarte bine anul acesta, pentru că eu și soțul meu ne-am dorit dintotdeauna să alergăm împreună la semimaraton, iar acesta este anul nostru". Dacă deschid chiar acum planificarea ta, o să văd trei sesiuni de alergare pe săptămână?

Când ceva este sacru, îl protejezi. Imaginează-ți că aș veni la tine și ți-aș zice: „Hei, ai vrea să te vezi cu Chris Hemsworth la trei la o cafea?" Sigur că mi-ai spune da, pentru că el este de vis și vorbește cu accent și ești mai mult decât curioasă de unde știe Chris cine ești. Ți-ai nota asta în agendă ca pe ceva nenegociabil, pentru că sunt atât de multe chestii minunate și interesante pe care le vei trăi având acea întâlnire în agendă. Și-apoi, dacă deodată ți-ar spune cineva: „Hei, poți să iei tu copiii la 15:30? Știu că am zis că îi iau eu, dar nu pot acum". N-ai fi de acord și gata. N-ai fi deloc încântată să-ți faci praf întâlnirea, pentru că e vorba de nimeni altul decât Chris Hemsworth, iar acea întâlnire programată, acea promisiune pe care ți-ai făcut-o ție însăți nu e ceva la care să renunți cu ușurință.

Indiferent de viziunea pe care o ai privind viitorul, trebuie să fie cel puțin la fel de valoroasă ca acea întâlnire la cafea cu Thor... sau cu oricine ar fi varianta ta de Thor. Trebuie să înțelegi că dedicarea ta în acest sens va duce la tot atât de multe chestii minunate și interesante ca o întâlnire cu un supererou australian bine făcut. Aceste cinci ore te despart de ceva măreț, iar dacă nu-ți găsești timp în programul tău ca să devii persoana care-ți dorești să devii, atunci de ce mai suntem aici? De ce mai încercăm? Este programul tău plin de lucruri care să-ți facă viața mai bună sau este dictat de dorințele și nevoile celorlalți?

3. Asigură-te că acele ore sunt bine petrecute

Eu scriu cel mai bine și cel mai repede dimineața. Am mai multă energie decât mai târziu și încă nu sunt obosită de pe urma luării deciziilor, lucru care mă face să mă gândesc și să mă răzgândesc în legătură cu orice. Pot să scriu noaptea, dar merge lent și-mi ia de regulă de două ori mai mult să scriu același număr de cuvinte. Știu asta despre mine, așa că-mi programez acel minimum de ore dimineața. Nu e suficient doar să-ți faci acel timp; mai trebuie și să-l programezi atunci când ai capacitatea mentală de a profita de el.

4. Planifică-ți săptămânal programul

Trebuie. În fiecare sâmbătă sau duminică, eu și Dave stăm împreună și ne uităm peste agenda noastră. Discutăm despre întâlnirile de la muncă, despre orele de dus și de luat copiii de la școală, despre antrenamente și despre timpul pe care ni-l planificăm ca să ieșim cu prietenii, programând și ieșirea noastră săptămânală în doi. De asemenea, ne restabilim prioritățile, ca să știm amândoi ce are de făcut celălalt și unde este nevoie de o mână de ajutor. Viața vine cu ale ei, fetelor, iar programul tău se va schimba. Dar acele ore sacre? S-ar putea ca, de la o săptămână la alta, să trebuiască programate în alt interval sau într-o altă zi, ca să mai poată fi incluse în programul tău. Dacă aștepți până la jumătatea săptămânii ca să le găsești un loc, e mai puțin probabil să reușești să te ocupi de acel lucru pe care știi că trebuie să-l faci. Nu poți pur și simplu să-ți faci planul la începutul lunii și să te aștepți să-l respecți; nu ești un android. Fă planificarea la începutul lunii și apoi din nou la începutul fiecărei săptămâni ca să fii sigură că respecți planul.

Poți să-ți faci timp pentru scopurile tale și trebuie să-ți faci acum. De ce acum? Păi, dacă nu acum, atunci când?

Nu obișnuiam să mă machiez.

Adică, presupun că mă machiam, dar nu foarte des și nu foarte bine. Christina, sora mea mai mare, a fost și este o împătimită a machiajului. Are părul lung și blond și se machiază impecabil la ochi. Ar fi trebuit să calc pe urmele ei, dar e cu nouă ani mai mare decât mine, așa că am pierdut acest tren. Bănuiesc că asta explică de ce puțină mascara a fost ideea cea mai bună care mi-a venit când eram adolescentă. Și, din păcate, să te pricepi să te coafezi sau să te machiezi nu este ceva ce ți se acordă ca prin farmec la 18 ani, ca permisiunea de a juca la loterie.

Nu vreau să spun decât că, doar pentru că eram adultă din punct de vedere legal, nu însemna că eram mai aproape de a avea un aspect îngrijit. Dar nevoia te învață și, odată cu trecerea anilor, am reușit să-mi strecor și un machiaj de zi în ritualul meu de îngrijire. Un pic de fard, puțin tuș, puțin anticearcăn și un gloss de buze transparent au început să facă parte din uniforma pe care mi-o puneam când trebuia să mă duc zilnic la birou. Dar seara sau în weekend? Nici vorbă! Machiajul sau buclele erau pentru chestii speciale, cum ar fi o întâlnire sau o petrecere. În restul timpului mă găseai în colanți și cu părul prins în coc.

Apoi, într-o zi, aveam de gând să ies la masă cu niște prietene și, trecând prin fața oglinzii din baie, am avut un moment de pauză. Nu arătam excelent, dar nu voiam să fac prea mult caz din pregătirea pentru a ieși în oraș. Mi-am zis: *să ies cu prietenele mele e un motiv suficient ca să-mi fac timp să mă machiez?* Și aproape imediat mi-am răspuns singură:

Dacă nu acum, atunci când?, mi-am întrebat imaginea neîngrijită din oglindă.

Trăisem întreaga viață în așteptarea unui moment care să fie suficient de special încât să mă fac să arăt, să mă simt și să mă port cel mai bine, iar adevărul este că nu e nevoie de un moment special și nici de vreun motiv pentru asta. Dacă nu acum, atunci când? Această întrebare a devenit mantra mea și răspunsul la zeci de întrebări diferite.

Ar trebui să mâncăm din acele frumoase farfurii de porțelan sau din farfurii de hârtie?

Ar trebui să mă îmbrac frumos ca să ies în oraș cu soțul meu sau doar să-mi iau pe mine tot niște blugi?

Ar trebui să-mi fac timp să-i scriu ceva unei prietene?

Să-mi sun bunicii?

Să fac niște fursecuri pentru vecini?

Răspunsul la toate aceste întrebări este același: dacă nu acum, atunci când? Poți să-ți petreci toată viața planificând acea zi specială, când de fapt tot ceea ce ai este acum, astăzi, în această clipă. Nu ai garanția că acea zi specială va veni!

Așa că încetează să o mai aștepți; e un mit. Nu aștepta să ai timp; începe să planifici cum să-ți faci timp.

Scuza 4:

Nu sunt suficient de bună ca să reușesc

În tot ceea ce am scris, și în conferințele mele, precum am vorbit mult despre lupta mea de-o viață cu sentimentul că nu sunt suficient de bună. Este unul dintre subiectele pentru care primesc cele mai multe comentarii, așa că știu că nu sunt singura care are aceste nesiguranțe. Pentru cele mai multe dintre noi, lista acestor nesiguranțe are toate formele și dimensiunile. Ne luptăm cu sentimentul că ne lipsește ceva în aproape orice domeniu major al vieții noastre. Dar e o cu totul altă poveste când ne propunem să obținem ceva și nu suntem sigure că vom reuși cu adevărat.

Sentimentul că ne lipsește ceva în alte domenii ale vieții noastre este îndeajuns de greu de îndurat. *Nu sunt suficient de drăguță ca să-mi găsesc un soț. Nu sunt suficient de slabă ca să fiu frumoasă. Nu sunt suficient de coaptă ca să fac cutare lucru. Nu sunt suficient de tânără ca să fac cutare lucru.* Ne luptăm deja cu sentimentul că nu suntem suficient de bune pentru existența noastră, iar acum mai avem și un obiectiv înainte. Oare toate nesiguranțele pe care le simțim cu privire la viața obișnuită ar trebui să lipsească din acest domeniu? Sigur că nu! De fapt, când ne-am hotărât să obținem ceva, ne confruntăm de cele mai multe ori cu teama că nu suntem suficient de bune înmulțită cu un factor de nouă milioane.

Crezi în general că nu ești în formă, iar acum se presupune că ar trebui să alergi la un semimaraton? Crezi că nu ești suficient de bună la școală, dar cumva ești pe cale să pui bazele unei afaceri de succes? Crezi că nu ești suficient de implicată, dar o să încerci să scrii o carte? Și astfel, de prea multe ori se întâmplă că, subconștient, decizi că o să dai greș chiar înainte de a încerca măcar. Bineînțeles, ironia este că acel lucru de care încerci să te ocupi ar putea fi exact lucrul care să-ți demonstreze că ideile preconcepute despre sine sunt greșite. Dacă reușești să alergi la semimaraton, asta influențează modul în care te raportezi la capacitățile corpului tău. Dacă pui bazele unei afaceri incredibile, asta îți va modela convingerile despre cât ești de deșteaptă. Dacă perseverezi și termini până la urmă manuscrisul, asta o să-ți dovedească faptul că ești implicată. E un paradox, pentru că sentimentul tău că nu ești suficient de bună te împiedică să-ți dovedești că ești. Încă nu ai obținut lucrurile pe care speri să le obții, așa că hotărăști că nu ești în stare să le obții.

De ce ne raportăm în acest fel numai la anumite domenii ale vieții noastre? Când ești mică și încerci să mergi și cazi, nu rămâi la pământ. Te ridici imediat și încerci din nou. Prima dată când te-ai urcat la volan, probabil că erai speriată și agitată și te țineai de volanul acela cu o încleștare de kung fu și cu mâinile corect poziționate. Iar acum probabil că ai putea conduce și cu genunchiul stâng în timp ce-i întinzi o cană cu pai cuiva de pe bancheta din spate, fără să ratezi un singur cuvânt din povestea repetată în buclă pe CD în timp ce duci copilul la școală. În tinerețe, dăm greș și o dăm în bară și avem eșec după eșec, dar totuși mergem înainte. Dar cere-i unei femei de 37 de ani să se înscrie pentru prima dată într-un program de fitness și va începe imediat să-și imagineze toate motivele pentru care nu se va pricepe la nimic și, cât ai zice pește, s-ar convinge singură să renunțe înainte să încerce măcar o dată.

Cred că asta se întâmplă întrucât, cu cât ești mai tânără, cu atât e mai de așteptat să dai greș, fiind și mai puțin conștientă de ce-ar zice lumea dacă nu-ți iese. Dar, fata mea, lucrurile pe care încerci să le faci acum nu sunt lucruri pe care să le mai fi realizat și înainte, așa că ar trebui să ai statutul de începătoare. Nu e vorba că nu ești suficient de bună să treci linia de sosire; e vorba doar că încă nu știi cum trebuie să alergi pentru această întrecere.

Dar te înțeleg. Și eu m-am luptat cu toate astea. Ce m-a împiedicat să-mi urmez unul dintre cele mai mari visuri ale mele a fost credința că nu sunt suficient de deșteaptă ca să clădesc o afacere mare. Sau presupun că ar trebui să spun că mi se părea că nu sunt suficient de școlită. Când recunosc asta, oamenii tind să fie surprinși, probabil fiindcă mi-am dat seama de această convingere limitativă cu ani în urmă, și de-atunci încoace am făcut demersuri serioase ca să-mi schimb această percepție despre sine. Vezi tu, ori de câte ori simțim că ne lipsește ceva, singura modalitate de a reuși să contracarăm această minciună este cu ajutorul unui adevăr care o face irelevantă.

Eu recunosc că sunt needucată în sens tradițional. Am o diplomă de liceu și un an la școala de teatru. Atât. Asta n-a fost o problemă când lucram ca organizatoare de evenimente, căci oamenii mă angajau pentru abilitățile mele de decorare și organizare. Nimănui nu-i păsa dacă am sau nu un MBA. Dar în ultimii câțiva ani, compania mea a crescut foarte mult și, odată cu această creștere, au apărut și cheltuieli mai mari și, fetelor, sunt absolut praf la matematică. Pentru că nu este un domeniu în care să mă simt stăpână pe situație, am făcut tot ce mi-a stat în puteri să ignor partea financiară a afacerii mele. Cu cât făceam mai mulți bani, cu atât mă chinuiam mai tare să înțeleg documentul de bilanț care arăta deodată asemenea complicațiilor bugetului unei mici țări insulare. A devenit o profeție autoîmplinită.

Mă doare să recunosc asta în fața ta, dar, la vreo doi ani după ce mi-am început afacerea, abia dacă mă mai uitam peste actele contabile. Mă copleșeau și nu înțelegeam la ce mă uit. Așa că abia dacă aruncam o privire peste rapoartele financiare pe care contabilul ni le făcea. Câtă vreme aveam suficienți bani de salarii și clienții își plăteau la timp facturile, chiar nu am dat atenție actelor. Sincer vorbind, nu lenea sau complacerea au dus la această decizie, ci frica. Ori de câte ori aveam în față o declarație financiară și nu o înțelegeam, auzeam acel glăscior din capul meu — îl știi, acea versiune afurisită a propriei persoane căreia îi place să-ți scoată în evidență toate defectele — care enumera toate lucrurile care mă preocupau profund. *Nu ești suficient de deșteaptă să conduci o companie de acest nivel. De ce crezi că ai fi? Acești oameni au încredere că pot trăi din ce produci tu, iar tu nici măcar nu ești în stare să citești un bilanț. O să dai greș*. Această teamă și acest cerc vicios al autoacuzării au continuat ani întregi, și-apoi, într-o bună zi, pur și simplu m-am săturat.

Citeam o carte excelentă despre vânzări și eram foarte pătrunsă de toate acele idei despre creșterea veniturilor și scăderea cheltuielilor. Dar pentru a face toate astea am înțeles că trebuia — neapărat — să înțeleg cum stăteam din punct de vedere financiar. Imediat au început să mă cuprindă fricile, dar dorința mea de a ajunge unde îmi doream a fost mai mare decât frica. Gălăgioasa mea familie Okie are o vorbă și, în acea dimineață, stând la birou, mi-a venit în minte acea vorbă, așa că mi-am spus cu voce tare:

— Rach, ori faci un rahat, ori nu-l faci.

Grobian? Absolut. Dar uneori e nevoie să auzi în minte îndemnul direct și practic al bunicului tău ca să-ți amintești cine ești de fapt. Ori urma să conduc această afacere și să am curajul, determinarea și încrederea de sine să o cresc, ori trebuia să încetez să mă mai joc la butoane. Convingerea mea limitativă era că nu sunt suficient de deșteaptă, pentru că nu aveam o pregătire în finanțe care să mă ajute să înțeleg cum stau lucrurile. Trebuia să contracarez această convingere limitativă cu un adevăr care să o lase fără forță.

Adevărul de care mi-am reamintit a fost că în trecut m-am descurcat întotdeauna. Întotdeauna. Aveam propria companie de 14 ani și niciodată nu se întâmplase să mă doboare vreun obstacol. Și ce? Acum că practic aveam succes pe scară largă, o să renunț dintr-odată? Doar pentru că eram nesigură? Nicidecum! Când am început să mă motivez cu acest adevăr, am avut suficientă limpezime cât să-mi pun o altă întrebare. În loc să accept că nu eram suficient de deșteaptă, am stat față în față cu această problemă specifică. Cum aș putea să înțeleg mai bine toate aceste cifre? Există un curs pe care să-l pot face pentru asta?

Sigur că există! Am aplicat imediat și am fost acceptată la un program online de contabilitate de afaceri organizat de Harvard Business School. Sigur, ideea era că, dacă simțeam că nu sunt suficient de deșteaptă, antidotul la asta trebuia să fie să aplic la unul dintre cele mai dificile programe online disponibile. Odată făcut acel curs, mi-am zis, asta o să-mi dovedească mie însămi — nu, lumii întregi! — că mă pricep la cifre. Psihologul putea să-și ia liber.

Să mă duc la acel curs a fost un eșec de proporții!

În primul rând, era al naibii de scump. În al doilea, am fost prima la teste și am luat note bune, dar asta pentru că am învățat. Odată cursul terminat, chiar n-am avut mai multe cunoștințe decât la început despre oricare dintre concepte. De asemenea, a fost extrem de cronofag, iar asta m-a făcut practic să fiu și mai anxioasă cu privire la coordonarea reușită a companiei mele, pentru că îmi petreceam o mare parte din zi cu lecțiile.

Îți spun această parte a poveștii întrucât cred că este o capcană în care cad multe dintre noi pe calea către dezvoltarea personală. Identificăm problema. Luăm hotărârea să o rezolvăm. Încercăm să ne rezolvăm problema personală făcând ceva ce nu aduce în niciun fel cu noi înșine.

E ca atunci când Sara s-a hotărât că o să revină în formă și s-a înscris la mai multe cursuri, nebunesc de scumpe, de SoulCycle. Surorii ei îi place spinningul, așa că trebuie să fie grozav! Lăsăm la o parte faptul că Sara detestă exercițiile fizice de grup și că sala la care se ține SoulCycle este la 40 de minute distanță, în cealaltă parte a orașului. Sau poate e ca atunci când Megan, care este mamă singură și are nevoie de mai mulți bani, s-a hotărât să se apuce în paralel de vânzări directe. Nu-i place deloc produsul și e îngrozită de ideea de a vinde ceva în fața unei mulțimi, dar prietena ei cea mai bună chiar a avut succes și e sigură că poate și ea. Sau poate că ești o antreprenoare care a renunțat la facultate pentru că ți-era greu să studiezi împreună cu alții. Fiecare lucru pe care-l știi despre afaceri l-ai învățat din mers, documentându-te personal, dar, când ai avut nevoie cel mai mult de acele cunoștințe, ai decis că lucrul cel mai bun pe care ar trebui să-l faci e să urmezi un tip de educație școlară pe care îl detești din toată inima.

Prieteni, dezvoltarea personală ar trebui să fie personală.

Nu e după un calapod comun. Trebuie să fie personalizată pentru tine și pentru modul în care tu înveți cel mai bine, altfel nu te alegi cu nimic. Fii strictă în privința obiectivului tău, dar flexibilă în privința modurilor de a-l atinge. Sara ar fi trebuit să-și pună muzica favorită și să se antreneze pentru o întrecere. Adoră muzica hip-hop și timpul petrecut în aer liber, deci și-ar fi putut personaliza antrenamentele în funcție de personalitatea ei și ar fi obținut rezultate palpabile. Megan ar fi trebuit să-și ia un job la cafeneaua ei preferată, unde să facă ore suplimentare când copiii sunt la tatăl lor și unde ar fi stat de vorbă cu clienții, într-un mediu care îi place.

Iar eu? Mi-a luat ceva (și mai multe mii de dolari sub forma unei taxe nerambursabile de școlarizare), dar în cele din urmă mi-am dat seama că era nevoie să deprind aceste abilități necesare afacerii mele în același fel în care am deprins orice altă abilitate. Mi-am pus întrebarea: *Există cărți pe care să le pot citi? Conferințe la care să pot participa? Pot să angajez pe cineva? Pot să fiu mai sinceră referitor la ce înțeleg și ce nu, ca să mi se explice mai clar?*

Răspunsul la toate acestea era: desigur!

A fost ușor să învăț despre un subiect care nu mă interesează în mod deosebit fără să-mi fie clar ce urmează să fac mai departe? Nu. A fost confortabil să recunosc în fața altora că nu înțelegeam aspectele financiare pe care până atunci m-am prefăcut că le înțeleg? Evident că nu. Dar care era alternativa?

Glasul bunicului din mintea mea s-a auzit mai tare decât monologul meu interior negativ.

Mă descurcasem de fiecare dată. O să mă descurc de fiecare dată. Așa că m-am pus pe treabă. Am învățat diferența dintre un bilanț și declarația de profit și pierderi dintr-un filmuleț pe YouTube. M-am dus la conferință după conferință pe tema afacerilor și m-am înscris prima la fiecare sesiune despre contabilitate — chiar dacă mi se părea mai plicticos decât să mă uit cum se usucă vopseaua. La una dintre aceste conferințe, s-a întâmplat să particip la un curs ținut de Keith J. Cunningham. (Îi dau numele aici pentru cazul în care vreuna dintre voi se întâmplă să se confrunte cu aceeași nesiguranță. Încearcă să-l auzi vorbind live!) N-am cunoscut pe nimeni altcineva care să-mi explice mai clar sau mai simplu decât a făcut-o el în acea zi cum stă treaba cu partea financiară a unei afaceri. Chiar am plâns ca un copil pentru că înțelegeam în sfârșit lucruri pe care înainte nu le pricepusem. Păi, cine pe lumea asta se smiorcăie din cauza principiilor elementare de contabilitate?

Cineva care credea că nu e suficient de deșteaptă cât să le priceapă vreodată.

Asta e partea cea mai nebunească atunci când simți că nu ești îndeajuns de bună ca să-ți îndeplinești visurile. Singurul mod de a-ți dovedi că poți reuşi este să treci dincolo de îndoiala de sine. Asta e mult mai greu de făcut dacă pășești pe urmele altcuiva. Trebuie să te concentrezi pe ceea ce a dat rezultate pentru tine în trecut și să aplici acele idei în noua situație. Mai trebuie și să crezi că este posibil, în loc să te concentrezi pe probabilități.

Să nu deții cunoştințe înseamnă că mai ai de învățat, nu că ești proastă. Să nu fii în formă înseamnă că e necesar să te modelezi, nu că ești leneșă. Să nu ai experiență te face nerăbdătoare, nu ignorantă. Întoarce pagina și forțează-te să vezi partea pozitivă acolo unde o vedeai numai pe cea negativă. Care sunt avantajele faptului că nu știi, nu înțelegi, nu pricepi, nu ai, nu ți-ai atins încă scopurile? Acest *încă* e cel care contează. Acest *încă* ne reamintește că avem la dispoziție întreaga săptămână, lună, viață ca să devenim cine suntem menite să devenim.

Ești suficient de bună. Astăzi. Așa cum ești. Încetează să te mai judeci doar pentru că ești la începutul acestui *încă*, indiferent ce vârstă ai. *Încă* este potențialul tău. *Încă* este o promisiune. *Încă* e ceea ce te face să mergi înainte. *Încă* este un dar și nu-ți trebuie mai mult ca să mergi mai departe.

În cazul meu, să scap de această convingere limitativă ca antreprenor m-a făcut să recunosc față de mine însămi toate lucrurile *pe care le-am făcut* și să nu mă mai concentrez pe cele pe care nu le-am făcut. Pentru asta există un exercițiu foarte bun pe care l-am învățat cu ani în urmă și cred că ți-ar putea fi util dacă ai să te îndoiești că poți face un anumit lucru. Scrie o scrisoare de la tine pentru tine. Mai exact, scrie din tenacitate, din acea parte din tine care nu renunță niciodată, adică din partea exact opusă fricii. Scrie din siguranța ta de sine. Scrie din inimă și din instinct și din acea bucățică din tine care obține întotdeauna ce-și pune în minte.

La conferințele noastre, când le spun femeilor să facă asta, se creează mereu un moment de confuzie în care îmi spun: „Dar n-am făcut nimic. Nu am ce scrie".

Fată dragă, problema nu e că nu ești realizată; problema e că nu-ți acorzi niciun fel de credit pentru lucrurile pe care le-ai făcut. Trebuie să scrii o scrisoare născută din adevărul tău ca să distrugi minciunile despre cine ești cu adevărat. Prin urmare, dacă îți faci griji că ești grasă și că nu ești în formă, atunci scrie-ți o scrisoare despre toate dățile în care ai arătat incredibil. Ai făcut sport când erai mică? Ai purtat un copil în pântece? Ai dat viață altei ființe umane? Și acele brațe care sunt prea flescăite și netonificate? De câte ori n-au oferit dragoste și consolare altora? De câte ori nu te-au ajutat acele brațe să ai grijă de familia ta, să-ți faci treaba sau să creezi ceva? Crezi că visul tău e prea mare, că e imposibil? Notează toate dățile în care ai făcut lucruri de care nimeni nu te credea în stare.

O să-ți arăt prima scrisoare pe care mi-am scris-o eu și-ți spun chiar acum că scrisoarea originală era plină de înjurături, pentru că A) îți spun sincer că n-am plănuit să fie vreodată citită de altcineva, B) uneori, o înjurătură bine plasată mă poate motiva și C) îl iubesc pe Isus, dar mai înjur și eu puțin. Pentru scopul nostru, am mai temperat-o și am scos cuvintele care puteau face ca această carte să fie interzisă în mai multe țări. Scrisoarea originală este încă în agenda spiralată în care am scris-o în acea zi. Nu este datată, dar știu că am scris-o în mijlocul celor mai mari nesiguranțe pe care le-am avut când am crezut că nu sunt suficient de deșteaptă ca să-mi dezvolt afacerea. Și mi-am scris o scrisoare venită din perseverență.

Dragă Rachel,

Eu sunt perseverența ta și iată ce doresc să știi despre mine: sunt dată dracului! M-am născut din suferință și frică și m-am luptat să ies la lumină. Am absolvit mai repede. M-am mutat în alt oraș. Am obținut un job cu mult peste vârsta mea, apoi un altul și un altul. Am pus bazele unei companii care n-ar fi trebuit să aibă rezultate, apoi ale alteia. Am scris cinci cărți. O să scriu și mai multe. M-am implicat în asistența maternală și am crescut cinci copii. Fac chestii pe care nu le poate face nimeni altcineva în mai puțin timp decât poți crede. Sunt atentă la mine însămi. Sunt dură cu mine însămi. Nu dau niciodată înapoi în fața greutăților. Nu renunț — niciodată. Poate că frica ta este puternică, dar nu există în viața ta o forță definitorie mai mare decât mine, perseverența ta. Cei 33 de ani ai tăi stau drept exemplu în acest sens!

Acest exercițiu a avut un efect puternic asupra mea atunci pentru că eu chiar nu-mi acordam credit pentru toate lucrurile pe care le făcusem. Trebuia să-mi reamintesc care e adevărul. Poate că nu aveam o educație formală, dar făcusem toate lucrurile amintite și continui să fac acele lucruri. Și asta vreau să faci și tu acum. Asta vreau să faci în acest weekend și vreau să o faci din nou peste trei luni. Apoi peste alte trei luni. De fiecare dată când teama că *nu ești suficient de bună* tinde să apară în cine știe ce mod stupid, vreau să-ți reamintești care e adevărul. Nu părerea — a ta sau a altora.

Cei mai mulți dintre noi — femeile în mod special — persistă în cine știe ce prostioară, în cine știe ce minciunică, în cine știe ce convingere limitativă avută din copilărie. O credem de atâta timp, încât nici n-o mai punem la îndoială. Am auzit ceva când eram mici și când sentimentele noastre erau ușor de rănit. Cineva ți-a spus ceva, a vorbit despre nesiguranțele tale de sine și tu ți-ai petrecut întreaga viață punându-te la îndoială și luând drept adevăr ce ți-a spus. Chestia e că nu este un adevăr. Este doar o părere.

1 + 1 = 2 este o realitate.

Gravitația există. Realitate.

Apa stinge focul. Realitate.

Tu fiind sau nu „suficient de bună“ pentru ceva? Părere. Părerea altcuiva sau poate părerea ta, dar, oricum ar fi, ea nu se bazează pe niciun fel de realitate concretă, ci doar pe greutatea pe care i-o dai tu. Și-atunci, cât din viața ta ai trăit — sau, mai bine zis, n-ai trăit — tratând o părere drept adevărul adevărat?

Iată cum stau lucrurile cu această idee de a fi sau nu destul de bună. Indiferent de problemele tale legate de convingerea că nu ești suficient de bună, aceasta este părerea pe care, intenționat sau nu, ți-a transmis-o altcineva, iar tu ai acceptat-o și ai făcut din ea o doctrină a vieții tale.

Nu analizăm niciodată lucrurile în amănunt în acest fel. Nu gândim niciodată cu adevărat: *Oh, nu simt că aș fi suficient de bună pentru că așa mi-a arătat mass-media, pentru că așa mi-a zis mătușă-mea odată, pentru că o fată a făcut un comentariu despre asta când eram printr-a opta, iar asta a devenit realitatea mea.* Te-ai gândit vreodată cât este de ridicol să-ți trăiești viața, să faci alegeri care te îndepărtează de scopurile tale, să nu încerci, să nu faci un pas în față din cauza a ceva spus cândva de cineva oarecare? Că a venit de la vocea autorității sau de la vreo tipă de pe internet, dacă eziți pentru că ți-a spus cineva că nu ești suficient de bună, atunci află că încă îți trăiești viața și faci alegeri pentru tine și, prin urmare, pentru familia ta în funcție de părerea altcuiva.

Nu e treaba altora să-ți spună ce poți și ce nu!

Nu e treaba altcuiva să-ți spună cine să fii!

Nu lumea decide despre ce-o să faci tu.

Tu ești singura care poate lua această hotărâre.

Iată și consecința acestui lucru. Trebuie să încetezi să mai dai vina pe lume pentru problemele tale. Nu poți să zici ceva de genul: „Ei bine, am fost luată peste picior toată adolescența, așa că acum n-am încredere în mine". Sau: „Părinții mei mi-au făcut niște lucruri, iar acum nu mă descurc".

Nu minimizez trauma pe care o avem din copilărie. E atât de incredibil de dureros să dai piept cu trauma, mai ales într-un moment al vieții în care ești atât de maleabilă, în funcție de părerile altora. Dar uite cum stă treaba! Liceul s-a terminat. Gimnaziul a fost acum mult timp. Nu mai ești o fetiță și nu poți să continui să-ți trăiești viața cu o mentalitate de copil de clasa a șaptea, indiferent cât de mult ai suferit într-a șaptea! Trebuie să hotărăști chiar acum că o să preiei frâiele propriei vieți și că o să lași în urmă restul de prostii, pentru că nu contează. Fiindcă oricine ți-ar fi spus acel lucru, mama ta sau sora ta sau o fată rea sau un băiat rău de la școală, indiferent cine ar fi fost, n-are dreptul să-și dea cu părerea despre viața ta. Nu e treaba lor. Nu e jocul lor. Nu ei sunt cei care încasează. Tu ești.

E o chestie simultană. Nu-ți poți trăi viața conform părerii lor și nici nu poți continua să dai vina pe ei. Trebuie să pornești pe drumul tău. Trebuie să accepți că s-a întâmplat tot ce s-a întâmplat și să alegi să fii conștientă de pașii care sunt necesari acum în direcția vindecării și depășirii acelor lucruri. Nu poți continua să trăiești cu scuza a ceva ce s-a întâmplat acum 15 sau 20 de ani, pentru că, serios, ce beneficiu îți aduce?

Știu că sunt persoane care chiar acum se gândesc: *Dar nu știi ce mi-au făcut. Nu știi prin ce-am trecut.* Așa este, nu știu. Dar știu că trecutul îți influențează încă prezentul într-un fel negativ, iar să te agăți de acel trecut nu ajută.

Te face să te simți mai bine? Te face să fii mai bună cu ceilalți când îți spui: „Sunt prea grasă. Sunt prea slabă. Sunt prea tânără. Sunt prea bătrână. Sunt prea...“? Cum te face să te simți?

Te face să te simți ca dracu'! Nimeni nu poate să simtă că nu este suficient de bun și să fie încântat de asta. Nimeni nu se simte inspirat, nu face alegeri excelente, nu este entuziast și bucuros în fiecare zi dacă are senzația că nu este suficient de bun.

E uluitor că asta este doar o percepție. E ceva ce doar crezi că este adevărat. Și ai posibilitatea să decizi ce crezi. Dacă am fi fost prietene în viața reală, te-aș fi scuturat și ți-aș fi reamintit că ai posibilitatea să decizi.

Eu sunt dovada vie că trecutul nu-ți determină viitorul.

Sunt un exemplu viu, în carne și oase.

Sunt Rachel, prietena ta, și-ți spun că am trecut prin traumă și prin suferință și că am fost hărțuită și m-am simțit urâtă și lipsită de valoare și am simțit că nu sunt suficient de bună în o sută de feluri. Și am luat hotărârea să-mi revendic propria viață. Mi-am revendicat-o și am luptat constant cu minciunile și cu convingerile limitative. Mi-am clădit forța uitându-mă la ce este adevărat, nu la ce este o părere. Și poți și tu s-o faci!

Scuza 5:

Nu pot să-mi urmez visul și să fiu în continuare o mamă/fiică/angajată bună

Poți să elimini cuvântul *mamă* din această scuză și să-l înlocuiești cu altceva, la alegere: soție, soră, creștină, prietenă — ceva care să completeze spațiul liber.

Detest această scuză.

În sensul că realmente mă scoate din minți. Nu pentru că s-ar putea s-o crezi, ci pentru că și eu am crezut-o. Știi câți ani din viață mi-am irosit încercând să le fac altora pe plac? Știi cât m-am blamat pentru că îmi plăcea să muncesc, în timp ce toate celelalte mămici își doreau să stea acasă? Cele mai multe dintre noi ne luptăm cu această scuză și marea majoritate a celor care o fac nu vor întreprinde nimic care ar putea să aibă drept cost fericirea celorlalți.

Ai vrea să te duci la sală, dar asta ar însemna ca soțul tău să stea cu copilul, iar lui nu-i place să stea cu copilul? Oh, fir-ar să fie, păi atunci se pare că nu te poți duce. Sau vrei să te muți în alt oraș, dar familia ta e foarte aproape și mama ta își va ieși din minți dacă n-o să mai fii aproape de ea? Bine, se pare că o să locuiești pentru totdeauna exact acolo unde stai acum. Sau vrei să te folosești de timpul liber la pensie ca să călătorești în străinătate, așa cum ți-ai dorit dintotdeauna, dar fiica ta contează pe tine să-i fii aproape și să o ajuți cu copiii? În regulă, atunci renunță la propria ta viziune despre viață.

Până la urmă, fericirea lor contează mai mult decât a ta, nu? Ei contează mai mult decât tine. Singurul mod de a fi o mamă bună, fiică, soră, prietenă sau orice altceva înseamnă să fii acolo exact când celălalt își dorește și așa cum își dorește, nu-i așa?

Doamnelor, nu aveți decât o șansă — la propriu, doar o șansă — de a vă trăi viața și n-aveți nici cea mai vagă idee când această șansă v-ar putea fi luată. N-o puteți irosi trăind exclusiv pentru ceilalți.

Asta nu înseamnă că trebuie să fiți întru totul egoiste. Nu înseamnă că ar trebui să presupuneți că în viață trebuie să fie doar ca voi și doar despre ce vă face pe voi fericite. Să faci parte dintr-o familie, dintr-o relație sau dintr-o comunitate înseamnă parțial și să-i susții pe ceilalți. Problema este că majorității femeilor pe care le cunosc nu le este greu să-i sprijine pe ceilalți; le este greu să se sprijine pe sine.

Acum câteva zile stăteam de vorbă cu tata despre ideea acestei cărți. I-am spus că vreau să scriu despre urmărirea și atingerea scopurilor. I-am spus cât de multe femei îmi scriu și mă întreabă cum să facă să aibă curaj în acest sens. El mi-a zis să vă spun să fiți egoiste.

— Știi ce mi s-a spus la primul curs de la doctorat?

Tata începe întotdeauna, dar întotdeauna o poveste cu o întrebare, știind foarte bine că ascultătorii săi nu cunosc răspunsul. Uram asta când eram mică, fiindcă mi se părea doar că-i plăcea să-și dovedească superioritatea intelectuală. La maturitate, totuși, pot să mă uit în urmă și să-mi dau seama că ne învăța, încă de la o vârstă fragedă, să căutăm rezolvarea unei probleme înainte să așteptăm ca soluția să ne vină de la alții. Acum, bineînțeles, fac exact același lucru cu copiii mei și mă crispez când mă gândesc cum i se pare asta copilului meu de opt ani. În orice caz, în acea zi nu știam răspunsul.

— Nu, tată, ce ți s-a spus?

— Ni s-a spus să fim egoiști. Ni s-a spus că un doctorat făcut mai târziu în viață este ceva ce faci pentru tine, nu pentru alții. Ni s-a spus că în scurt timp partenerul de viață, copiii sau șeful se vor simți frustrați din cauza cursurilor noastre, a temelor noastre sau a timpului necesar scrierii tezei. Ni s-a spus că dacă nu suntem egoiști privitor la acest lucru — visul nostru de a avea un doctorat — o să lăsăm pe cineva să ne convingă să renunțăm.

O să presupun că-ți petreci mare parte a timpului gândindu-te la ceilalți și păsându-ți de ei, fiind un excelent membru al familiei, o excelentă angajată și prietenă. Dar o să-ți spun că, măcar în ceea ce privește scopul tău, ai voie să te concentrezi asupra lui chiar dacă asta înseamnă să nu mai petreci un anumit timp cu cei pe care-i iubești. De asemenea (la fel ca în capitolul anterior), o să te încurajez să te întrebi dacă e vorba de un adevăr sau de o părere.

Există două păreri extrem de bine cunoscute care au rădăcini adânci în povestea legată de lucrurile de care ești tu în stare, și acestea două nu pot să fie valabile simultan. Prima se referă la echilibrul dintre muncă și viața personală. Ideea că munca și viața personală nu pot fi niciodată într-un echilibru perfect este o părere.

Este întrebarea de un milion de dolari pentru fiecare mamă care lucrează, nu-i așa, doamnelor? Cum menții echilibrul între job și familie? Este o întrebare validă și merită să fie pusă în discuție, fie și din simplul motiv că e reconfortant să auzi că sunt și alte femei care se confruntă cu asta. Părerea mea pe acest subiect este una foarte fermă și nu mă deranjează să-ți spun exact ce-am spus la numeroase ateliere de business în ultimii zece ani.

Echilibrul muncă — viață personală este un mit.

Mai mult decât atât, este un mit dureros, căci nu cred că există cineva care să-l atingă cu adevărat și, cu toate astea, suntem convinse că alte femei au făcut-o cumva. Cineva a vorbit undeva despre asta ca fiind o posibilitate — și-a dat cu părerea, adică — și se pare că mass-media nu mai renunță la idee. Prin urmare, atunci când ne simțim dezechilibrate și ne chinuim să jonglăm cu toate mingile, presupunem că se întâmplă așa doar pentru că nu ne-am dat seama cum să ajungem la un echilibru între muncă și viața personală. Asta devine încă un lucru la care am dat greș ca mame, pe lângă faptul că am uitat că azi la școală era „ziua părului ciudat și ciufulit" și că am cumpărat iaurtul greșit. Uf! Detest orice le face pe femei să se simtă greșite sau incapabile, așa că dă-mi voie să demitizez această idee ridicolă.

Echilibrul muncă—viață personală. Descrierea respectivă presupune ca acestea două să coexiste în armonie, într-o împărțeală perfectă pe scara vieții tale. Munca și viața mea personală n-au fost absolut niciodată în echilibru la niciun nivel. Nici când aveam 17 ani și făceam sendvișuri la Sub Station în orașul meu natal. Chiar și atunci erau zile în care un proiect amplu pentru școală mă făcea să nu pot lucra atât de multe ore. Iar să accept să lucrez în tura de sâmbătă (când primeam bacșișuri grase) însemna că nu pot să ies cu prietenele mele. Munca și viața personală se vor lupta întotdeauna una cu cealaltă pentru supremație, pentru că succesul oricăreia dintre ele îți solicită întreaga atenție. Nu e ceva rău sau greșit; așa e viața.

Uneori băieții mei au activități școlare sau programări la medic și trebuie să plec de la serviciu ca să fiu prezentă alături de ei. La fel, chiar acum când eu stau țintuită la singurul birou din casa noastră (în camera băiatului meu cel mare), toată familia mea se distrează de minune jos, la piscină. Îi aud cum râd şi cântă pe nişte piese pop. Beau LaCroix şi trăiesc la maximum, iar eu stau aici... și scriu această carte. Să-mi urmăresc visul de a scrie și de a le încuraja pe celelalte femei înseamnă și că uneori va trebui să ratez o distracție la piscină pentru asta. Balanța nu e niciodată în echilibru; se mișcă tot timpul în sus și în jos în funcție de ce anume necesită atenția mea în acel moment. Cred că asta e valabil pentru cele mai multe dintre noi, indiferent de etapa de viață în care suntem și singurul mod de a depăși acest mit că unii oameni le-au rezolvat pe toate e să începem să fim sincere în privința modului în care arată cu adevărat viețile și prioritățile noastre. Uite, o să încep eu prima...

Eu personal

Ca proaspătă mămică și antreprenoare, eu însămi nu eram deloc o prioritate. Umblam în zdrențe, aveam grijă de oricine altcineva și nu mă preocupam niciodată de felul în care m-ar putea afecta toate astea. A fost un dezastru. Mă îmbolnăveam rău cel puțin o dată pe an. Eram mereu stresată. Mă luptam tot timpul cu kilogramele în plus. Era groaznic. Apoi cineva mi-a spus că n-o să pot să am grijă cum trebuie de cineva dacă nu am în primul rând grijă de mine. Sănătatea și starea mea de bine sunt acum cea mai mare prioritate a mea. Dorm opt ore în fiecare noapte. Da, opt. Nu șase și nici măcar șapte. Opt ore întregi. Mănânc bine, beau tone de apă și nu m-am mai atins de cola dietetică de peste patru ani. Da, sunt în continuare dependentă de cafea, dar nu pot câştiga toate bătăliile! M-am apucat de alergat și alerg cel puțin 20 de kilometri săptămânal. Îmi fac timp câteva ore pe săptămână pentru rugăciune, mers la biserică și muncă de voluntariat, întrucât credința este extrem de importantă pentru mine. Nu cred că scopul e să fim vreodată în echilibru, doamnelor. Cred că scopul e să fim centrate. Centrată înseamnă că te simți cu picioarele pe pământ și împăcată cu tine însăți. Centrată înseamnă că nu poți fi dezechilibrată indiferent de cât de haotice devin lucrurile. Dacă îmi stabilesc prioritățile și mă asigur că sunt centrată, atunci orice altceva se desfășoară lin... chiar și atunci când o face cu o viteză de 150 km/h!

Căsnicia mea

Sunt sigură că mulți părinți și-ar pune în mod normal copiii în capul listei de priorități, dar căsnicia va fi întotdeauna cea mai importantă relație din viața mea. Eu și Dave ieșim săptămânal în doi și plecăm anual într-o vacanță extravagantă împreună — stai — *fără copii*. Când suntem acasă, suntem constant în interacțiune cu cei trei băieți ai noștri și cu buburuza, Noah Elizabeth, așa că este esențial să reușim și să petrecem regulat timp în doi și să ne comportăm ca adulții care suntem. Pentru că fiecare dintre noi susține cariera celuilalt, n-ar fi deloc greu să începem să ne neglijăm relația, iar asta s-a întâmplat de nenumărate ori de-a lungul timpului. Așa că, în loc să riscăm ca mariajul nostru să alunece pe o pantă nesănătoasă, am fost de acord să fim fiecare prioritatea celuilalt. Nu ne dorim să avem o căsnicie bună sau foarte bună. Ne dorim să avem o căsnicie excepțională, iar asta necesită intenționalitate.

Copiii mei

Am patru copii; Jackson, Sawyer, Ford și Noah. Prin urmare, chiar dacă nu sunt la muncă, sunt tot timpul în mişcare. Există un ritual de dimineaţă, dusul la şcoală, cina, baia, cărţile şi ritualul de culcare. Apoi sunt weekendurile când alergăm de la evenimente sportive la petreceri aniversare şi invers. Asta este o imagine a vieţii cu copii în ziua de azi, dar dă-mi voie să mă duc înapoi şi să-ţi povestesc despre primii mei doi ani la conducerea companiei mele. Am muncit ca o maniacă. Adesea, eram la birou la opt dimineaţa, asta însemnând că nu reuşeam niciodată să duc copiii la şcoală. Primeam tot felul de observaţii neplăcute de la mămicile altor copii pentru că ratasem excursii şi evenimente şcolare şi atâtea şi atâtea nopţi am adormit plângând din cauza asta. Nimeni nu i-a făcut niciodată soţului meu în scris observaţii neplăcute că a trebuit să muncească şi n-a venit într-o excursie — dar o să polemizez despre asta cu altă ocazie. În cele mai multe seri, ajungeam acasă pe la şapte, asta însemnând că ratam cina. Chiar a fost o perioadă haotică, dar acest gen de muncă asiduă face parte integrantă din ceea ce înseamnă să fii antreprenor şi să conduci un start-up. Unii oameni vor spune că am pierdut un timp preţios alături de copiii mei şi nu-i voi contrazice. Dar acei trei copilaşi au văzut-o pe mama lor ridicând o firmă de la zero. M-au văzut cum transform această firmă în ceva atât de mare, că şi tatăl lor a venit să lucreze aici. Au văzut direct forţa pe care o au munca implicată şi dedicarea şi sunt mândră de exemplul pe care l-am dat. Pentru mine, acea perioadă a fost o altă modalitate de a le da prioritate copiilor mei, doar că am avut în minte o viziune pe termen mai lung.

Munca mea

N-o să pretind că n-au fost perioade în care munca nu îmi acapara mare parte din atenţie. De asemenea, n-o să pretind că acelea n-au fost cele mai grele perioade pentru căsnicia mea, sănătatea mea și capacitatea mea de a fi acel gen de mamă care-mi doream să fiu. Acum, că am o carieră mai stabilizată, sunt mult mai capabilă să-mi fac treaba în intervalul petrecut la birou. De asemenea, având deja cinci ani vechime în acest domeniu înseamnă și că beneficiez de ajutorul unei echipe incredibile, așa că nu e totul în spinarea mea. Munca este o prioritate, desigur, dar în prezent asta arată diferit de cum arăta în trecut.

Reține că a învăța cum să jonglezi într-un fel sănătos cu toate părțile vieții tale este un constant du-te-vino. Unele perioade ale vieții tale vor necesita mai multă atenție într-un domeniu, iar asta e perfect în regulă. Cineva a afirmat la un moment dat că echilibrul este posibil, dar asta e doar o părere. Tu ești cea care decide dacă e valabilă sau nu.

Cealaltă părere care influențează ce ne spunem despre ceea ce putem sau nu putem fi în mod simultan ține de un domeniu al vieții care știu că nu este valabil pentru toate femeile care citesc această carte, dar este valabil pentru marea majoritate — iar cele care suferă din cauza asta o fac până peste cap. Iar eu vreau să vorbesc despre asta. Vreau să fim toate conștiente că e ceva ce există ca să putem, împreună, să lăsăm fără forță această chestie insidioasă.

Vinovăția ce vine odată cu maternitatea.

Oameni buni, această vinovăție e un rahat!

Uite, am zis-o. Nici nu știu dacă redactorul îmi va da voie să las asta în text, dar, dacă e să avem o înjurătură în cartea de față, atunci să fie rândul acesta!

Vinovăția ce vine odată cu maternitatea, în caz că nu ai trăit-o personal, este chestia aia grețoasă și înfiorătoare, acel cancer care își face loc în inima ta și își croiește drum către creierul tău de unde supurează pentru totdeauna — dacă nu alegi în mod activ să îl distrugi. Acestui tip de vinovăție îi place să-ți reamintească regulat de toate felurile în care nu ești o mamă bună. Unele femei se luptă cu vinovăția din cauza unor subiecte ca mersul la muncă. Altele se îndoaie sub povara vinovăției asociate cu orice, de la mai mult timp pentru ele însele până la faptul că nu le dau copiilor tipul adecvat de afine. Și mă gândesc că, dacă asta ar fi singurul lucru pentru care să-ți faci griji, atunci n-ar fi chiar așa de rău, dar să fii mamă înseamnă că mai sunt alte 967 de chestii pentru care să-ți faci griji în orice zi lăsată de la Dumnezeu. Astfel, nu doar că ești responsabilă pentru hainele, adăpostul și igiena dentară ale altcuiva, dar o să-i dai înainte și o să te autoblamezi și pentru cele 967 de alegeri pe care le faci *în timp ce le faci* și mai crezi că asta o să-ți dea forța să fii mai bună data viitoare? Nici pomeneală! Asta nu va face decât să te deruteze și să te copleșească, distrugându-ți și restul de încredere în sine care ți-a mai rămas ca mamă, încredere care, sincer vorbind, e subțire chiar și în zilele cele mai bune.

Pot deja să aud criticile pe această temă. *Păi, nu ne-ai zis tu să fim conștiente de sine? Şi că ar trebui să fim sincere în legătură cu domeniile cărora le putem aduce îmbunătățiri?* Ai dreptate. Problema este că vinovăția asociată maternității nu ține de conștientizarea de sine, ci de distrugerea de sine. O parte a dezvoltării în orice domeniu al vieții este legată de disponibilitatea de a face schimbări în bine. Dar vinovăția asociată maternității nu are de fapt legătură cu ameliorările și, de cele mai multe ori, te sleieşte de puteri. Și cu toate astea, revenim la ea de fiecare dată.

Ia aminte când îți spun: nu te ajută în niciun fel. Nu-i ajută nici pe copiii tăi.

De curând, am spus ceva de genul ăsta într-o intervenție live online, iar cineva a comentat: „Nu, vinovăția este importantă. Când ne simțim vinovate, știm că am făcut ceva greșit. Vinovăția este modul prin care Dumnezeu ne spune că am făcut alegeri greșite".

Doamne ferește!

Lăsând gluma la o parte, asta e o mare porcărie frumos ambalată și cu pretenția de a fi sacră.

Nu-mi pasă care este religia în care ai crescut. Creatorul tău nu te-a învățat să-ți fie rușine și să te simți vinovată. Oamenii te-au învățat ce sunt vinovăția și rușinea. Iar ce te-au învățat oamenii că este rușinos este acel ceva de care ai învățat să-ți fie rușine. Pentru ce au crezut familia ta sau alte persoane cu influență în viața ta că trebuie să te simți vinovată, pentru asta te simți vinovată.

Aș vrea să-ți dau un exemplu foarte personal în acest sens. Eu am crescut în anii 1980, fiind fiica unui pastor penticostal. Nu mai spun că n-am fost învățată să-mi văd propria sexualitate ca pe ceva bun. De fapt, n-am fost deloc învățată că poate exista vreodată vreun motiv pentru sexualitate. Asta era ceva ce trebuia „păstrat pentru căsătorie". Nu mi-a spus nimeni cu exactitate ce anume păstram sau ce trebuia să fac cu ceea ce păstram, odată căsătorită. Nu e deloc o surpriză și nu e nimic original în faptul că m-am simțit foarte inconfortabil acomodându-mă cu sexul. În toată viața mea, nimeni nu-mi vorbise vreodată despre sex, decât că e ceva care este rușinos dacă este consumat înainte de un anumit moment. Problema este că nici după acel moment n-am putut să renunț la rușinea pe care învățasem să o asociez cu sexul. A fost nevoie de ani întregi ca să trec peste asta și sunt bucuroasă să afirm că acum viața mea sexuală cu soțul meu este fantastică, mulțumesc! Dar rușinea pe care am simțit-o când făceam sex cu soțul meu la început a fost foarte reală și nu cred nicio clipă că această vinovăție pe care o simțeam însemna că Dumnezeu îmi spunea că e greșit să fac sex cu soțul meu. Vinovăția și rușinea nu sunt de la Dumnezeu, așa că, te rog, nu merge pe presupunerea că vinovăția asociată maternității e ceva divin.

Acest tip de vinovăție are ca efect numai să te facă să te îndoiești cu privire la tot ce ai făcut, la tot ce faci sau ai putea avea de gând să faci pe viitor. Oriunde întorci privirea, articole și cărți și emisiuni îți propun asta sau îți recomandă ailaltă. Mămicilor de la școală le place doar această marcă sau acel stil și Doamne ferește să fii altfel de părinte decât cumnata ta sau modelul după care a fost crescut soțul tău!

Opriți nebunia!

În primul rând, la naiba, faci cât poți tu de bine! Faptul că simți vinovăție acum îmi spune că îți pasă de copiii tăi și că te străduiești continuu. N-o să fii de fiecare dată exact acel gen de mamă care ți-ai dori să fii și n-o să fii nici măcar atunci când încerci din răsputeri. Astăzi am încercat să o dau pe Noah cu loțiune de protecție solară pe obrăjorii ei bucălați, iar ea a căzut pe spate și s-a lovit cu ceafa de podea. Și a început să urle de parcă era sfârșitul lumii. Oameni buni, încercam să-i dau cu o loțiune cu SPF 80+ ca să fie în siguranță și, din greșeală, am făcut-o să se împiedice de propriul scutec și să cadă. Făceam tot ce-mi stătea în puteri și am reușit totuși s-o dau în bară. Asta-i viața! Asta înseamnă să fii părinte! Când s-a dat legea că ar trebui să facem asta fără greșeală?

Când eram mică, ne plimbam cu mașina — fără centuri de siguranță — stând pe bancheta din spate. Nimănui nu-i păsa de scaunele de mașină pentru copii sau de siguranța în automobil. Una dintre prietenele mamei nu se poate opri din râs dacă încerci să vorbeşti cu ea despre practicile de îngrijire din timpul sarcinii. Dând neglijent din mână în direcţia ta, îţi va spune:

— Draga mea, erau anii 1960. Am băut un martini în fiecare zi pe parcursul celor trei sarcini pe care le-am avut.

Deci cât de aiurea erau lucrurile pe-atunci, aşa ca în *Mad Men*?

Facem toate cât de mult putem, fată dragă, şi să te autoînvinovăţeşti când încerci din răsputeri n-o să te facă să-ţi iasă mai bine data viitoare. Luna viitoare o să fii o mamă mai bună decât ai fost luna asta, iar peste cinci ani o să fii şi mai bună. Peste douăzeci de ani, o să îngrozeşti vreo proaspătă mămică atunci când o să-i spui ce chestii barbare făceai când copiii tăi erau mici. Între timp, să sperăm că vei acţiona pentru a îmbunătăţi toate domeniile vieţii tale — inclusiv parentajul —, dar îţi garantez că să fii atât de severă cu tine acum nu te ajută cu nimic.

Poţi să faci ceva pentru tine şi în acelaşi timp să te ocupi foarte bine şi de cei pe care-i iubeşti. Poţi să fii o mamă extraordinară şi un antreprenor extraordinar. Poţi să fii o soţie grozavă şi să continui să te vezi regulat cu prietenele tale. Poţi şi una, şi cealaltă. Poţi să iei hotărârea să fii centrată pe ceea ce eşti şi pe ce contează cel mai mult pentru tine, fără să mai iei în seamă părerile celorlalţi. Nu te lăsa influenţată de frenezia, presiunea sau vinovăţia că trebuie să fii doar una sau doar cealaltă. Poate că asta e valabil pentru alţi oameni, poate că este părerea lor, dar numai tu eşti cea care decide ce este valabil pentru tine.

Scuza 6:

Eșecul mă îngrozește

Opt sute cincizeci de mii de oameni m-au văzut dând greș.

Hai să pornim de aici, fiindcă pentru multe dintre voi ideea de a da greș, fie și în fața unui grup mic de persoane, este înfiorătoare. Opt. Sute. Cincizeci. De. Mii. M-au văzut stabilindu-mi un scop, vorbind public despre cât de mult îmi doream acel ceva, iar apoi au văzut ce s-a întâmplat când n-am reușit.

S-a petrecut cam așa.

Asemenea multor autori americani ambițioși, visam de mult timp să scriu un bestseller *New York Times*. Pentru cele dintre voi care nu sunteți la curent cu această distincție mitică, să ajungi pe acea listă este practic cireașa de pe tortul lumii editoriale. Cred că la un moment dat asta depindea cu totul de vânzări, dar undeva pe parcurs lucrurile au devenit mai neclare. Se pare că nimeni — cu excepția celor care lucrează acolo — nu-ți poate spune exact cum ajungi pe acea listă. E ceva ce ține de vânzări și apariții în presă și notorietate și probabil cine știe ce formă de ritual de sacrificiu.

Ultima mea carte, *Fată, deschide ochii!*, a fost a șasea pe care am adus-o pe lume și știam că are cele mai mari șanse de a ajunge pe acea listă. Trebuie spus imediat că înțeleg pe deplin că o listă aleatorie nu stabilește valoarea cărții mele sau a mea. De fapt, pentru unii poate fi un țel ridicol către care să aspiri. Până la urmă, e vorba de muncă, de femeile cărora le-a plăcut și în primul rând de darul de a-ți vedea textele tipărite sub formă de carte. Dar cu toții avem visuri dragi inimilor noastre. Cu toții avem speranțe care au sens doar pentru noi. A mea era să devin autoare de bestselleruri *New York Times*. A fost dorința pe care mi-am pus-o de cincisprezece ani încoace când am suflat în lumânările de ziua mea. E ceea ce-mi trece prin cap când văd o stea căzătoare sau suflu o păpădie în vânt. Dacă aș fi forțată să-ți spun motivele care stau la baza acestei dorințe, presupun că au de-a face cu sentimentul de a fi validată. Intrarea mea în lumea editorială n-a fost una foarte lină și, deși comunitatea mea de fani a crescut apoi cu fiecare carte publicată, presupun că există în mine o parte care tânjește după recunoaștere. Gen: *Hei, comunitatea editorială regretă că te-a complexat când ți-a spus că nimeni nu ți-ar cumpăra vreodată cartea. A fost o glumă! De fapt, ești un scriitor bun.*

Mă rog, am visat la asta de ani de zile și n-am recunoscut-o niciodată față de nimeni, pentru că nu am vrut să știe nimeni, ca să nu mă judece că nu am reușit. Însă de data asta, am hotărât să aduc la cunoștința tuturor acest vis al meu. Am hotărât să-i spun publicului meu online (pe-atunci, 850 000 de femei din toată lumea) despre această veche speranță a mea. M-am gândit că, dacă se îndeplinește, atunci se vor bucura de victoria mea. Căci, până la urmă, ele sunt cele care mă susțin. Iar dacă nu se îndeplinește, ei bine, atunci ar fi o lecție pentru noi toate.

Ideea e că, fiind persoană publică, n-ar trebui să faci o evaluare despre cum vor merge lucrurile. Dacă nu faci decât să-ți ții visurile și dorințele bine ferecate în mintea ta sau să le împărtășești numai unui cerc restrâns de oameni de încredere, atunci nimeni n-o să fie dezamăgit de eșecurile tale, căci nu va ști care a fost scopul inițial. Această tactică e bună și pentru că publicul poate fi surprins și încântat de orice succes ai avea. Oamenii nu știu la ce lucrezi, așa că orice realizare pare o coincidență fericită, pare că soarta îți zâmbește din nou.

În cazul meu, problema cu acest tip de gândire este că îl consider nesincer. Mi se pare prefăcătorie. Eu stau aici și-ți spun să fii curajoasă și temerară și să faci lucruri mari, să îndrăznești să țintești foarte sus. Stau și-ți spun că eșecul nu contează și că părerile altora nu sunt treaba ta, dar, în același timp, îmi țin ascunse toate marile speranțe? Mi se pare o ipocrizie.

Oameni buni, mă străduiesc să vă spun tot ce mi se întâmplă (sau mi s-a întâmplat), căci nu mi se pare că prefăcătoria ajută pe vreuna dintre noi. De aceea, cu *Fată, deschide ochii!* am făcut ceva ce niciun autor n-ar trebui să facă. Am trâmbițat în stânga și-n dreapta. Cu patru luni înainte de apariția cărții, am spus tuturor (și prin „tuturor" mă refer la cei care mă urmăresc în social media) că am visat întotdeauna să fiu autoare de bestselleruri *New York Times*. Fiind cea de-a șasea carte a mea, au fost ani întregi în care am visat la asta, așa că am vorbit despre asta — mult chiar. Asta a devenit o cauză comună a unor femei din toată lumea. Nu mai era doar visul meu, pentru că pe multe dintre voi v-a prins flama în numele meu. Ați visat la visul meu umăr la umăr cu mine.

Apoi a venit ziua decisivă. Era de Sfântul Valentin, la exact o săptămână după apariția cărții, și, din păcate pentru el, era și ziua de naștere a soțului meu. În acea după-amiază am aflat că dorința mea nu se îndeplinise. *Fată, deschide ochii!* n-a ajuns pe lista de bestselleruri *New York Times*.

Am fost atât de tristă și, sincer vă spun, mi-a fost rușine. Am avut senzația că i-am cerut comunității mele să mă susțină în ceva ce n-am putut oferi. A fost devastator. Am plâns ca un copil și câteva zile am fost la pământ. Dar foarte repede am ajuns la o anumită concluzie. Cu toată tristețea și rușinea, n-aș renunța la scopul meu. Petrec zilnic timp în social media spunându-le altor femei să-și urmeze visurile. Mă trezesc și fac intervenții live online în care vă spun că scopurile voastre sunt importante și că merită urmărite. Scriu la nesfârșit că și eșecul face parte din viață. Eșecul înseamnă că ești viu. Eșecul înseamnă că te străduiești. Și-atunci, ce fel de prietenă aș fi dacă nu aș pune asta în practică în propria mea viață?

Am trâmbițat ce-mi doresc, mi-am rostit sus și tare visul măreț, nebunesc, temerar. Le-am spus celor 850 000 de oameni că am un scop și m-au văzut cu toții cum am dat greș. Dar iată cum stă treaba. Dacă ai drept scop doar ceva ce poți atinge, e probabil să-l atingi de fiecare dată: niciodată mai sus, niciodată mai mult, niciodată mai bine. Dar, dacă ai un scop cu mult peste capul tău, chiar și atunci când dai greș, ești atât de mult mai sus decât ți-ai putea închipui.

Prefer să fiu sus. Prefer să visez. Prefer să cad în cap iar și iar. O să continui să-ți spun care e scopul meu, căci sper că, dacă mă vei vedea căzând în mod public și apoi ridicându-mă din nou și mergând înainte, atunci o să te gândești *ce-ar fi dacă* ai face și tu la fel.

Ce-ar fi dacă te-ai înscrie la maraton?
Ce-ar fi dacă ți-ai relua studiile?
Ce-ar fi dacă ți-ai deschide acea brutărie?
Ce-ar fi dacă ți-ai da demisia?
Ce-ar fi dacă te-ai duce la un curs de hip-hop?
Ce-ar fi dacă ai deveni preot?
Ce-ar fi dacă ai scrie o carte?
Ce-ar fi dacă ai începe un podcast?

Ai visuri. Știu că ai și mai știu și că multe dintre voi nu vi le urmați pentru că vă temeți că veți fi văzute cum vă poticniți. Și ce dacă! Să vadă și alții cum arată curajul! Să vadă și alții cum e să greșești! Să vadă și alții cum e să faci un pas greșit! Să vadă și alții cum te scuturi din nou și mergi mai departe.

Știi de câte ori am dat greș în dezvoltarea afacerii mele și în urmărirea visurilor mele în ultimii 14 ani? Sunt sigură că multe dintre voi nu vă mai amintiți, dar eu nu voi uita niciodată niciuna dintre lecțiile primite pe parcurs.

De ce e nevoie să te ridici la loc după ce ai fost pusă la pământ? Ca antreprenor, am fost pusă la pământ (sau m-am împiedicat de propria nepricepere) de foarte multe ori. Când eram mai tânără, mă gândeam că la un moment dat o să am suficientă experiență ca să evit de tot eșecul. Cât de inocentă eram! Nivelul de succes la care am ajuns nu face decât ca eșecurile mele să fie mai publice și mai mari ca amploare.

Îți amintești când am lansat The Chic Site în Italia?

Îți amintești de angajatul acela care m-a furat fără să am habar?

Îți amintești când am luat decizia să fiu și furnizor de flori, și organizatoare de evenimente?

Îți amintești când am mai adăugat și coșurile cu cadouri de lux?

Nimeni nu și-a dorit florile sau coșurile cu cadouri, în caz că te întrebai.

Lista eșecurilor mele este kilometrică. Sunt absolut conștientă de timpul și de banii pierduți pe parcurs. Dar uite care-i treaba: fiecare dintre aceste greșeli m-a învățat ceva, astfel încât să nu le mai repet. Să știu că din cenușă pot crea ceva măreț înseamnă și să nu mă mai blamez când nu-mi iese din prima. Înseamnă să mă ridic mai repede și mai hotărâtă ca oricând. O greșeală din care înveți te face să procedezi mai bine data viitoare. Eșecul real este atunci când te temi atât de tare să te uiți la el, încât nu mai poți merge mai departe. Dacă nu mergi mai departe, nu vei trece niciodată, dar niciodată linia de sosire.

La zece săptămâni după apariția cărții, s-a întâmplat imposibilul — sau poate că nu imposibilul, ci incredibilul pentru mine. *Fată, deschide ochii!* a devenit bestseller *New York Times*. Când m-au sunat de la editură ca să-mi spună asta, mi s-au tăiat picioarele la propriu. Eram atât de uluită! L-am sunat pe Dave la serviciu. Am făcut-o pe asistenta lui să-l scoată dintr-o ședință.

Când m-a sunat înapoi, i-am șoptit:

— Sunt pe listă!

Țipătul și chiotele lui au rupt zăgazul pe care-l mai aveam când am aflat. Am plâns ca un copil. În acea seară, ne-am dus acasă și am desfăcut sticla plănuită de acum zece ani. Cu zece ani în urmă cineva ne făcuse cadou o sticlă foarte scumpă de Dom Pérignon. Era o sticlă atât de sofisticată, încât am simțit că trebuie s-o păstrez pentru ceva special. Pe-atunci, m-am gândit la cel mai mare și mai de neatins vis pe care mi-l puteam imagina și am botezat sticla cu scopul meu: „Bestseller *New York Times*".

A stat zece ani în frigider. Am mutat-o din prima noastră locuință în casa dărăpănată în care am stat și apoi în casa unde mi-am scris toate cărțile. Sticla era plină de praf și fusese îndesată în fundul dulapurilor. Cinci ani a stat în cuva de la frigiderul de bere. Și iată în ce constă toată nebunia: am botezat acea sticlă cu mult înainte să fi scris o singură pagină de carte. Am botezat-o cu cinci ani înainte de publicarea primei mele cărți. Visam să scriu un bestseller de când aveam 11 ani. De zece ani îmi imaginam cum o să fie când o să sărbătoresc această reușită deschizând acea sticlă. În acea seară, după zece ani de așteptare, am băut acea șampanie și a fost cu atât mai dulce, dat fiind toți anii care au trecut. A fost cu atât mai bună cu cât am întâmpinat eșec după eșec în drumul către acest scop și, dacă nu aș fi fost dispusă să mă expun public, dacă nu aș fi fost dispusă să las publicul să mă vadă ratând în o sută de feluri diferite de-a lungul timpului și până în acel moment, n-aș fi obținut nimic din toate astea.

Sunt atât de recunoscătoare pentru eșecuri! Sunt atât de recunoscătoare că mi-a luat 14 ani de eșecuri ca să ajung în acest punct al carierei mele. Sunt atât de recunoscătoare că fiecare carte scrisă a avut puțin mai mult succes decât cea de dinainte, dar că niciuna dintre ele nu a avut succes peste noapte. Cariera mea de scriitoare — oarecum asemănătoare carierei mele antreprenoriale — este un bulgăre de zăpadă care se rostogolește la vale. Abia de curând a căpătat suficientă viteză cât să cutremure pământul.

Sunt recunoscătoare pentru spațiile mici în care am locuit; m-au învățat să mă dezvolt.

Sunt recunoscătoare pentru fiecare pas greșit de pe parcurs; m-au învățat să alerg.

Sunt recunoscătoare pentru fiecare moment de nesiguranță; m-au mânat către o viață plină de încredere în sine, obținută prin exercițiu și cunoaștere.

Dacă oricare dintre acestea ar fi fost obținute rapid sau ușor, poate că aș fi asociat succesul cu norocul sau cu talentul nativ. Să mă lupt cu greutățile ca să ajung aici înseamnă să fiu absolut convinsă de următorul adevăr: pot să obțin orice dacă sunt dispusă să fac efort pentru asta. Nu pentru că sunt deosebit de talentată, ci pentru că sunt deosebit de dedicată îmbunătățirilor făcute din mers.

Draga mea, nu te teme de eșec. Teme-te de posibilitatea de a nu obține nimic pentru că ți-a fost prea frică de ce-ar putea crede alții despre tine văzându-ți strădania.

Scuza 7:

Nu e ceva nou

E ceva ce facem cu toții, da? Ne uităm la viața cuiva, la activitatea cuiva sau la profilul cuiva de Instagram și lăsăm succesul acelei persoane să ne convingă să nu ne mai urmăm visul. Nu mai scriem acea carte, nu mai deschidem acea afacere, nu mai creăm acea aplicație, nu mai înființăm o organizație nonprofit, pentru că altcineva le-a făcut deja.

Nu e ceva nou.

Păi, sigur că nu e. Dar, fata mea, nimic nu e. Sărutatul, întâlnirile, căsătoria, machiajul cu tuș, blugii albi, bretonul... sincer, nimic din ce pare interesant sau *cool* ori pare a fi ceva ce ți-ar plăcea să încerci nu e ceva nou! Și-atunci, de ce nu lăsăm asta să ne deturneze în niciun alt domeniu în afară de urmarea unui vis important?

Pentru că avem nevoie de o scuză.

Reține, te rog, că nu am numit această parte a cărții „Obstacole legitime pe care să le depășești". Am numit-o „Scuze la care să renunți". Faptul că altcineva a făcut deja lucrul la care tu visezi n-ar trebui să te intimideze; ar trebui să fie un semn că merită!

De exemplu, uită-te la Suzy care face deja șervețele colorate pe Etsy — asta nu dovedește decât că e plăcut și amuzant să faci și să vinzi online produse făcute de mână.

Asta ce mai e? Verișoara Emily a dat deja lovitura cu firma ei de vânzări directe de bijuterii? Oh, presupun că acesta chiar este un punct incredibil de unde să începi crearea unei comunități și obținerea unor venituri suplimentare!

Dar în loc să vezi succesul sau creativitatea altora ca fiind un lucru bun, ca fiind un semn că e important să vrei mai mult de la viață, te hotărăști că e vorba de concurență și că mai bine nu mai încerci nimic, că dacă nu ești la fel de bună ca ea?! Sigur, asta ține în parte de sentimentul că nu ești suficient de bună, dar ține și de jocul nesănătos al comparației.

Unul dintre mesajele pe care le primesc tot timpul de la femei este următorul: „Mi-a plăcut mult cartea ta și mi-ar plăcea și mie să scriu, dar n-o să pot niciodată să scriu ca tine". Sau: „Mi-am dorit întotdeauna să vorbesc în public, dar nu sunt la fel de bună ca tine".

Fetelor, nu mai comparați începuturile voastre cu nivelul la care sunt eu! Sau oricine altcineva, de fapt. Ce citești acum este a opta mea carte și nu spun că e de Premiul Pulitzer, dar e la ani-lumină distanță de prima în termeni de deprindere. Te-ai uitat vreodată la pozele mele de pe Instagram și le-ai considerat frumoase? Dă înapoi vreo doi ani — doar din distracție — și uită-te să vezi cum arătau când abia îmi dădeam seama care e stilul meu personal și cum să fac să nu arăt ca un robot în poze. Uită-te și la blog; unele dintre acele postări inițiale sunt unicat! Crezi că sunt bună la vorbitul în public? Aruncă o privire peste filmulețele mele mai vechi de pe YouTube în care le vorbesc grupurilor de mămici adunate la azilul local de bătrâni (nu glumesc!). Păstrez intenționat acest conținut vechi în cronologie și pe site pentru ca, dacă se întâmplă să dai într-o seară peste ele pe internet, să poți vedea cum am progresat. *Nu* m-am trezit așa peste noapte. Dar persoana cu care te compari? Nici ea. Încetezi să mai încerci pentru că te gândești că nu e ceva nou. Ei bine, sigur că nu e. Dar nu a fost făcut de tine.

Există un extraordinar proverb chinez care zice așa: „Momentul cel mai bun pentru plantarea unui copac a fost acum 20 de ani. Al doilea cel mai bun moment este acum". Poți să te convingi să renunți la lucrurile la care speri sau poți să te hotărăști că visul tău e mai puternic decât această scuză.

Aici nu se pune problema dacă poți sau nu să faci ceva bine, căci aproape orice poate fi învățat; aici se pune problema dacă ești suficient de smerită cât să accepți că nu te pricepi în tot acel răstimp până când devii mai bună. Capacitatea de a scrie bine sau de a vorbi bine, de a face fotografie, de a dansa sau de a face orice alt lucru deloc nou — toate acestea sunt chestii învățate și perfecționate în timp. Dar nu vei ajunge niciodată în punctul în care să devii bună, mai bună sau cea mai bună dacă nici măcar nu te apuci. Nu știm dacă poți vorbi ca mine, scrie ca Brené Brown sau face fotografii ca Jenna Kutcher. Fată dragă, nu se poate stabili când o să treci linia de sosire, căci tu nu-ți dai voie fie și numai să participi la întrecere!

Te convingi singură să renunți la ceva ce nici măcar nu ai încercat, căci crezi că nu te poți ridica la înălțimea rezultatelor altcuiva. Dar această scuză anume nu are legătură cu abilitățile tale. Această scuză este despre frică. Există tot felul de moduri în care se manifestă acest tip de frică și ești liberă să te identifici cu acela care ți se potrivește cel mai bine. Așa că, dă-mi voie să lansez niște adevăruri-bombă.

Ți-e teamă că n-o să-ți iasă pentru că... n-ai mai făcut asta niciodată. Lasă-mă să te scap chiar acum de această frică. N-o să-ți iasă. Niciunui începător nu-i iese. Căci, dacă ai fi fost în secret vreun geniu în îndeplinirea visurilor din sufletul tău, atunci vreun profesor chinuit, dar dedicat ar fi văzut asta în tine de mult. Am văzut cu toții filmul *Minți periculoase*. Dacă Michelle Pfeiffer n-a văzut deja în tine acel potențial, atunci n-o să-ți iasă perfect din prima. Uraaa! Nu există niciun pic de presiune să fii perfectă acum, așa că poți pur și simplu să te simți bine și să progresezi. Potențialul tău pentru progres este exponențial.

Ți-e teamă că n-o să-ți iasă pentru că... ai dat greș în toate, și-atunci de ce ar fi diferit de astă dată? Doamne-Dumnezeule! Așa vorbești tu cu tine însăți? Pe bune? În primul rând, încetează! Ești frumoasă și meriți lucruri bune și, dacă tu nu crezi asta, nimeni altcineva n-o va crede. În al doilea rând, du-te și ia ultima mea carte și citește despre minciunile care îți fac rău. Acest tip de convingere este zdrobitoare și neadevărată. Înainte de a încerca să-ți atingi un nou obiectiv, trebuie să începi de la felul în care vorbești cu tine însăți și de la lucrurile pe care crezi că le meriți. Mai întâi, învață să te iubești și să-ți acorzi încredere; apoi caută să obții mai mult.

Te temi că n-o să-ți iasă... dar, dacă nu încerci niciodată, măcar nu e nimeni — tu mai ales — care să poată confirma asta. Dezvăluire: acest tip de gândire nu e al unei persoane incapabile, care nu e bună de nimic. Acest tip de gândire e al unei perfecționiste. Și, sincer vorbind, e jalnic. E incredibil cât potențial există în tine, dar tu o să-l risipești, căci, dacă încerci, asta s-ar putea să-ți confirme sau nu că nu ești pe cât de bună credeai că ești. Încetează să mai fii atât de dură cu tine însăți! E ca în *Salvați de clopoțel* când Jessie a cedat sub presiunile activităților școlare, plus prezența în formația ei, Hot Sundae. Era o perfecționistă, dar, în loc că recunoască faptul că era prea mult pentru ea și să accepte eșecul, a devenit dependentă de droguri și a avut acea cădere, celebră acum, la auzul unei melodii a celor de la Pointer Sisters. Nu fi ca Jessie Spano. Dacă încerci să-ți atingi scopul, probabil n-o să-ți iasă din primul minut (vezi paragraful despre începători), dar nu vei rămâne mult timp în acel punct. Vei deveni mai bună și nici măcar nu vei avea nevoie de pastile cu cofeină pentru asta.

Uite care-i ironia în legătură cu această scuză anume: chiar dacă te forțezi să o înfrunți, o să continui să te lovești de ea toată viața. La început, când pornim pe calea către dezvoltarea personală sau către atingerea unui scop, avem de multe ori așteptări nerealiste legate de ce se va întâmpla după ce „ajungem acolo". De parcă dacă ai pur și simplu curajul de a face un lucru, atunci asta te va face invincibilă în fața nesiguranței și indeciziei pentru tot restul vieții. Realitatea este că fiecare nouă culme pe care încerci să te cațări e probabil să mai fi fost escaladată de cineva înaintea ta.

Fiecare. Nouă. Culme.

Asta înseamnă că, odată ce atingi acel mare obiectiv pe care-l ai în față — odată ce ajungi în vârf (o să merg până la capăt cu această analogie, prieteni) —, o să vezi în zare ridicându-se altă culme. De fapt, o să-ți dai seama că muntele pe care stai este de fapt la poalele unui munte mai mare și mai bun. Obiectivele personale sunt infinite... și dau dependență. După ce ți-ai atins unul, începi să te întrebi de ce altceva mai ești în stare.

Răspunsul? De orice ți-ai pune în cap.

Dar mai întâi, trebuie să scapi de lupta asta cu comparația. Fiindcă, prietena mea, dacă nu-ți poți depăși teama că n-o să-ți iasă la fel de bine ca altora, n-o să ai niciodată ocazia să fii o deschizătoare de drumuri pentru altcineva.

Lucrând la retușarea acestei cărți, sunt pe cale să creez ceva ce foarte mulți oameni au făcut înaintea mea. De asemenea, am zero calificare să mă ocup de ceva atât de masiv. Peste aproximativ o lună, în cinematografele din întreaga Americă de Nord va rula un documentar pe care l-am făcut despre conferința mea pentru femei. Deci, cine naiba mai sunt? Ei bine, o să-ți spun ce nu sunt. Nu sunt cineva care face filme sau care cunoaște dedesubturile industriei cinematografice, iar când ne-am apucat de acest proiect, nu aveam nici cea mai vagă idee cum o s-o scoatem la capăt. Este cea mai mare chestie pe care am încercat s-o facem și se va desfășura — în cadrul evenimentelor cinematografice și mai târziu pe platforme de streaming — într-un spațiu suprasaturat. Mai mult decât atât, există experți în acest domeniu, iar uneori chiar și aceștia dau greș, și-atunci ce anume mă face pe mine să cred că avem vreo șansă? Păi, sincer vorbind, nu succesul proiectului a fost cel care m-a determinat să-l creez. De fapt, cred că, dacă mă concentram pe posibilitatea de a-mi aduce sau nu bani, aș fi început să mă gândesc obsesiv la toate motivele pentru care nu sunt în măsură să mă ocup de el. Ceea ce m-a motivat practic să mă apuc de ceva atât de departe de domeniul meu ați fost... voi.

Anul trecut, când planificam conferința, am primit mii de e-mailuri și mesaje directe de la femei care-mi spuneau cât de mult își doresc să participe la acest eveniment și cât de mult ar însemna pentru ele să aibă ocazia de a fi în sală. Problema nu era dorința lor de a participa; problema erau banii. E scump să participi la o conferință, din cauza costurilor de deplasare, cazare și prețului biletelor, care sunt ridicate pentru că trebuie să acopere costurile de închiriere a unui spațiu atât de mare. Multe femei nu aveau acești bani, iar asta mă mâhnea. De aproape zece ani, creez conținuturi pe care le ofer gratuit, iar ideea că s-ar putea să nu poți avea acces la ceva în care eu cred cu atâta patimă chiar m-a afectat. Am stat luni întregi și m-am gândit la o modalitate de a pune la dispoziția femeilor conferința și forța de a merge pe calea dezvoltării personale la un preț pe care să și-l poată permite. Apoi, într-o zi, la o teleconferință oarecare, am auzit despre evenimentele cinematografice, asta fiind o sintagmă sofisticată pentru înregistrarea unui eveniment live (cum ar fi un spectacol de balet sau un concert al lui Justin Bieber), care apoi să ruleze într-un număr limitat de cinematografe. *Fir-ar!*, mi-am spus. *Dacă Bieber poate, sunt destul de sigură că pot și eu!* Mi-am pus acea întrebare care începe cu *ce-ar fi dacă*.

Ce-ar fi dacă am face un film despre weekendul conferinței?

Ce-ar fi dacă aș găsi un partener care să ne ajute să ajungem în cinematografe?

Ce-ar fi dacă i-aș da comunității mele șansa unei ieșiri între fete, în grupul lor local?

Sper că înțelegi cât de nebunească a fost această idee. Nu știam cum să facem un film sau cum să-l distribuim în cinematografe, după cum nu știam nici sutele de etape, la propriu, care să ne ducă până acolo. Eram tipul cel mai rău de tembeli — nu știam ce nu știm. Dar n-am stat nicio secundă să mă gândesc la lipsa noastră de cunoștințe și, sincer îți spun, nici măcar nu mi-a trecut prin cap să-mi pese de alții care s-ar fi descurcat mai bine sau de cum o să fie primit filmul. Nu m-am concentrat pe nimic din afara mea, ci pe *motivele* mele. Motivele mele erau puternice; motivele mele m-au făcut să fiu atât de pasionată, încât să înțeleg *cum* să fac asta.

Dacă îți dai seama că te preocupă gândul că este ceva ce s-a mai făcut, trebuie să schimbi foaia și să te întrebi dacă asta este un lucru rău sau nu. Dacă s-a mai făcut, poți să te documentezi și să ai un model de comportament, punându-ți la încercare propriile teorii pe baza drumului trasat de cei de dinaintea ta, de care să te folosești ca de un fel de ghid. Poți să combini *cum* au făcut ei cu *motivele* tale și poți crea ceva impresionant.

Scuza 8:

Ce-o să zică lumea?

M-am apucat de box.

Și, doar ca să fie clar, nu mă refer la boxul pe care-l faci când mergi la sala de fitness. Nu e nimic în neregulă să faci box când te duci la sală. Vreau doar să fac o distincție clară între mișcările de tip box pentru antrenamentul cardio pe care-l faci la sala la care mergi de obicei și boxul dintr-o sală reală de box unde e mizerie și miroase urât și Metallica se aude la maximum, de parcă ar fi o condiție necesară antrenamentului. Deocamdată, am fost doar la câteva ședințe, așa că, din câte îmi dau seama, este o condiție necesară. Ce vreau să spun e că am parte de un antrenament real cu cineva al cărui job este să-i învețe pe boxerii adevărați cum să dea pumni.

Sala la care mă duc pentru acest antrenament nu e sub nicio formă drăguță. Antrenamentul este epuizant și simt adesea că mai am puțin și mor sau îmi vomit smoothie-ul de dimineață peste tot în ring. Nu sunt de-acolo. Imaginează-ți o încăpere murdară, plină de minotauri și apoi pe mine, la cei 1,55 m ai mei, cu extensiile mele foarte, foarte lungi de păr și genele mele false extrem de dese. Dar, iată-mă, o femeie de 35 de ani, mamă a patru copii, făcând tot ce-mi stă în puteri ca să mă feresc de pumnii pe care antrenorul mi-i toarnă în cap. Nu sunt excepțional de bună, deși, ca s-o spun pe-aia dreaptă, n-am văzut niciodată niciun fel de meci de box, așa că nu sunt întru totul sigură care ar trebui să fie rezultatul. Și-atunci, de ce fac asta? De ce mă duc să încerc ceva printre niște oameni care sunt cu mult mai departe decât mine? De ce stau într-o sală unde nu e locul meu și tot încerc să învăț ceva pentru care nu sunt dotată în mod special, pe când ceilalți se uită și judecă și-și trag propriile concluzii?

Pentru că mă face fericită!

Îmi place să dau pumni și să mă antrenez pe muzica lui Jay-Z, cu șapca întoarsă invers ca un băiețoi. Îmi place boxul și îmi place să mă forțez să încerc ceva nou. Iată care-i faza: nu-mi pasă ce crede altcineva despre asta.

Dar poate că citești asta și te gândești: *Da, mare lucru! Te simți confortabil la sala ta de box. Nu știu cum ar trebui să mă ajute asta să-mi găsesc curajul de a începe o afacere ca fotograf de nunți!* Păi, atunci ce zici de asta? Există două tipuri de oameni pe lume. Cei care nu te judecă și care nu te vor vorbi niciodată de rău, indiferent ce faci și care este rezultatul, și cei care te judecă și care sunt niște nemernici. Acești nemernici probabil că au propriile lor probleme și o să ne rugăm pentru ei, dar, la sfârșitul zilei, cei care te judecă o vor face *orice-ai face!* Așa că, vezi-ți de viață. Fii credincioasă naturii tale și valorilor tale și nu-ți mai bate capul cu ceea ce cred alții.

Lunea, copiii mei merg la karate. În celelalte zile se duc la baseball, la lecțiile de pian și apoi iar la karate. S-ar putea să mai fie și câte o probă pentru vreun musical la școală. S-ar putea să mai avem câte o invitație la vreun eveniment de susținere a Asociației Părinților și Profesorilor. Se mai poate să avem întâlniri de joacă sau programări la dentist, după cum se poate pur și simplu să ne ducem (pentru a milioana oară) la frizer, să se tundă toată lumea. Sunt atât de multe lucruri cu care să ții pasul când ai patru copii și eu nu le rețin întotdeauna pe toate, indiferent cât de mult aș încerca. Ieri m-au sunat de la școală să-mi spună că Ford este singurul copil din clasă (dintre toți cei care abia au terminat grădinița) care încă nu și-a depus dosarul.

Oameni buni, nici măcar nu știam despre ce dosar vorbește!

Ceea ce mă readuce la antrenamentul de karate. Antrenamentul de karate durează două ore (fără drumul până acolo), în care mai întâi băiatul cel mic și apoi ceilalți doi mai mari încearcă să se antreneze pentru următoarea centură. Aceste două ore au loc în timpul unei după-amiezi când eu, tehnic vorbind, ar trebui să fiu la muncă. Dar îmi doresc ca băieții să aibă șansa de a face ceva *cool*, fără impedimente din cauza programului meu, impedimente care apar de cele mai multe ori. De aceea, dacă știu că se poate, plec din timp și-i duc la antrenament. Apoi mă așez pe salteaua cea albastră, printre sticle de apă și papuci, și, la un moment dat, îmi deschid laptopul și încep să răspund la e-mailuri, să fac ultimele corecturi la carte care trebuie predate până vineri sau să creez desfășurătorul unuia dintre evenimentele noastre live.

Și, inevitabil, încep să atrag privirile dezaprobatoare ale celorlalți părinți.

Dar poate că mi se pare mie. Poate că acele priviri sunt de fapt pentru că le place computerul meu sau că li se pare că astăzi îmi stă deosebit de bine părul, prins în acel coc din creștet. Dar, dacă ar trebui să-mi dau cu presupusul, aș spune că privirile lor sunt mai degrabă legate de faptul că lucrez când ar trebui să fiu întru totul dedicată urmăririi felului în care copiii mei își însușesc loviturile directe. O parte nesigură din mine — acea parte care înainte se preocupa destul de mult de ce gândesc alte mame despre mine ca părinte — se gândește să lase computerul deoparte. Dar acesta e trocul pe care-l fac. Sau poate că ar fi mai potrivit să spun că e *avantajul* pe care-l am.

Sunt atât de multe mămici care lucrează și care și-ar dori să poată ajunge la antrenament, chiar dacă asta ar însemna să facă un tabel în Excel în timp ce copiii lor dau prin aer lovituri de karate pe muzica din Pokémon. Ce dar este pentru mine această experiență! Așa că nu las laptopul deoparte. Îmi reamintesc că asta face parte din schimb, că acești copii ai mei vor ști întotdeauna cum arată munca asiduă și dedicarea. Îmi reamintesc că, într-o zi, când vor fi bărbați în toată firea, n-o să le treacă niciodată prin minte că o femeie nu poate să pună bazele unei companii de succes, să o dezvolte și să o conducă — iar asta pentru că o asemenea situație a făcut întotdeauna parte din realitatea lor.

Cu voia lui Dumnezeu, sunt singura mamă pe care o vor avea vreodată copiii mei și chiar nu știu niciun alt fel în care să le fac pe toate să meargă bine — pentru noi toți — fără ca uneori să fac mai multe lucruri în același timp. Așa că refuz să-i învăț că trebuie să-ți urmezi visurile, dar în același timp să-ți fie rușine cu ele. Dacă nu vreau ca asta să înțeleagă când vor fi adulți, atunci trebuie să fiu acum pentru ei modelul unui astfel de comportament. Nu-mi permit să mă preocup de ce cred despre mine celelalte mămici de la antrenament și nici tu nu-ți permiți să te preocupi de ce cred despre tine alte mămici, socrii sau cei din Asociația Părinților și Profesorilor. Ca mamă care lucrează, tot ce poți face e să faci tot ce poți. Tot ce poți face ca tânără licențiată e să faci tot ce poți. Tot ce poți face ca femeie divorțată la cei peste 50 de ani pe care-i ai e să faci tot ce poți. Tot ce poți face în orice etapă sau perioadă din viața ta e să faci tot ce poți, iar părerea altora despre ce și cum faci... nu e treaba ta.

Știți asta, fetelor! Știu că o știți. Și-atunci, de ce visurile voastre sunt încă ascunse în sufletul vostru, în loc să prindă contur în mâinile voastre? Nu teama de eșec vă ține pe loc, ci teama legată de ce va zice lumea despre eșecul vostru.

E părerea lor! Sunteți de acord cu ea? Că, dacă sunteți, înseamnă că renunțați la toată puterea voastră.

Părerea celorlalte mămici de la școală? Părerea musculoșilor de la sala de box? Părerea necunoscuților de pe internet, a părinților mei sau chiar a fanilor mei? Clipa în care încep să dau o greutate nemăsurată oricăreia dintre aceste păreri este clipa în care prioritățile mele încep să se clatine. Când acțiunile tale sunt dictate de așteptările celorlalți, ești pierdută. Speranțele tale, visurile tale, sentimentul propriei persoane... toate se pierd.

Anul acesta chiar vrei să faci un pas înainte pentru tine și scopurile tale? Atunci încetează să-ți mai pese de ceea ce cred „ei" despre tine. Încetează să mai investești cu putere părerile altcuiva.

Inevitabil, când spun ceva de genul ăsta, întrebarea pe care o primesc înapoi e legată de responsabilitate și dacă ne putem menține cu adevărat integritatea fără confirmări din partea celorlalți. În primul rând, tu știi ce e bine și ce nu. Știi ce e adevărat. Undeva în sufletul tău, știi cum ar fi ca în prezent să trăiești la înălțimea potențialului tău această viață care ți-a fost dată. Se poate să nu ajungi întotdeauna acolo, dar știi către ce ținteşti. Iar asta e ceva ce să nu subestimezi.

În al doilea rând, dacă ești într-adevăr rănită, vor exista în viața ta oameni de încredere și prieteni adevărați. Ei te vor sfătui cu înțelepciune și, la nevoie, poți apela la ei. Dar — și aici oamenii cad în capcană — e o mare diferență între a cere părerea cuiva și a avea nevoie de aprobarea cuiva. De obicei, cea din urmă se prezintă deghizată sub forma celei dintâi. Cerem o părere pentru că nu suntem sigure de ceva și, adesea, dacă putem găsi pe cineva care să fie de acord cu noi, reușim întru câtva să ne justificăm ideea ca fiind bună sau rea.

Ieri am făcut această greșeală cu soțul meu. El e cel mai bun prieten și sfătuitor al meu, dar tot trebuie să separ părerea lui de ceea ce-mi doresc cu adevărat. Am o idee pentru o carte nouă. O altă carte de ficțiune. N-am mai scris ficțiune de la încheierea seriei *Girls**, dar (așa cum se întâmplă adesea când ești în mijlocul scrierii unei cărți) am început să visez la următoarea mea carte. Asta se întâmplă în parte pentru că ești profund cufundată într-un spațiu creativ din mintea ta și mai ales pentru că a scrie cărți (indiferent câte) este foarte greu. Să ai fantezii că ai terminat și că lucrezi la următoarea este morcovul care ți se bălăngănește pe sub nas înainte să o scoți la capăt în zilele când ai mult de scris. Așa că acest nou roman este morcovul meu și m-am entuziasmat suficient cât să-i spun lui Dave despre el. Făcând asta, m-am expus la păreri.

Părerea lui a fost că intriga aducea foarte mult cu ceva cunoscut și că părea și cam întortocheată. A spus asta în cel mai frumos mod posibil, nefiind altceva decât un gând inofensiv pe parcursul micii noastre sesiuni de brainstorming. Problema nu este că și-a dat cu părerea; problema este că eu am început imediat să-mi modific corespunzător gândurile despre carte. Am început imediat să mă întreb dacă nu cumva are dreptate, iar ideea mea este greșită și ar trebui să renunț la ea. Dar adevărul este... că nu contează.

Nu contează dacă Dave are dreptate. Nu contează dacă experții au dreptate. Nu contează ce crede altcineva. Ideea,

* Referință la seria de romane *Party Girl, Sweet Girl* și *Smart Girl*. (*N.t.*)

visul, scopul sunt ale mele. În clipa în care încep să găsesc alți oameni care să le valideze, încep să pierd din avânt și din impuls. Când ești în primele stadii ale unei idei sau ale unui obiectiv, ești cea mai nesigură, iar asta înseamnă că e ușor să oscilezi în funcție de ce cred alții. E cel mai ușor să fii convinsă să renunți la o idee la care probabil că ții și să adopți o altă idee, regretând că le-ai permis părerilor altora să-ți contureze planurile.

E ca atunci când ai ruga pe cineva să se uite peste prima variantă a manuscrisului tău când tu ești doar la jumătate. Când cer cuiva să citească o variantă neterminată e din cauză că sunt în căutarea validării. Se întâmplă de regulă pentru că mi-e greu și mă gândesc că sunt o scriitoare de doi bani și-mi doresc ca o persoană la părerea căreia țin să-mi spună să continui. Adevărul este că nimeni nu te poate valida suficient cât să termini o primă variantă. Nimeni nu te poate valida suficient cât să-ți urmezi visul la care lucrezi. Chiar și antrenorul cel mai încurajator de pe planetă nu te poate face să termini competiția. Va trebui să găsești în tine forța pentru a merge până la capăt de una singură.

Dar ce e rău în asta, nu? Dacă până la urmă tot o să termini ce-ai început, de ce mai contează că inițial ai căutat pe cineva care să-ți valideze ideea? Contează, pentru că, deși ceilalți nu te pot ajuta să mergi până la capăt, pot cu siguranță — fie și neintenționat — să te convingă să nu mai încerci.

Mi-aș dori să pocnesc din degete și să fac în așa fel încât să nu te mai simți blocată sub povara părerilor și așteptărilor altora, dar știu că nu e atât de simplu. E un obicei dificil de înlăturat, însă fii convinsă că este un obicei și este o alegere. Putem alege să nu suportăm această povară în viața noastră, dar, întrucât e probabil ca toate să funcționăm pe baza unor păreri negative, mai trebuie și să învățăm cum să scăpăm de ceea ce există deja în noi. Iar asta pornește de la înțelegerea tipului exact de păreri cu care avem de-a face.

Iată cum stă treaba. Există două tipuri de păreri negative: solide și din auzite. Cele solide înseamnă că știi sigur de existența unei păreri negative. Cineva îți spune în față — exact ca într-o melodie de-ale lui Drake — care sunt lucrurile care nu-i plac la tine. Poate că e cineva din familie, un prieten, poate că e un necunoscut oarecare de pe internet. Aceste tipuri de păreri solide sunt spuse în două feluri. E suficient să mă urmărești în schița de mai jos și-ți promit că lucrurile capătă sens.

Prima afirmare posibilă a unei păreri negative este una atentă și blândă. Îți este spusă de cineva căruia îi pasă de tine și care e preocupat cu privire la vreuna dintre alegerile tale. Dar chiar și atunci când o face din suflet, există multe nuanțe aici. Chiar e vorba despre tine? Sau preocuparea respectivă se bazează pe percepția sa că faci ceva greșit? Îți aduci aminte discuția noastră despre percepția altora cu privire la ce este rușinos? Te rog să te uiți peste schița de mai jos despre părerile altora ca să vezi ce e de făcut.

Celălalt fel în care poți auzi părerea negativă a cuiva despre tine este într-un mod dureros. Asta se întâmplă atunci când cel care-și dă cu părerea — cineva din familie, un prieten, un necunoscut — nu o face cu intenția de a-ți oferi un feedback constructiv, de a te ajuta sau de a-ți dovedi că-i pasă cu adevărat. Intenția sa este în cel mai bun caz să te tachineze și să te discrediteze, iar în cel mai rău caz să te doboare și să te rănească. Oricum ar fi, nimeni n-are timp pentru așa ceva! Comportamentul acestei persoane n-are ce să caute în viața ta.

PĂRERILE ALTORA

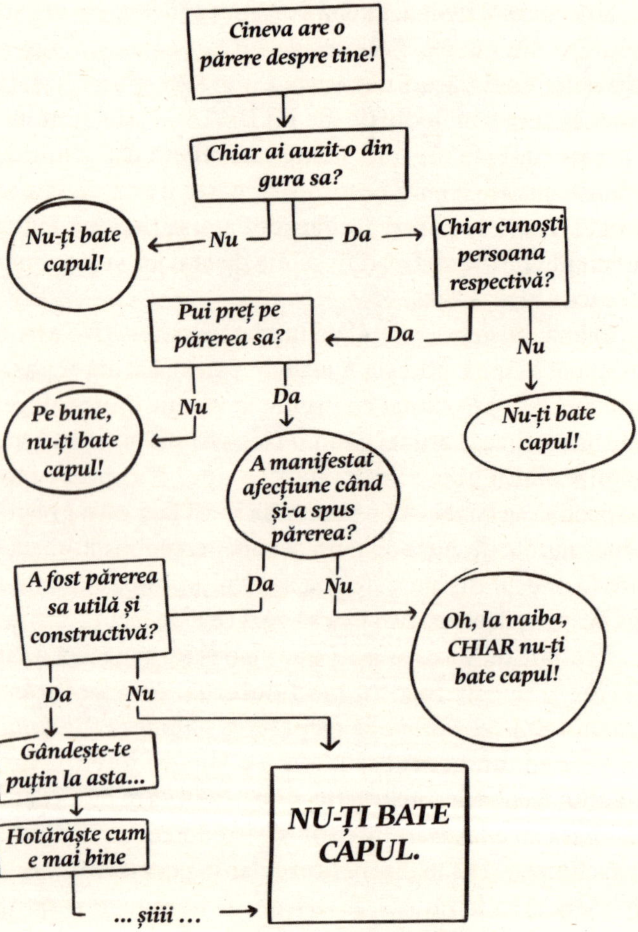

Lasă-mă s-o mai spun o dată: acest comportament n-are ce să caute în viața ta.

Nu-mi pasă dacă vine de la sora ta, de la mama ta sau de la prietenul tău. Nimeni nu merită să fie abuzat verbal sau mental și, de fiecare dată când accepți să se întâmple asta, îi dai acelei persoane permisiunea să te trateze în acest fel. Nu e obligatoriu să suporți așa ceva doar pentru că ai făcut-o dintotdeauna.

Ca să recapitulăm, avem două feluri de păreri negative solide. Una care vine din afecțiune, așa că o să ai o atitudine adultă și o să ții seama de ea, dar n-o s-o accepți ca pe literă de evanghelie decât dacă simți că e adevărată. A doua nu are intenția de a fi utilă, ci distructivă, și de aceea ar trebui s-o respingi. Respinge-o! Nu permite să fie luată în considerare, discutată, asimilată și nu lăsa să ajungă la ea nici măcar o particulă de oxigen care să ajute la răspândirea acelui incendiu. Nicio părere neafirmată cu afecțiune nu ar trebui luată în considerare. Punct.

Ceea ce mă aduce la al doilea tip de păreri negative despre tine. Cele din auzite. Născocire a imaginației tale — oricât ar fi de probabilă —, această părere negativă e inventată exclusiv de tine. Eleanor Roosevelt ne-a spus că nimeni nu ne poate face să ne simțim prost fără consimțământul nostru. La asta o să mai adaug ceva. Fii foarte atentă să nu consimți să-ți lași propria minte să te facă să te simți prost când nimeni altcineva n-a făcut practic nimic. Ce vreau să spun cu asta?

Poate că ești *aproape sigură* că soacra ta nu te place. Sau poate că ești *aproape convinsă* că acel comentariu răutăcios de pe Facebook al verișoarei tale Crystal a fost făcut la adresa ta. Poate că știi sigur că fetele cu care ai făcut liceul și pe care le știi doar din social media *ar râde* de tine dacă ar vedea că încerci să faci ceva nou. În toate aceste situații, niciuna dintre aceste păreri negative nu este de fapt solidă și, de aceea, în realitate nu faci decât să te autosabotezi.

Nimeni nu a zis nimic. Nimeni nu a făcut nimic. Poate că soacrei tale nu-i place de tine și poate că-i e pur și simplu dor de fiul ei, fiind anxioasă și neștiind unde va fi locul ei în viața voastră. Poate că verișoara ta Crystal te-a vizat cu comentariul ei, dar știm amândouă că această Crystal e *sub orice critică*! E cea care te ciupea de sfârcuri — cu părerea unei astfel de persoane o să-ți baţi tu capul?

De cele mai multe ori, ironia e că nimeni nu se gândește de fapt la tine. Nimănui nu-i pasă de fapt ce-ai de gând să faci, iar dacă îi pasă cuiva, atunci nu te judecă și nici nu râde de tine pe la spate. Că doar nu-ți petreci timpul cu niște căpcăuni, nu?

Iar dacă nu te plac, nu contează. Nu. Contează. Dar, mai mult decât atât, presupunând că e cineva care are cea mai proastă părere despre tine, când nu ai nicio dovadă reală în acest sens, atunci nu de acela e vorba — ci de tine. Tu îi permiți acelei păreri să-ți controleze viața și nici măcar nu știi dacă persoana respectivă chiar are o părere! E totul în capul tău. E ceva ce-ai născocit tu și dai vina pe alții, ca să nu trebuiască să-ți asumi responsabilitatea.

Adevărul este că nu contează ce cred alții despre tine; contează ce crezi *tu* despre tine. Oricât de greu ți-ar fi să te împaci cu asta, părerea altcuiva are forță numai dacă îi permiți să aibă. Să te implici activ și să îți manifești intenția de a începe să trăiești fără să te mai obsedeze ce cred alții este cea mai eliberatoare decizie din viața ta.

Scuza 9:

Fetele bune nu dau din coate

Sunt genul care dă din coate, scumpo.
— JAY-Z

Nu urăşti când un autor începe un capitol cu un citat? Fiind de atâta vreme un şoarece de bibliotecă, am citit aproximativ 70 000 de romane, iar chestia cu citatele mi s-a părut întotdeauna că aduce a laudă de sine. Gen: „Oh, citeşte doar această elegantă proză de Tennyson şi pregăteşte-te pentru un nivel similar de talent!“ E şi mai enervant când citatul în chestiune n-are literalmente nimic de-a face cu capitolul pe care-l citeşti.

Chiar. Nimic.

Şi ajungi să te întrebi: *E ceva ezoteric? Ar trebui să pricep cumva legătura dintre citatul din Whitman şi această poveste de dragoste cu balauri care-şi schimbă forma?* Ai fi şocată să afli câte cărţi despre vampiri care se îndrăgostesc de mame singure sau despre extratereştri care se îndrăgostesc de librari au la începutul fiecărui capitol un citat aleatoriu.

Da, citesc romane de dragoste îngrozitor de siropoase. Încetează să mă mai judeci!

Ideea e că detest capitolele care încep cu citate.

Dar acest capitol a fost un bonus în cartea anterioară — vă mulţumesc tuturor celor care aţi prins Hustler's Edition! — şi mi-a plăcut atât de mult, plus că mi s-a părut un subiect atât de important, încât mi-a dat ideea de a scrie *această carte*, așa că o să începem cu cea mai iconică replică în acest sens care mi-a venit în minte. Un vers din Jay-Z.

Un capitol bonus este ca o petrecere aniversară pentru vreuna dintre fetele Equestria sau Kardashian — se poate întâmpla *orice*. Așa că vin cu versurile lui Jay-Z doar pentru fetele mele care își urmăresc visul, care vor mai mult și care nu se tem de munca asiduă și de țelurile îndrăznețe!

Să vorbim despre datul din coate.

De când mă știu, pentru mine n-au contat decât rezultatele. Am fost o visătoare încă de la început. Îmi imaginam scenarii elaborate la care să particip când o să mă fac mare. Știam cum o să arate casa mea, puteam să prevăd vacanțele în care aveam să plec, prințul cu care urma să mă căsătoresc și caii pe care îi voi avea. Cai pentru că, ei bine, aveam șapte ani și să am propriul meu cal era fantezia supremă. Urma să-i pun numele Calliope și să călăresc doar îmbrăcată în pantalonii speciali de călărie pe care fetele bogate și pasionate de echitație îi purtau prin anii 1991 în filmele de pe canalul Lifetime.

Reveriile unei fetițe nu sunt ceva unic, dar probabil că *era* unic faptul că știam chiar și pe-atunci că pot să obțin orice — dacă eram dispusă să muncesc pentru asta.

Nu-mi amintesc să-mi fi spus cineva asta. Poate că a fost doar ceva ce-am înțeles prin observație și osmoză. Când crești într-o familie cu probleme financiare, asta nu te deranjează până nu ești expusă la situația opusă. Am înțeles de la o vârstă foarte fragedă că existau oameni care nu trăiau de la un salariu la altul, care nu țipau unii la alții din cauza banilor, care puteau să intre într-un magazin Target și să cumpere orice-și doreau.

Aveam 11 ani când obiectivele mele au căpătat formă. Părinții mei se despărțiseră din nou — asta s-a întâmplat de atât de multe ori pe parcursul vieții mele, că, sincer vorbind, n-am cum să-ți spun a câta despărțire era de astă dată. Diferența acum era că mama luase hotărârea de a se muta și insistase să vin cu ea. Nu m-a întrebat nimeni ce-mi doream și nu mi s-a dat dreptul la cuvânt. Am fost anunțată pur și simplu că asta urma să se întâmple. Ceilalți trei frați mai mari ai mei aveau să rămână cu tata în casa noastră, iar eu urma să mă mut cu mama într-un apartament mizerabil. A fost unul dintre cei mai întunecați ani ai copilăriei mele.

Rareori apucam să-mi văd frații, iar efortul financiar al unor părinți care acum împărțeau resursele pentru a putea plăti pentru două locuințe însemna că aveam și mai puțin decât înainte. Am o fotografie din acea perioadă, de la petrecerea de ziua mea când am împlinit 11 ani, făcută alături de câteva prietene de la școală în acel apartament prăpădit și mizer. Îmi aduc aminte că mi-era rușine. Îmi aduc aminte că am avut un tort semipreparat pe care l-am copt la un vechi cuptor Pyrex. Îmi aduc aminte că nu ne-am permis decorațiuni aniversare. Îmi aduc aminte că eram hiperconștientă de două lucruri. Primul, că nu-mi doresc o viață în care să nu am bani pentru ocazii speciale. Al doilea, că nu e foarte convingător să-ți afirmi independența — față de mama, în acest caz — dacă nu ai și mijloacele financiare cu care să te susții.

În acea zi mi-am jurat că o să fiu bogată când o să fiu mare. A fost dorința pe care mi-am pus-o când am suflat în lumânări. Am stat pe covorul pătat din acea cameră mititică și, în fața mesei cumpărate la mâna a doua, mi-am promis că voi trăi mai bine. *N-o să trăiesc niciodată așa când o să pot să împiedic asta*. Am fost vehementă: într-o zi voi fi bogată.

N-ar trebui să spun asta, știu. Social media e plină de sute de CEO bărbați și de antreprenori care au reușit prin forțe proprii și care se laudă cu puterea pe care ți-o dă bogăția și cu motivele pentru care au ajuns unde au ajuns. Dar, dacă ești femeie, reacția este ridicarea din sprânceană. Nu e politicos. Nu așa fac *fetele bune.*

Fetele bune nu vorbesc despre bani și, desigur, nu susțin că acesta a fost scopul lor în viață, indiferent de motive.

Ce-am învățat în copilărie? „Cu orice te-ai alege, nu mai face și nazuri!“

Asta însemna că trebuia să fiu încântată de ce-mi oferă viața, umilă și recunoscătoare pentru orice mi-ar fi ieșit în cale. Dar ce mi-a ieșit în cale în copilărie și mai târziu în adolescență a fost în mare parte o existență mizeră și, pentru că eram mică, nu puteam face nimic să schimb asta. Dar după acea petrecere de ziua mea am știut că, în clipa în care voi deține controlul, n-o să mai fiu niciodată obligată să accept așa ceva.

Există o mare diferență între recunoștința pentru propria viață și acceptarea oarbă a ce-ți iese în cale.

Îmi doream mai mult.

Îmi doream mai mult decât ce-am avut când eram mică. Îmi doream un acces mai larg la lucruri. Îmi doream mai multe experiențe. Îmi doream mai multe cunoștințe. Îmi doream mai multe provocări. Îmi doream mai multă influență. Îmi doream să am capacitatea de a-i ajuta pe cei cu probleme financiare, căci știam exact cum se simt — am înțeles încă de pe-atunci că resursele financiare mi-ar permite să fac asta. Îmi doream atât de multe lucruri mari, grandioase. Când eram mică, oamenii spuneau că sunt adorabilă. Mă mângâiau pe păr și-mi spuneau cât sunt de drăgălașă, dar pe la 20 de ani am aflat rapid ce era acceptabil și ce nu pentru familia mea, prietenii mei sau soțul meu.

Când am pus bazele propriei firme, toată lumea mi-a salutat curajul, dar, după doi ani, când eram însărcinată cu primul copil, oamenii mă întrebau imediat când o să renunț la job, concluzionând că afacerea mea era doar o chestie drăguță pe care o făceam ca să îmi ocup timpul cu ceva până aveam să simt adevărata chemare: să fiu o mamă casnică.

Merită să mă opresc aici pentru a încadra această afirmație. Cred sincer că nu există treabă mai grea și mai importantă decât să fii mamă și să stai acasă. Am un extraordinar respect pentru prietenele mele care sunt mame casnice și nu vreau sub nicio formă să las să se înțeleagă altceva când îți spun că asta nu e ceva pentru mine. Alături de bărbatul meu, copiii sunt cea mai mare binecuvântare din viața mea. Dar, oameni buni, dacă ar fi trebuit să stau tot timpul cu ei acasă, nu sunt întru totul convinsă că ar mai fi supraviețuit vreunul dintre noi. Nu este harul meu spiritual. Nu este abilitatea mea cea mai mare.

Știi care *este* abilitatea mea cea mai mare? Să clădesc afaceri de succes, să conduc o echipă, să scriu cărți, să țin discursuri în public, să dau lovitura în social media, să fac strategii, branding, PR și să organizez evenimente cu public la care să participe și din care să găsească inspirație femei din întreaga lume. Dar, pe-atunci, nimic din toate astea nu era demonstrat. Eram încă atât de nouă în domeniu. Nu aveam să mă mâne înainte decât o idee și multă pasiune. M-am prins cum se conduce o afacere recurgând la cărți din bibliotecă și la Google. Am pus o sută de mii de întrebări oricui putea să-mi ofere informații.

La început am progresat lent, dar, fata mea, am *progresat*. Am obținut primul client și am muncit pe rupte. Am tratat acel client unic de parcă era ultima oportunitate de care voi avea parte vreodată. Nu aveam bani, nu aveam cine știe ce experiență, dar aveam o etică de lucru fără egal și am lăsat-o să transpară din munca mea. Următorul client l-am obținut pe baza recomandărilor primului client. Am organizat evenimente aproape pe nimic ca să-mi pot crea un portofoliu. Am acceptat orice fel de client.

Eram ceva de genul: Exiști *și* ai nevoie să organizezi o petrecere? Da? *Las' pe mine!*

Prin urmare, când am rămas însărcinată, a trebuit să dau neîncetat explicații pentru alegerile mele în fața unor rude bine intenționate. Sincer, a fost groaznic. Pentru prima dată în viața mea am înțeles că sunt *oameni* care nu aprobă viața pe care aspiram să o trăiesc. Nu le plăcea ideea unei mame care lucrează, chiar dacă o acceptaseră mai înainte când aveam nevoie de bani. După vreo doi ani, când salariul lui Dave a crescut suficient cât să fie clar că „nu mai eram nevoită să lucrez", persoanele pasiv-agresive din jurul meu au început să-și verbalizeze direct dezaprobarea. Chiar și atunci când ești puternic, chiar și atunci când ești implicat în atingerea scopului tău, e greu să nu te îndoiești de tine și să nu te simți vinovat în clipa în care ești bombardat din toate părțile.

Dezaprobarea fățișă n-a fost de-ajuns ca să mă facă să-mi schimb planurile, dar am încetat să-mi mai împărtășesc inițiativele. N-am recunoscut asta decât după mulți ani, însă acele păreri începuseră să mă cam doboare. Eram ca o sticlă aruncată în ocean. Părerile altora deveniseră valurile mele, judecata lor, nisipul pe care eram aruncată iar și iar până când am început să mă ciobesc pe ici, pe colo, prin părțile tăioase. Știu că, la nivel social, tindem să considerăm că a fi amabilă și drăguță, modelată fără țepi și asperități, e ceva la care e demn să aspiri. Dar cu cât am evoluat și am învățat lucruri și m-am gândit la asta, cu atât am înțeles mai bine că marginile tăioase — acele părți din tine care ies în relief în direcții bizare și înțeapă pe toată lumea — sunt cele care te fac unică.

Calitățile mele unice? Sunt un lider. Sunt un ghid. Am clădit două firme de succes prin muncă asiduă și dat din coate și pe baza bagajului de cunoștințe de pe Google. Obiectivul meu e simplu, chiar dacă grandios: vreau ca femeile să înțeleagă că au puterea de a-și schimba viața. Asta e esența a tot ceea ce fac. Este platforma pe care am construit orice altceva și cred cu adevărat că pentru asta am fost lăsată pe acest pământ. Și construiesc un imperiu media în jurul acestei idei.

Nu, nu am scris greșit. Da, tocmai am spus Un. *Imperiu.* Media.

Nu o companie, nu o a doua slujbă, nu o mică afacere — un imperiu.

Lumea îmi spune că fetele bune nu dau din coate și cu siguranță că nici nu înfig un steag în pământ, strigând cu îndrăzneală că vor să fie un mogul media. Mai mult ca sigur că nu sunt atât de împătimite, încât să-și tatueze cuvântul *mogul* pe încheietura mâinii.

Știu că nu sunt singura care s-a lovit vreodată de așteptările celorlalți, pentru ca după aceea să dea înapoi din cauza lor. În dorința de a aparține unei comunități, caut constant alte femei lider și tot ce găsesc de nenumărate ori sunt femei care fac exact cum am făcut și eu. Minimizează tot ce au realizat, căci au fost învățate că realizările lor îi fac pe alții să se simtă inconfortabil.

Prieteni, femei *uluitoare* fac asta. Femei care au clădit companii de sute de milioane de dolari sau care conduc echipe uriașe și obțin venituri incredibile. Acestor femei le este teamă să recunoască faptul că sunt bune în ceea ce fac sau că le place ceea ce fac. Să interacționez cu ele m-a făcut să mă simt mai puțin singură, m-a făcut să înțeleg că e ceva cu care multe alte femei s-au confruntat. Așa că îți spun povestea mea în speranța că, dacă ești ca noi, știi că există o comunitate de femei care simt la fel, chiar dacă nu toată lumea și-a găsit curajul de a o spune cu voce tare.

E în regulă să vrei mai mult de la viață. De fapt, dacă stai cu mine suficient de mult, vei descoperi că acesta este unul dintre lucrurile pe care le prețuiesc cel mai mult la oameni. Impulsul, zbaterea, dorința de a munci din răsputeri pentru a-și atinge scopul. E refrenul meu preferat. Datul din coate este pentru mine limbajul iubirii.

Îmi place un om care dă din coate. Îmi place un om care nu se abate de la dorințele sale pentru propria viață și care *refuză* să lase pe altcineva să-l facă să se răzgândească. Asta nu înseamnă că nu se simte niciodată intimidat de propria temeritate. Nu înseamnă că nu cade din când în când în capcana părerilor altora. Cei pe care-i știu eu sunt şi ei oameni și se confruntă cu aceleași nesiguranțe ca și noi ceilalți. Dar când vine vorba să pună umărul, nu stau prea mult pe gânduri sau la dezbateri; bagă capul între umeri și trec la treabă. Asta înseamnă pentru mine *a da din coate*: înseamnă că ești dispusă să muncești din greu pentru ceva, *orice ar fi*, orice ți-ai dori, și că știi că vei obține acel ceva, fără să presupui c-o să apară cineva care să ți-l ofere de-a gata.

Societatea tinde să-i educe pe băieți în spiritul obținerii a ceea ce-și doresc, iar pe fete în spiritul obținerii unui bărbat. Eu sunt aici ca să-ți spun că nu contează ce crede societatea despre tine sau despre visurile tale. La naiba, nu contează nici ce cred rudele tale, prietenii cei mai apropiați sau partenerul despre visurile tale. Tot ce contează *cu adevărat* este cât de mult crezi în acele visuri și ce anume ești dispusă să faci pentru a le îndeplini.

Laurel Thatcher Ulrich spunea: „Femeile bine-crescute rareori fac istorie“ și există sute de ani de dovezi istorice care să-i susțină afirmația[1].

Sojourner Truth, Susan B. Anthony, sufragetele, Marie Curie, Malala Yousafzai, Oprah, Beyoncé — niciuna dintre aceste femei nu a luat de bune așteptările pe care le avea societatea de la ele sau epoca în care s-au născut. Niciuna dintre ele nu și-a minimizat talentele, resursele sau lucrurile la care a avut acces. Aceste femei — și multe altele asemenea lor — au trăit la înălțimea calităților și talentelor lor de la Dumnezeu, indiferent ce credea lumea despre ele, iar uneori chiar împotriva unei sorți aproape imposibile și unei opresiuni care le punea viața în pericol.

Ești genul care dă din coate? Și eu sunt. Îți dorești în secret să fii, dar ți-e teamă de ce-o să creadă sau o să zică lumea? Am fost în locul tău.

Pentru multe femei, povara părerilor altora va fi prea greu de purtat pe umeri; nu vor reuși să pășească dincolo de plasa de siguranță pentru că le este prea frică. Nu este și cazul nostru. Noi suntem dispuse să pornim la drum, suntem dispuse să fim îndrăznețe și suntem dispuse să mergem până la capăt, pentru că șansa de a trăi la nivelul potențialului deplin merită înfruntarea oricărui obstacol care ne iese în cale.

Unii spun că fetele bune nu dau din coate. Ei bine, nu mă deranjează. Îmi pasă mai mult să schimb lumea decât îmi pasă de părerea lumii despre mine.

PARTEA II

COMPORTAMENTE PE CARE SĂ LE ADOPȚI

comportament

substantiv

1. modul în care cineva acționează sau se poartă, mai ales în relație cu alții.

„bună purtare"

2. modul în care un animal sau o persoană se manifestă ca reacție la o anumită situație sau la un anumit stimul.

sinonime: conduită, comportare, purtare, acțiuni, fapte

Comportamentele tale reprezintă modul în care acționezi în fiecare zi. Comportamentele sunt obiceiurile tale. Acestea se manifestă în acțiunile pe care le întreprinzi, în cuvintele pe care le rostești și în modul în care îți trăiești viața. Cel mai important lucru pe care să-l înțelegi despre comportamentele tale este că sunt o alegere. Nu ți se par o alegere pentru că marea majoritate a comportamentelor tale se manifestă în afara gândirii conștiente. Sunt obiceiuri care s-au întipărit în viața ta, dar sunt alegerile pe care le facem, conștient sau inconștient. Iar asta înseamnă că în fiecare zi alegi să fii această persoană... indiferent dacă îți dai seama de asta sau nu. Alegi să crezi ceea ce crezi și să accepți ceea ce accepți, iar aceste comportamente fie te ajută enorm, fie îți fac rău, fără ca tu să-ți dai vreodată seama de asta cu adevărat. Acum că am renunțat la nenumăratele scuze care ne împiedică să ne îndeplinim visurile, trebuie să facem câțiva pași înainte. Această parte cuprinde o listă de comportamente pe care le-am adoptat și care m-au ajutat să-mi ating scopurile. Sper să te ajute și pe tine.

Comportamentul 1:

Încetează să mai ceri voie

Bun, fetelor! Știu că nu toată lumea agreează cuvântul *feministă*. După cum spuneam mai sus, feministă înseamnă doar a crede că bărbații și femeile ar trebui să aibă drepturi egale, dar înțeleg că, pentru multe femei, acest cuvânt conține o serie întreagă de alte și alte sensuri și nu încerc să vă conving că nu este așa. Am adus asta în discuție pentru că acest capitol o să vi se pară plin de cele mai feministe cuvinte pe care le-ați auzit vreodată de la mine și, dacă asta nu e pe placul vostru, o să fiți înclinate să săriți peste el.

Nu sări peste acest capitol!

Chiar nu trebuie să-ți arzi sutienul pe străzi, dar ești o femeie în toată firea și e de datoria ta să ții seama de aceste idei. Acest capitol nu este despre bărbați versus femei și despre cum ar trebui să ne descurcăm cu această inechitate. Acest capitol este despre adevărul pe care l-au stabilit — de la începuturile timpului — cele mai multe culturi patriarhale. Asta înseamnă că, în majoritatea societăților, bărbații au mai multă putere (sau întreaga putere) și, prin urmare, mai mult control.

Nu contează dacă tu crezi că asta e un lucru bun sau rău, normal sau greșit — fată, tu te crezi *pe tine*! —, dar, pentru subiectul acestei cărți și pentru a-ți urma visurile, contează ca măcar să consideri că acest tip de structură ți-ar putea influența încrederea în sine. Până la urmă, dacă ai fost crescută să crezi că bărbații știu mai bine, că bărbații reprezintă autoritatea, cum te învață asta să ai încredere în tine și în părerile tale ca femeie?

De curând, am fost plecată în delegație și m-am oprit la o librărie în aeroport să iau ceva de citit în avion. În cele din urmă, am ales o carte incredibilă, numită *Women & Power: A manifesto**. Este un studiu foarte interesant al istoriei femeilor care au vorbit public. Nu e vorba despre femei care vorbesc, ci despre femei cărora li s-a permis (sau mai degrabă nu li s-a permis) să vorbească în piața publică. Ar trebui neapărat să o citești. Este o istorie bogată și e bine scrisă, plus că se poate citi în două ore. Personal, n-am cercetat niciodată — deci, nici nu m-am concentrat vreodată pe cât de puțin acces au avut cândva femeile la cuvânt și la a-și spune părerea. Oh, desigur, am citit totul despre sufragete și despre cum au luptat femeile din greu pentru dreptul de a vota, dar nu m-am oprit niciodată să mă gândesc la lunga istorie de suferință și de tortură, de morți chiar, întinsă pe parcursul a sute de ani înainte de acel moment.

Cartea are o parte extraordinară care mi s-a părut atât de plină de forță. Este vorba de ideea că, pentru cele mai multe dintre noi, glasul autorității din viața noastră este unul masculin. Iar dacă ne-am făcut mari și am început să lucrăm sau ne-am făcut mari și ne-am căsătorit, atunci se poate ca acel glas al autorității să fi rămas masculin. Persoana responsabilă, persoana care ți-a spus ce să faci, care ți-a spus ce e bine și ce e rău a fost, de cele mai multe ori, un bărbat.

Dacă acel bărbat era bun și înțelept și se gândea la cum e mai bine pentru tine, atunci poate că ți-a insuflat încredere în tine, atât cât s-a priceput. Asta e ceva foarte bun în sine,

* *Femeile și Puterea: Un manifest.* Autoare: Mary Beard. (*N.t.*)

dar dacă acel bărbat nu era unul bun? Dacă era crud sau ți-a făcut rău? Dacă se gândea la interesele lui, și nu la ale tale? Atunci tot el este la cârmă, tot el ia deciziile și tot el îți influențează viața.

E o vorbă care zice că nu poți să fii ceva ce nu știi. Dacă exemplul tău de „cum trebuie" a fost întotdeauna masculin, crezi că o să-ți treacă de la sine prin minte că tu, ca femeie, ai autoritatea de a fi ce și cine îți dorești să fii? Consideri că o să-ți fie ușor să crezi că ai dreptul, forța și tăria de a-ți urma visurile doar pentru tine? Sau crezi că trebuie să ceri permisiunea, ba chiar aprobarea altora, pentru că asta a fost normalitatea ta?

Eu am crescut cu un glas al autorității masculine. Tatăl meu are o personalitate puternică și foarte impunătoare și a pretins supunere totală. Am învățat să trăiesc cu speranța de a primi aprobarea sa, îngrozită dacă nu-i făceam pe plac. Apoi, când aveam 19 ani, l-am cunoscut pe soțul meu și, deși e foarte diferit ca bărbat, retrospectiv recunosc că mi-am transferat trăirile legate de tata asupra soțului meu. Eram absolut co-dependentă. Trăiam zi de zi doar ca să-i fac pe plac și să-l fac fericit, iar dacă era nefericit — chiar dacă nu din cauza mea — mă simțeam blocată. Mă sufocam în anxietate până când puteam să fac sau să spun ceva care să-i schimbe starea de spirit.

Îmi aduc aminte că acum vreo șapte ani a avut o zi proastă la serviciu și, când a venit acasă, era foarte nemulțumit. Am intrat imediat pe modul de „reparație". „Vrei să-ți aduc ceva de băut? Ți-e foame? Vrei să ne uităm la un film? Vrei să facem sex?" Iar el s-a uitat la mine foarte ferm, dar foarte blând și mi-a zis: „Rachel, mă simt aiurea, dar o să-mi treacă. E în regulă să fiu supărat. Nu trebuie să repari tu. Nu e treaba ta să te îngrijești de fericirea mea".

La naiba, prieteni! A fost o revelație! Mie chiar nu-mi trecuse prin cap că ar trebui să-l las să proceseze ce simte și că nu era treaba mea să repar. Eu crescusem într-o casă unde toată lumea făcea tot posibilul ca tata să fie fericit și nu știam că se poate și altfel.

Prin urmare, când am început să înțeleg că întregul scop al vieții mele nu era să le fac altora pe plac, am început și să mă gândesc la lucruri la care nu mă mai gândisem până atunci. De tipul: Ce-ar fi dacă aș lua hotărâri de una singură? Ce-ar fi dacă n-aș mai face în viață alegeri care să fie mai ales pe placul altora? Ce-ar fi dacă uneori aș face pur și simplu ce-mi doresc? Ce-ar fi dacă n-aș mai cere voie?

Pe-atunci nici măcar nu-mi dădeam seama că făceam asta, dar în primii zece ani de căsnicie îi cerusem lui Dave permisiunea pentru orice. Nu pentru că așa-mi spusese el să fac, ci pentru că așa credeam eu că e normal, căci cu asta venisem eu în această căsnicie.

— Să mă duc la cumpărături, ce părere ai?

— Te deranjează dacă iau masa cu Mandy joi seară?

— Hei, e în regulă să mănânc eu ultimul fursec?

Am făcut asta ani de zile înainte să avem copii, așa că nici măcar nu era ceva de genul: „Hei, vreau să fac cutare lucru și am nevoie să ai tu grijă de copii". Nu, eu aveam nevoie sincer ca el să valideze orice făceam în viață, pentru că nu voiam ca dorințele mele să-l incomodeze în vreun fel.

Mă uit în urmă la acei ani și-i mulțumesc lui Dumnezeu că m-am măritat cu un om bun. Ar fi fost atât de ușor pentru el să profite de mine și să facă abuz de puterea pe care o avea asupra mea, dacă asta ar fi fost înclinația lui.

Fetelor, dacă citiți asta, presupun că sunteți femei în toată firea. Femeile în toată firea nu cer voie. Chiar este întru totul posibil să fii cine ești și în același timp să ai o relație foarte bună cu altcineva. Este întru totul posibil să-ți gestionezi prioritățile, responsabilitățile și dorințele personale într-un fel pe care să-l simți drept autentic față de tine și de cei dragi.

Asta se întâmplă când încetezi să mai ceri voie să fii ceea ce ești.

Se întâmplă când încetează să-ți pese mai mult de ce cred alții despre visul tău și te interesează ce crezi tu despre visul tău.

Se întâmplă când pui mai mult preț pe a avea grijă de tine decât pe ce-i incomodează pe alții.

Ai voie să fii cea mai bună, să-ți urmezi visul, chiar dacă alții nu-l înțeleg. Ai voie să vrei mai mult, chiar dacă îi incomodează pe alții. Ai voie să petreci timp fără copii, chiar dacă asta nu-i convine persoanei care trebuie să aibă grijă de ei. Ai voie să faci ceva, chiar dacă e inconfortabil pentru partenerul tău. Ai voie să le spui oamenilor cine ești și ce anume ai nevoie, în loc să-i întrebi mai întâi dacă sunt de acord cu asta. Ai voie să exiști pur și simplu, fără permisiunea, părerile sau calificativele altora.

Încerc să-mi amintesc când am auzit pentru prima dată sintagma *femeie șef*.

Desigur, a devenit foarte populară odată cu publicarea cărții scrise de Sophia Amoruso*. Pe-atunci, am stat la coadă să o cumpăr, la fel ca orice altă femeie antreprenor autodidactă și care se respectă. Să-i citesc povestea a fost o sursă de inspirație și de motivație și chiar nu am acordat prea multă atenție titlului, pentru că am fost atât de entuziasmată de conținut.

---

* Referire la cartea *Girlboss*. (*N.t.*)

Dar apoi am început să văd peste tot sintagma (și derivatele sale)... #GirlBoss #BossBabe #EntrepreneHER. Femei de toate vârstele și profesiile au preluat titlul și și l-au însușit. A devenit un trend popular în social media și n-a dispărut încă, nici după atâția ani. Acum face parte din jargon. Este rostit la conferințe și a devenit o titulatură la care aspiră tinerele femei din programele antreprenoriale de studiu.

Și încă îmi face sângele să-mi clocotească în vene.

Aș vrea să stau în picioare pe o cutie și să vorbesc despre acest subiect și despre relația lui cu glasul masculin al autorității, dar, în schimb, o să pun o întrebare. Știi ce înseamnă a emite calificative pentru ceva? Întreb pentru că, pe când eram mai tânără, nu cred că m-aș fi oprit să mă gândesc la „femeie șef" ca la o denumire pentru femeile ca mine. Nu aș fi stat să mă întreb ce ar putea să spună un hashtag despre femeile de afaceri în general. Când, de la o conferință la alta, aduc în discuție într-un grup actul de a emite calificative pentru ceva, numai o mână de oameni îmi răspund și-mi spun că știu ce înseamnă asta. De aceea o să spun definiția cu voce tare:

a emite calificative
verb
1. A modifica, limita sau restrânge, prin enumerarea de excepții sau rezerve
2. A face mai puțin dur sau sever; a face mai moderat*

Înainte de a veni la conducerea companiei mele, bărbatul meu a fost un director executiv de rang înalt la una dintre

* Sens existent în limba engleză, nu și în română, pentru termenul *to qualify*.

cele mai mari companii media de pe planetă. A condus o echipă internațională formată din atâtea persoane, că nici nu le mai știu numărul. A pornit de la a fi asistent manager și și-a urmat ascensiunea cu perseverență și determinare. De asemenea, niciodată — nici măcar o dată — nu a venit cineva să-i pună vreo etichetă în funcție de gen pentru munca lui.

Să emiți un calificativ pentru termenul de *șef*, adăugând *femeie* sau *tipă* sau *fată* sau *roz* sau orice alt atribut ridicol și învechit de gen, dar despre care mass-media crede că e drăguț luna asta, este în cel mai bun caz lipsit de respect, iar în cel mai rău caz afectează negativ modul în care tinerele femei se văd pe sine, precum și lupta noastră pentru egalitate în lumea afacerilor. Iar partea cea mai rea este că femeile sunt cele care fac asta! Femeile sunt cele care pun această etichetă pe obiecte de birou, pe tricouri și în social media, sub pretextul că e ceva util, care le inspiră pe cele din tânăra generație.

La un anumit nivel, au dreptate: să deții sau să conduci o firmă sau o echipă este o sursă de inspirație pentru generația mai tânără. Dar dacă fiicele noastre au curajul și îndrăzneala de a pune mâna pe bastonul de mareșal, nu le denigra eforturile spunând că e foarte bine *pentru o fată*. Să nu le spunem „femei medic" sau „femei avocat" sau „femei nominalizate la funcția de președinte al Statelor Unite ale Americii". A fost purtată o luptă grea pentru obținerea acestor poziții, iar asta cere respect. La fel și faptul de a fi șef.

Să fiu șef a fost unul dintre cele mai mari privilegii și eforturi din viața mea. Să fii șef necesită forță și tenacitate. Să fii șef necesită să dai din coate și să fii puternic. Să ajungi să fii șef necesită muncă multă — adesea mai grea decât cea a omologilor noștri bărbați căci, în multe domenii, luptăm ca să ne croim drum printre bărbați. Pe cineva care face asta îl poți numi rebel, răsculat, lider, dar asta nu e ceva specific unui gen.

Am adus acum vorba despre asta pentru că vreau să îți reamintesc că nu ai nevoie de permisiunea nimănui ca să fii tu însăți și, de asemenea, nu ai nevoie să-ți conformezi, să-ți modelezi și să-ți redenumești scopul pentru a-l face mai ușor de digerat pentru alții. Nu trebuie să te prezinți într-o anumită lumină pentru a fi iubită și acceptată. Cei care merită să facă parte din viața ta te vor iubi — așa cum ești cu adevărat — chiar dacă o să dureze o vreme să se acomodeze cu asta. Chiar dacă ești altfel decât toate celelalte femei pe care le cunosc ei. Chiar dacă ești altfel decât femeia de care s-au îndrăgostit.

Fii femeia care îți dorești să fii.
Fii femeia care este mândră să fie ea însăși.
Fii femeia care are atât de multă iubire de sine, că nu va fi ispitită să se schimbe ca să obțină iubirea altora.
Fii femeia care se concentrează mai mult pe interesele sale decât pe ce cred ceilalți că sunt interesele sale.
Fii femeia care râde mult și des.
Fii femeia care este generoasă — indiferent câți bani ai în cont, ai o mulțime de resurse pe care să le oferi celorlalți.
Fii femeia care-și petrece întreaga viață învățând, căci cunoașterea este putere, iar cei care cred că le știu pe toate sunt adesea cei mai nătângi dintre noi.
Fii femeia cu care să te mândrești și la 11, și la 90 de ani.
Fii femeia care este prezentă în propria viață.
Fii femeia care înțelege că a fost creată pentru mai mult.

Fii femeia care crede că este capabilă să facă lucruri impresionante pe această lume.

Fii femeia ale cărei visuri nu o lasă rece, ci o fac să se simtă nerăbdătoare — iar apoi apucă-te și du-le la îndeplinire.

Fii femeia care nu cere niciodată voie să fie ea însăși.

Comportamentul 2:

Alege un vis și implică-te cu totul în realizarea lui

Iată ce cred eu despre un obiectiv, iar asta îi enervează adesea pe oameni: te poți concentra numai pe câte unul.

Te. Poți. Concentra. Numai. Pe. Câte. Unul.

Dacă mi s-ar fi dat voie să pun emoticoane într-o carte de non-ficțiune, atunci află că între toate aceste cuvinte aș fi pus unul care bate cu putere din palme.

Este o afirmație pentru toate visătoarele care susțin ceva de genul: „Vreau să scriu o carte, dar sunt și cantautoare și mă gândesc să devin agent imobiliar, plus că mai vreau să activez și în domeniul animalelor fără adăpost și să pun bazele unui ONG prin care să aduc specii pe cale de dispariție în ajutorul celor în vârstă, pentru confortul acestora".

Nu.

În primul și-n primul rând, chiar dacă lista ta nu e chiar atât de elaborată, chiar dacă toate lucrurile se susțin între ele, *nici măcar atunci* nu e eficient. Dacă ar fi fost eficient, ai fi avut deja rezultate.

În al doilea rând, aceasta nu este o listă de visuri. Este o listă cu idei interesante. Trebuie să înțelegi diferența.

Când spun *vis*, mă refer la ceva ce-ți dorești foarte mult. Respectiv ceva la care te gândești regulat și-ți imaginezi cum ar fi. Iar când te gândești la asta, inima îți bate mai rapid și ți se umezesc palmele, ca în cântecul lui Eminem.

Acela cu *Mom's spaghetti*.

Multe persoane n-o să se prindă de gluma cu Eminem pe care tocmai am făcut-o, dar e în regulă. Trei au făcut-o și, atâta timp cât există cineva care-mi înțelege umorul, asta e tot ce contează.

Să revenim la chestia cu visul versus o idee bună. Când oamenii fac o listă cu cele 19 lucruri la care „visează", reacția mea este întotdeauna aceeași: care te entuziasmează cel mai tare? Dacă ai alege doar unul dintre ele, de care să te ocupi în următorii 10 ani, care ar fi? Dacă doar unul dintre ele ar putea avea succes, pe care l-ai alege?

Chestia e că... au întotdeauna unul. Întotdeauna.

Dar își înfășoară acel unic mare vis într-o grămadă de idei bune. Pun pe listă tot felul de posibilități, pentru că așa pot să spună că e doar o distracție. În acest fel, opțiunile lor sunt nenumărate. În acest fel, dacă să-și urmeze visul devine prea dificil, pot să renunțe și să-și spună că oricum nu asta își doreau.

Vezi tu, dacă alegi un singur vis, nu există planul B. Trebuie să fii perseverentă. Dacă vrei într-adevăr să-ți împlinești visurile, nu o poți face decât pe rând. Cred cu tărie în implicarea totală într-un singur vis, iar după ce-l împlinești, atunci poți trece la următorul. Dar să-ți împarți atenția înseamnă să-ți împarți implicarea și energia, iar asta înseamnă că e puțin probabil să faci mari progrese.

Când vine vorba de dezvoltarea personală, femeile o abordează adesea ca pe un bufet. Vor să lucreze un pic la asta, un pic la ailaltă. Se gândesc că toate domeniile vieții lor sunt importante, și de aceea ar trebui să le facă pe toate odată. Poate că asta e posibil în cazul unora, dar eu pot să-ți spun că, spre deosebire de alții, pentru mine importantă a fost implicarea.

Viața mea nu se rezumă doar la a-mi urma visurile. Nici a ta, presupun. Sunt căsătorită, am copii, o carieră, cumpărături de făcut, vase de spălat și o mie de alte lucruri. Nu am timp să pierd timpul. Dacă e să lupt pentru dreptul meu de a mă ocupa de ceva nou pentru mine, trebuie să fiu cât de eficientă se poate. Iar ca să fiu eficientă trebuie să fiu întru totul implicată.

În trecut, ori de câte ori stabileam să încep o dietă și un program de exerciții fizice și să mă apuc în sfârșit de romanul meu, nu aveam energie și entuziasm pentru mai mult de-o săptămână. Erau prea multe priorități, prea multe lucruri de care să țin seama. În scurt timp, mă simțeam copleșită și nu mai reușeam să țin pasul.

Când totul e important, nimic nu e important.

Am avut succes când am învățat să mă implic, iar implicarea impune să alegi un singur lucru. Pentru cei care fac asta pentru prima dată, e greu să se implice într-un singur domeniu dacă sunt pasionați de dezvoltarea personală. Dar ceea ce nu-și dau seama este că un obiectiv este ca un port. Când, odată cu mareea, în port se ridică nivelul apei, se ridică și toate vasele.

Când începi să te dezvolți într-un domeniu al vieții tale, se întâmplă un lucru uluitor: apar îmbunătățiri și în alte domenii. Dacă arunci o mână de pietricele într-un lac, apa se tulbură puțin. Dacă arunci un bolovan într-un lac — adică dacă-ți pui întreaga energie într-un singur domeniu — impactul este incredibil. Efectul de undă al acelei alegeri se dispersează în toate direcțiile.

De dragul clarității, aș vrea să menționez că este foarte posibil să te dezvolți pe mai multe planuri ale vieții după ce ai reușit într-unul dintre ele și ai făcut din asta un obicei. De pildă, eu sunt capabilă să continui un regim de viață sănătos și de exerciții fizice în timp ce caut să-mi ating un alt scop, căci alimentația sănătoasă și mișcarea sunt acum niște obiceiuri din viața mea. Dar, dacă aș fi încercat să le dobândesc simultan sau să zicem că începeam să mă ocup de ele pe când puneam bazele companiei mele, n-aș fi reușit.

Și-atunci, întrebarea care se pune este: cum alegi? Cum selectezi corect lucrul pe care să te concentrezi? Ei bine, dacă aș fi în locul tău, eu aș reduce totul pe baza unui proces pe care-mi place să-l numesc „10, 10, 1".

Dacă n-ai mai auzit niciodată până acum de 10, 10, 1, e pentru că eu l-am inventat... dar l-am și făcut marcă înregistrată, pentru că este o idee bună, iar eu nu sunt proastă. Ca de multe alte ori în viață, m-am gândit la un proces care să aibă efect în cazul meu, iar când am fost nevoită să-l explic, l-am notat și i-am dat un titlu sugestiv. A se vedea: întreaga mea carieră editorială.

Zece ani.

Zece visuri.

Un obiectiv.

Cine îți dorești să fii în zece ani? Care sunt cele zece visuri care să te conducă acolo? Pe care dintre acestea o să-l transformi într-un obiectiv în care să te implici total? 10, 10, 1.

Hai să explorăm asta mai îndeaproape.

Zece ani

Îmi place să-i încurajez pe oameni să înceapă prin a închide ochii și a-și imagina ce-și doresc să devină. Imaginează-ți că au trecut zece ani și ești întruchiparea celui mai înalt ideal posibil, personal și de viață. Un vis măreț. Fără restricții. Nu te gândi prea mult; doar lasă-te să prevezi cea mai impresionantă realizare de sine posibilă. Peste zece ani, ce face acest sine realizat? Cum arată? Cum își petrece zilele? Cum le vorbește celor pe care-i iubește? Cum este iubit la rândul său? Ce haine poartă? Ce mașină are? Gătește bine? Îi place să citească? Îi place să alerge?

Fii cât de specifică se poate. Unde te duci în vacanță? Care e restaurantul preferat unde mănânci, acum că viața ta s-a schimbat? Ce fel de alimente consumi? Cum te simți pe parcursul zilei? Ești optimistă? Ești capabilă să-i încurajezi pe ceilalți? După zece ani în care te-ai ocupat te tine și te-ai dezvoltat ca femeie, câtă bucurie există în viața ta? Cine face parte din viața ta? Cum e o săptămână din viața ta? Cum te porți cu ceilalți? Cum se poartă ceilalți cu tine?

Pur și simplu, lasă-ți visurile să hălăduiască liber. Ești fericită? Ești plină de energie? Ești motivată? Simți că ești ambițioasă? Cum este relația ta cu membrii familiei? Ai o casă? Cum e casa ta? Ai copii, ai o familie, ești căsătorită? Ce e cel mai bun dintre toate?

Acum mergi și mai departe. Dincolo de foarte bine se poate și mai bine? Să trăiești în fiecare zi în cea mai bună stare posibilă. Cu ce te ocupi? Care este cea mai înaltă valoare pe care pune preț sinele tău viitor? Este familia, este loialitatea, este evoluția? Fii cât de specifică se poate.

Acum, fără vreo urmă de judecată de valoare sau de gândire în exces, vreau să notezi, cât mai repede, toate cele la care tocmai te-ai gândit. Nu vreau să uiți nimic; vreau ca sinele tău viitor să-ți fie imprimat în creier.

Să devin mai bună înseamnă ...

Când sunt în cea mai bună dintre stări, atunci ...

Nu te reține. Nu e momentul să stai prea mult pe gânduri sau să-ți spui să o lași mai moale. Nu e momentul pentru realism; e momentul să ai cele mai mărețe visuri.

Să sperăm că acest exercițiu te va ajuta să-ți zugrăvești în minte o imagine clară a cât mai multor lucruri minunate la care sinele tău poate să participe pe viitor. Personal, îmi place să fac asta o dată sau de două ori pe an și să creez un panou vizionar (ca în clasa a cincea când lipești mai multe imagini decupate din reviste pe o hârtie), ca să am și ceva vizual alături de imagistica mentală.

Acesta este primul pas; aceasta ești tu peste zece ani.

Acum iată cum reduci din ele.

Zece visuri

Transformă cei zece ani în zece visuri. Dacă aceste zece visuri se împlinesc, atunci viziunea ta devine realitate. Prin urmare, dacă ai văzut un viitor total lipsit de griji financiare, poate că visurile tale ar fi cam așa: să ai un salariu de șase cifre, să nu mai ai nicio datorie etc. Dar poate că sinele tău de vis pe viitor înseamnă și să fii sănătoasă, fericită și plină de energie. Mai adaugă și să devii alergătoare la maraton și vegetariană. Repet, important este să fii specifică. Lista cu visuri este modul în care acea viziune viitoare se va manifesta pentru *tine*.

Deseori, când facem asta, avem mai mult de zece visuri, dar e important să ne rezumăm la zece. Atenția concentrată contează, ai uitat? Alege zece visuri care, dacă se vor împlini, vor face o realitate din sinele tău viitor.

Acum iată care e secretul: în fiecare zi, scrie acele zece visuri într-un carnețel. Și scrie-le de parcă s-ar fi realizat deja.

Eu fac asta în fiecare zi a vieții mele pentru că vreau ca prin repetiție să mi se întipărească în minte și în inimă pe ce anume ar trebui să mă concentrez. Vreau să-mi reamintesc *cine* ar trebui să fiu. Le scriu de parcă s-ar fi realizat deja, pentru că, la un moment dat, am citit undeva că subconștientul tău se concentrează pe ceea ce îi pui la dispoziție. Dacă spui (către tine și subconștientul tău): „O să fac un milion de dolari", nu ajungi să te concentrezi pe scop, ci pe cuvintele *o să*. Pentru creierul tău, asta devine ca o listă de priorități. Fără direcție. Fără a-i cere minții tale să te ajute să-ți dai seama cum poți ajunge acolo. Tu doar i-ai spus că o să faci ceva, iar asta nu prea are forță, indiferent de cât de mare este obiectivul pe care ți-l stabilești, căci liste de priorități faci tot timpul. Cum să faci din asta ceva demn de observat pentru creierul tău?

Ce-ar fi dacă ți-ai spune în schimb: „Am un milion de dolari în cont"? Asta e ceva specific. E un rezultat. E o direcție în care să te îndrepți. *O să* e ceva din viitor. *Am* este din prezent, iar asta înseamnă că subconștientul tău începe să se concentreze pe cum să facă deja ca asta să devină realitate chiar acum. Practic, nu am un milion de dolari în cont... deocamdată. Dar e ceva la care lucrez.

Unele chestii de pe lista mea sunt lucruri pe care-mi doresc să le obțin; altele sunt lucruri pe care le pot realiza în fiecare zi.

„Sunt o soție excepțională."

E pe lista mea. Scriu asta în fiecare zi pentru a-mi reaminti cine sunt și cine îmi doresc să fiu. Când îmi imaginez sinele meu viitor mai bun, sunt încă îndrăgostită de Dave Hollis. Pe viitor, el este în continuare prietenul meu cel mai bun și în continuare nu ne putem lua mâinile unul de pe altul. Doar că acum arătăm mult mai odihniți, căci toți copiii noștri sunt mai mari și nu mai trebuie să schimbăm scutece sau să ne trezim că le ies dinții.

Sunt atentă la cuvintele pe care le notez. Nu folosesc cuvântul *bun*. Nu folosesc cuvântul *excelent*. Folosesc cuvântul *excepțional*. În fiecare zi, când scriu această propoziție cum că sunt o soție excepțională, trebuie să mă întreb ce-am făcut astăzi ca să fiu excepțională. Este un stimulent simplu care mă face să trec la acțiune. Îmi reamintește să-i trimit un mesaj soțului meu și să-i spun cât de bine îi stătea în acei pantaloni sau cât de mult îl iubesc și îl apreciez. Asta nu s-ar întâmpla dacă n-aș avea acel stimulent care să-mi reamintească cine anume vreau să fiu.

Un alt lucru de pe lista mea zilnică este oarecum dezagreabil, dar, na, e lista mea de visuri, nu a ta. Și scriu: „Merg cu avionul doar la clasa întâi".

Dacă mă urmărești în social media, atunci poate că ți-ai făcut o idee despre cât de des călătoresc în interes de serviciu. Foarte mult, prieteni. Foarte, foarte mult. Nu mă deranjează să călătoresc, căci în 90% din cazuri mă îndrept către o conferință unde țin discursul principal sau motivez un grup de participante cu coafura mea lirică și unică și cu energia de câine de vânătoare pe care o am. Vorbitul în public este una dintre părțile preferate ale muncii mele, dar necesită și multă energie și concentrare. E greu să ai și una, și alta când umbli de colo-colo prin țară, cu avionul. Și e greu să fiu la zi cu toate proiectele ca să pot onora toate acele angajamente dacă merg cu avionul la clasa economică.

În plus, dintre proiectele mele actuale face întotdeauna parte și scrisul. Ori scriu o carte, ori redactez o carte, ori lucrez la un articol sau la o postare și, pentru că e vorba de mine, iar eu nu cunosc sensul cuvântului *privat*, aproape tot ce scriu tinde să aibă o natură sensibilă. Știi cât e de ciudat să scrii un capitol despre viața ta sexuală când lângă tine stă un tip oarecare cu care împarți cotiera? Eu știu! Scriu în avion de ani de zile; altfel n-aș avea cum să-mi predau proiectele la timp. Și detest să nu scriu doar pentru că îmi fac griji despre ce-ar crede vecinul meu de scaun despre capitolul 5. Și aici intervine visul meu.

În mintea mea, clasa întâi e bună pentru un singur lucru: dimensiunea scaunelor. Nu-mi pasă de antreurile lor ciudate. Nu-mi pasă de vinul gratuit. Nu-mi pasă nici măcar de avantajul de a te urca în avion înaintea oricui altcuiva. Tot ce contează este că, la clasa întâi, pot să stau turcește, cu computerul în poală. E atât de confortabil! E atât de departe de altcineva. E cel mai bine!

Știu asta deoarece, cu ani în urmă, Dave s-a folosit o dată de cardul lui de fidelitate pentru a obține un loc mai bun pentru mine. Cum am simțit gustul pământului făgăduinței, nu m-am mai putut opri să visez la el. Așa că am scris cuvintele: „Merg cu avionul doar la clasa întâi". În fiecare zi. Luni și luni de zile. Ceea ce înseamnă că creierul meu a acceptat în fiecare zi asta ca fiind un adevăr și m-a ajutat să transform acest vis în realitate.

Când am scris asta pentru prima dată pe lista mea, bugetul firmei nu prevedea o asemenea sumă și, doar pentru că-mi doream să fie adevărat, nu înseamnă că și era. Dar după ce am scris asta cam șase luni, am avut o revelație atât de prostească, de-mi venea să-mi trag una că nu m-am gândit mai devreme. O să te bufnească râsul. Sau poate că știi deja cum am rezolvat problema, fiindcă a fost atât de evident pentru tine. Am început să merg cu avionul la clasa întâi pentru că le-am spus oamenilor că asta făcea parte din condițiile mele de deplasare. Adică, atunci când eram căutată și se spunea: „Hei, Rachel Hollis e cea mai tare și ne-ar plăcea să vină să ne impulsioneze forța de vânzări. Cum facem s-o aducem aici?", asistenta mea le spunea tariful meu și, imediat după asta, adăuga și „plus avion la clasa întâi și cazare".

La început, eram foarte agitată că oamenii vor fi agasați de asta și că voi rata ocazii importante sau că voi fi percepută ca o divă. Dar nimeni nici măcar nu a clipit. În primul rând, când ai muncit ca să ajungi la un anumit nivel în carieră, nu e neobișnuit să soliciți avantaje care nu ți-ar fi fost acordate înainte. În al doilea rând, brandurile își puteau permite asta sau nu, dar nimeni nu s-a enervat pentru asta și nici nu a trimis sătenii înarmați cu furci la mine acasă. Iar acum stau pe scaune mari în avion și ajung la fiecare eveniment simțindu-mă bine, fiind productivă și gata de treabă.

În caz că te întrebi, am în continuare pe listă acest element. Reușesc să zbor la clasa întâi în interes de serviciu, dar nu stau atât de bine cu banii încât să facem asta pentru întreaga familie — deocamdată. Așa că îmi reamintesc în fiecare zi despre direcția în care mă îndrept.

Acum, că ai identificat cele zece visuri, sper să urmezi sfatul meu și să le scrii în fiecare zi. Este o modalitate excelentă de a-ți reaminti zilnic cine dorești să fii, dar ca să ajungi acolo trebuie să abordezi această listă implicându-te și trecând la acțiune. Apoi, următorul pas este reducerea la un singur scop. 10, 10, 1. Zece ani devin zece visuri care devin un scop. Visul tău este idealul tău; acesta devine un scop când începi să-l urmărești activ.

Un scop

Vreau să-ți pui chiar acum întrebarea care este acel scop — acel lucru unic pe care să-l poți face — ca să ajungi cât mai repede mai aproape de ceea ce ți-ai propus să devii peste zece ani. Dintre cele zece, care este acel scop pe care tocmai l-ai identificat și la care poți lucra anul acesta? Gândește-te la el, apoi notează-l.

Pentru a-ți atinge un scop, trebuie să te asiguri că-ți sunt clare două lucruri:

1. Care sunt elementele sale specifice?
2. Cum îți vei măsura progresele?

„Vreau să slăbesc“ nu este specific. Vrei să slăbești un kilogram sau 45 de kilograme? Asta este specific.

„Vreau un indice de 24% de grăsime corporală.“

„Vreau să economisesc 5 000 de dolari.“

Acestea sunt obiective specifice pe care le poți măsura.

„Vreau să mă descurc mai bine cu banii.“ Asta e vrăjeală. Ai pornit-o deja pe drumul către eșec sau pe drumul de a te împăuna cu rezultatele fără a face progrese măsurabile. Să plătești cash, și nu cu cardul pentru cafeaua cu lapte poate însemna că „te descurci mai bine cu banii“, dar unde te duce asta? Dacă scopul tău aduce mai mult cu „vreau să economisesc 5 000 de dolari“, atunci nu ți-ai cumpăra deloc acea cafea cu lapte.

Scopul trebuie să fie și măsurabil. Trebuie să poți aprecia dacă faci progrese sau dacă te apropii de ceea ce-ți dorești. Mulți oameni mai spun și că un scop trebuie să aibă o limită de timp, dar mie nu-mi place asta pentru scopurile personale, pentru că mi se pare că deschide calea eșecului. Dacă-ți spui că trebuie să fii în formă până la sfârșitul lunii februarie și apoi ajungi la jumătatea lui februarie și nu ți-a reușit, o să te blamezi. Intenția mea vizează faptul că atingerea sinelui ideal este un proces pe viață de a deveni ceea ce ești menită să devii. Procesele pe viață nu au o limită de timp. Tot ce contează e să te ții de ele. Nu suntem în căutarea perfecțiunii; ci în căutarea consecvenței.

Apoi, nu este de-ajuns să știi care e scopul tău. Multe dintre voi probabil că știți deja ce vă doriți să obțineți și, dacă doar asta ar fi fost de-ajuns, atunci ați fi obținut deja acel lucru. Mai trebuie să știți și de ce vă doriți atât de tare acel lucru. Trebuie să definiți de ce trebuie să îl obțineți și să vă folosiți de asta ca de o pârghie pentru a vă automotiva când vă vine să renunțați. Știți mai devreme când am vorbit despre cât de importante sunt *motivele*? *Motivația* te face să mergi înainte, chiar dacă nu știi cum vei ajunge la ceea ce-ți dorești.

Când eram mică, părinții mei se certau mult. Erau niște certuri extreme — de genul cu pumnii în pereți —, iar eu mă ascundeam în cameră ca să scap de ei. Mă duceam în singurul spațiu care-mi aparținea exclusiv — patul — și mă refugiam imaginându-mi un loc fără nimic din toate astea. Îmi imaginam un viitor în care nimeni nu țipa la nimeni. Îmi mai imaginam și un viitor în care nimeni nu se certa din cauza banilor. Copil fiind, cea mai importantă chestie pe care mi-o puteam imagina era să intru într-un magazin și să-mi pot permite orice. Nu mă refer la vreun ceas sau la niște pantofi de firmă. Mă refer la a-mi putea permite niște cereale de marcă sau o pereche nouă de blugi cu care să mă duc la școală. Acesta era cel mai bun lucru pe care mi-l puteam închipui pentru mine atunci: o familie în care nimeni să nu se certe și capacitatea de a-mi permite chestii de la Wal-Mart.

Așa că acesta era scopul meu, iar rațiunea de la bază era ceva la care-mi amintesc că mă gândisem de la o vârstă foarte fragedă: *Când eu sunt la cârmă, pot trăi viața pe care mi-o doresc.* Când îți imaginezi viitorul, trebuie să știi unde vrei să ajungi și trebuie să-ți oferi o anumită motivație care să te mențină pe drumul cel bun. Altfel spus, trebuie să știi de ce. De ce contează pentru tine?

Nu e suficient să îți dorești să fii mai slabă. E suficient să îți dorești să slăbești ca să poți ține pasul cu copiii tăi sau să ai energie. Asta este o pârghie.

Nu e suficient să spui: „Vreau să fiu bogată pentru că cred că asta ar fi minunat". E suficient să știi cum e să trăiești fără bani în copilărie și să-ți promiți că, odată ce ai capacitatea de a controla situația, nu vei mai duce o astfel de viață. Asta este o pârghie.

Trebuie să știi încotro te îndrepți și trebuie să știi de ce. Pentru acelea dintre voi care demarați și apoi vă opriți, dacă până acum ai dat înapoi de 50 de ori deja, e din cauză că motivația nu a fost suficient de puternică.

Obișnuiam să fumez. Nu-mi place nici măcar să recunosc asta, căci este absolut oribil. Să fumezi e cel mai rău. E atât de dezgustător; e atât de rău pentru organism. Dar aveam 19 ani când m-am apucat de fumat. Mi se părea că puștii *cool* fumează și voiam să fiu *cool*. Apoi, într-o seară la petrecerea de sărbători a firmei, stăteam de vorbă cu o tipă foarte mișto care lucra în departamentul de PR. Era atât de la modă! Era hipsteriță înainte să existe hipsteri și în acea seară la petrecere a scos un pachet de American Spirit. Dacă nu știi cum sunt American Spirit, ei bine, au un tutun foarte puțin prelucrat, mult mai puternic decât orice altceva mai fumasem vreodată, doar că eu nu știam asta pe-atunci.

Băusem prea mult în acea seară și, când această hipsteriță *cool* mi-a oferit o țigară, nu mi s-a părut nimic neobișnuit și mi-am petrecut restul serii fumând țigară de la țigară. Am ajuns acasă de la petrecere și am vomat de mai multe ori la rând. Mi se părea că totul miroase ca acele țigări. Am dat la boboci până nu mi-a mai rămas nimic în stomac. A doua zi dimineață m-am trezit în pat, având doar niște șosete în picioare. Bănuiesc că m-am dezbrăcat și-am rămas așa cum m-a făcut mama, iar apoi mi-am pus acele șosete — nu știu de ce — pentru confort? Apoi am mai vomat trei ore înainte să leșin. Ideea e că nici în ziua de azi nu pot să simt miros de fum de țigară fără să-mi vină să vomit. Nu m-am mai atins niciodată de țigări de-atunci. Am avut o experiență atât de negativă, care m-a dus atât de departe, că m-am lăsat brusc și n-am avut nicio problemă cu asta. N-o să mai fumez niciodată în viața mea. Asta este o pârghie.

Trebuie să ai o pârghie — trebuie să-ți cunoști motivele —, altfel nu vei face niciodată nicio schimbare. Trebuie să știi pe ce te concentrezi, altfel nu vei face niciodată progrese.

Comportamentul 3:

Fii ambițioasă!

Ambiție nu e un cuvânt murdar.

Nu știu dacă e din cauză că sunt prinsă cu scrierea acestei cărți și de aceea foarte atentă la discuțiile despre femei ce se desfășoară chiar acum în media, dar mi se pare că multe autoare, care mai de care mai populare, vorbesc despre tipul de femeie către care trebuie să țintim toate. De dimineață am văzut postat încă o dată un citat despre pericolele și capcanele ambiției în cazul femeilor. Am simțit că dau pe dinafară de furie și, în același timp, m-am simțit atât de tristă. Furioasă, pentru că nu cred că e util să se facă generalizări uniformizatoare despre toate tipurile de ambiție și despre toate tipurile de femei. Tristă, pentru că persoana respectivă are o platformă puternică și e o voce pentru femei din toată lumea și consider că acest mesaj este un deserviciu care are rădăcini profunde în convingerile cu care am crescut multe dintre noi.

Poate ambiția să fie periculoasă? Absolut! Am vorbit pe larg despre propriile mele eforturi legate de faptul că devenisem dependentă de muncă, așa că știu cât poate să fie de periculoasă și de nesănătoasă. Dar ambiția ca întreg? Să o numim exclusiv ceva rău mi se pare limitativ și contrar chemării de a trăi conform menirii noastre.

E important de reținut că acea postare nu era îndreptată către bărbați, ci vorbea despre pericolele ambiției la femei. Chiar trebuie să începem să purtăm o discuție reală privind motivele pentru care acceptăm adevăruri despre noi ca femei pe care nu le-am avea niciodată în vedere pentru bărbați. Dacă nu e valabil pentru toată lumea, atunci n-ar trebui să fie valabil pentru nimeni.

Înțeleg că multă lume crede altceva. Înțeleg că, în funcție de locul și de modul în care ai crescut, ideea că nu ar trebui să ne raportăm la un standard diferit poate să pară de-a dreptul o erezie. Dar gândește-te la asta pentru o clipă. Când un bărbat vrea să facă progrese în carieră, la sală, în credința sa, în educația sa sau în orice altceva, asta se consideră o valoare. Vrem ca astfel de oameni să fie la conducerea afacerii noastre, a bisericii noastre sau a guvernului nostru. Persoanele ambițioase vor să învețe mai multe, să facă mai multe, să evolueze mai mult și, de regulă, le creează celor din jur ocazia de a face la fel. Și o femeie nu? Ce dacă încă nu s-a căsătorit? Ce dacă e mamă singură? E în regulă ca ea să lupte din răsputeri doar atunci, cel puțin până când găsește un bărbat care să aibă grijă de ea? Sper că înțelegi sarcasmul din ultima propoziție, pentru că simpla idee îmi face capul să explodeze!

Trebuie să lăsăm în urmă ideea că anumite reguli se aplică numai anumitor oameni, în anumite etape din viață. Dacă nu e valabil pentru noi toți, n-ar trebui să fie valabil pentru niciunul dintre noi.

Heather, cumnata mea, este învățătoare de 18 ani. Înainte să-și ia diploma de învățătoare, a fost jucătoare de softball. Apoi a făcut un master în consiliere școlară, fiind în același timp un extraordinar lider în educație și o campioană pentru copiii de care s-a ocupat. Această dorință de a învăța mai mult despre activitatea ei ca să fie cât mai eficientă — asta este ambiție și n-ar trebui să fie mai puțin admirabilă la ea decât la frații ei.

Prietena mea Susan este coordonatoarea reformei în domeniul adopțiilor. Ea se ocupă de schimbarea modului în care ne legăm afectiv de copiii aflați în asistență maternală, acordându-le asistenților maternali sprijinul de care au nevoie. Are o ambiție până la cer. Are ambiția de a deschide sucursale ale organizației sale în fiecare oraș din Statele Unite. Are ambiția ca niciun alt copil să nu mai ajungă vreodată la majorat în cadrul sistemului. Este un vis măreț și îndrăzneț. Acest tip al ei de ambiție va schimba lumea.

Mai am o prietenă care este mamă casnică și se luptă de ani de zile cu greutatea ei și cu imaginea de sine. Acum un an și jumătate s-a înscris la prima ei întrecere de 10 000 de metri; a avut ambiția de a trece linia de sosire. După ce a câștigat acea competiție, s-a înscris la semimaraton. S-a forțat să-și facă timp pentru antrenament și să găsească în ea resurse de voință ca să învețe cum să-și atingă scopul. A trecut linia de sosire la semimaraton și va alerga la primul ei maraton în toamnă. Ambiția ei nu a fost să fie CEO sau să facă un milion de dolari; ambiția ei a fost să fie sănătoasă și în formă, ca să fie o femeie mai bună în ochii ei și o mamă mai bună pentru copiii ei. Tipul ei de ambiție a schimbat dinamica familială și modul în care ea privește viața.

Ambiția nu e ceva rău.

De fapt, definiția sa este de-a dreptul poetică: „dorință puternică de a face sau a obține ceva, necesitând de regulă determinare și muncă asiduă“.[1]

Dacă n-ar fi fost ambiția și determinarea mea de a crea conținuturi care să le încurajeze pe alte femei, n-ar fi existat cartea pe care o citești acum. Adică, acum că suntem practic la jumătate, mă gândesc că, dacă ți se părea stupidă, inutilă sau plicticoasă, bănuiesc că ai fi renunțat s-o mai citești. E probabil că o citești în continuare pentru că te alegi cu ceva din asta. Dar n-ai fi avut ce citi dacă eu n-aș fi avut inițial ambiția de a o scrie.

În mare parte a timpului, putem vedea totuși ambiția ca fiind ceva bun, dar numai până când e vorba de propria ambiție, nu-i așa? Nu ambiția altor oameni ne deranjează de fapt, ci de propria ambiție ne temem.

Ce-ar crede lumea despre mine dacă ar ști care este visul meu? Nu ne pasă ce crede lumea, îți amintești?

Dar dacă devin prea ambițioasă și fac o obsesie din asta? De ce nu ne preocupăm noi de lucrurile care chiar se întâmplă, în locul unora posibile într-o zi?

Bine, dar dacă o iau razna și-mi urmez visul în detrimentul familiei și relațiilor mele? Rahat, fată, eu sau altcineva căruia îi pasă de tine o să venim și o să-ți băgăm mințile în cap! Chiar ai de gând să nu-ți urmezi visul din cauza câtorva posibilități scornite?

Taie asta. Sigur că asta ai de gând. Ți-e teamă și știu cum e să-ți fie teamă de necunoscut. Dar n-o să realizezi nimic dacă nu te acomodezi cu ideea de realizare.

Ai un scop sau un vis? Încerci să-l urmezi? Atunci ar trebui să te familiarizezi cât mai mult cu ideea de ambiție. Trebuie să adopți o poziție din care să faci eforturi să evoluezi în feluri care contează pentru scopul tău. Ambiția e ca și cum te-ai trezi devreme; ca și cum ai lucra după ce culci copiii. Ambiția e ca și cum ai fi dispusă să recunoști ce nu știi și să ceri ajutorul, să te documentezi sau să devii propriul tău mentor, cel mai bun pe care l-ai avut vreodată. Ambiția e ca și cum ai trăi altfel decât ceilalți, având o viață pe care alții nu o pot avea. Ești gata să fii stăpâna ambiției tale?

Comportamentul 4:

Cere ajutor

E al unsprezecelea ceas, fetelor. Trebuia să-i trimit editurii modificările la această carte săptămâna trecută. Am fost nevoită să cer o amânare, asta însemnând că amânarea se încheie astăzi, dacă vreau să fie respectată data de publicare. Vreau să subliniez cât de mult am întârziat în acest proces creativ, căci așa poate că vei înțelege cât de nebunesc este să mai adaug un capitol acum.

Adică, eu încep un capitol nou-nouț când de fapt ar trebui să atașez tot textul, bine mersi, într-un e-mail și să-l trimit unei încântătoare tipe din Tennessee, ca să-l poată redacta.

În schimb, eu fac cu totul altceva. Iar asta pentru că de dimineață mi-a trecut prin cap, ca un bec care se aprinde, că am uitat cu totul să includ un comportament incredibil de vital pe care trebuie neapărat să-l adopți în viața ta. De zile întregi mă învârt de colo-colo și mă gândesc: *Știu că am uitat să le spun ceva, știu!* Și apoi mi-am amintit ce și singura mea scuză că nu mi-a trecut prin minte de la început este că acum e pentru mine un comportament atât de bine întipărit, încât nu m-am mai gândit la el ca la ceva ce trebuie adăugat. Dar primesc mesajele voastre și e-mailurile și mesajele din social media pline de emoticoane cum că dați pe dinafară de copleșite ce sunteți, și asta-mi amintește că nu toate femeile fac ca mine. Așa că iată: cere ajutor!

Cere ajutor, fir-ar să fie!

Nu se poate să citești capitolul despre ambiție și să-i permiți să te stimuleze dacă nu reușești să vezi și ce resurse îți trebuie ca să ajungi acolo. Să te hotărăști că vrei să iei lecții de step pentru adulți pentru că asta-ți face inima să salte nu necesită doar niște pantofi din piele cu plachete metalice pe tocuri și o selecție de studiouri de dans recomandate de Yelp. Mai e nevoie și de cineva care să stea cu copiii când tu te duci la curs. Cere ajutor.

Să încerci să ajungi la următorul nivel în afacerea de marketing piramidal din care faci parte nu necesită doar cursuri și seminarii online, plus o prezență intensivă în social media; mai e nevoie și de cineva care să te ajute la curățenie prin casă, căci o să ai mai puțin timp pentru asta. Cere ajutor.

Înțeleg, fetelor, chiar înțeleg. Știu că marea majoritate dintre voi vă simțiți ciudat să cereți ajutor. În primul rând, detestăm să recunoaștem față de oricine — în special față de noi înșine — că avem nevoie de ajutor. În al doilea rând, ne-a intrat cumva în cap această idee sucită că acceptarea faptului că nu le putem face pe toate bine înseamnă că suntem slabe. Ha! Gândește-te cât e de ridicol! Cei mai puternici oameni din lume au echipe întregi către care deleagă sarcini. Au parte de ajutor din toate părțile, de la curățenia în casă la extinderea afacerilor lor în străinătate. Dar tu — cu afacerea ta nou creată — tocmai tu ar trebui să te descurci singură cu toate cele? Fata mea, nu! Nici vorbă. Ai o percepție deformată despre cum arată succesul, indiferent în ce domeniu al vieții. Și nici măcar nu e vina ta.

Eu dau vina pe mass-media.

Sau, mai exact, dau vina pe fiecare femeie perfect coafată și arătând ultra-fabulos care a apărut vreodată la televizor sau pe internet în ultimii 50 de ani și care nu ne-a spus de cât ajutor are nevoie ca să se mențină la acel nivel. Dau vina pe fiecare revistă care ne-a arătat 39 de feluri de a marina un curcan de Ziua Recunoștinței, dar n-a suflat o vorbă despre cum s-o rogi pe sora ta să rămână la tine în seara de dinainte, astfel încât să fie cineva care să stea cu copilul în timp ce tu gătești pentru întreaga familie. Dau vina pe fiecare film de-ale lui Nancy Meyers*, cu acele case de vis și acele garderobe imaculate. Oh, sigur, ne-a arătat cât e de greu în relații, dar nici măcar o dată nu ne-a arătat de câți oameni este nevoie pentru a menține curate acele vile și a menține îngrijite acele grădini organice, în timp ce eroina punea bazele imperiului ei de distribuție.

E probabil ca și în viața reală, și pe ecran să fi văzut doar exemple de femei care le fac pe toate. Iar mie mi se pare că femeile ori încearcă să se ocupe de absolut orice de unele singure fără să admită cât le este de greu, ori, și mai rău, au parte de ajutor, de toate felurile, dar nu se folosesc de el. Madeleine Albright a afirmat cândva: „Există în iad un loc special pentru femeile care nu le ajută pe alte femei"[1]. Ei bine, eu spun că există în iad un loc special pentru femeile care-și permit luxul de a avea parte de ajutor, dar nu recunosc asta față de alte femei.

Acum vreo doi ani, mă uitam la emisiunea *Today Show* și era acolo o mare celebritate care vorbea despre noua sa linie de produse. Această femeie avea copii mici și un soț a cărui carieră era la fel de productivă și de solicitantă ca și a ei. Chiar îmi place de ea. Este atât de frumoasă și pare în mod autentic o mamă și o soție bună. Plus că și-a făcut un nume în lifestyle. A devenit femeia cu care vor să semene multe mămici și gospodine. Dar atunci când a fost întrebată

---

* Regizoare, producătoare și scenaristă americană. (*N.t.*)

cum „le face pe toate“ — respectiv, cum a clădit această afacere de mai multe milioane de dolari și a reușit să fie un părinte bun și o soție extraordinară? — l-a privit în ochi pe cel care-i lua interviul și i-a spus ceva de genul: „Oh, sunt superorganizată“.

Mi-a picat fața, oameni buni. Apoi a continuat spunând cu degajare cum orice mamă poate să facă tot ce face și ea dacă este implicată și muncește asiduu.

Am fost atât de dezamăgită de răspunsul ei, că-mi venea să plâng. Sincer, îmi venea să plâng ca un copil. Pentru că uite cum stă treaba: această femeie are o platformă masivă, de zece ori mai mare decât a mea, și în acea dimineață nici măcar nu pot să-mi închipui câte femei se uitau la ea, privind-o cu admirație, în speranța unor recomandări care să le inspire. Iar ea s-a sustras. A avut ocazia să ne spună cum e să ai o viață și o afacere de acest nivel și în același timp să ai copii mici, dar n-a profitat de ea.

Posibilitatea ca ea să nu aibă parte de ajutor este de 0% — zero! Pentru că am lucrat ani de zile cu celebrități, presupun că are o menajeră și cel puțin o bonă, dacă nu două. Trebuie să aibă o asistentă și, datorită renumelui său, pun pariu că ea și soțul ei au personal domestic de înalt nivel, oameni de existența cărora probabil că nici n-au auzit până acum. De genul „administrator“ și „bucătar nutriționist“ și, știi ceva, bravo lor! Nu-i invidiez nicio secundă pentru că au parte de ajutor. Dar mi-aș dori să vorbească despre asta. Neabordând subiectul, există riscul ca *ție* să nu-ți treacă prin cap că au parte de ajutor. Când le vezi cina perfect preparată pe Instagram și știi că ea a fost toată ziua la o ședință foto (pentru că i-ai urmărit cronologia), s-ar putea să te facă să te simți prost că tu te chinuiești să pui ceva de mâncare pe masă, deși ai stat acasă toată ziua.

S-ar putea să nu-ți treacă prin minte că există o menajeră sau un bucătar care s-o ajute să pregătească acea cină, iar asta perpetuează mitul că și tu „le-ai putea face pe toate și le-ai putea avea pe toate“ dacă te-ai strădui mai mult.

E o minciună din străfundurile iadului cu celebrități!

Prieteni, femeile care sunt la nivelul la care și ție ți-ar plăcea să fii cer ajutor atât pe plan personal, cât și profesional. Poate că acel ajutor vine de la partenerul lor. Poate că vine de la mama sau de la sora lor. Poate că vine sub forma unei studente care e babysitter sau a unei doamne la curățenie care le freacă WC-urile o dată pe lună. Există o grămadă de feluri de a obține ajutor, dar pentru început trebuie să înțelegi că ajutorul este necesar în primul rând, înainte de a face pasul următor. Nimeni nu face toate astea singur. Când o spun atât de direct, pare de bun-simț, nu? Dar apoi dăm peste sintagme de tipul „prin forțe proprii“ și ne întrebăm dacă nu cumva către asta ar trebui să țintim.

Ador sintagma „prin forțe proprii“, mai ales când este folosită cu referire la succesul meu, căci doar eu știu cât de mult am muncit să ajung aici. Eu am fost cea care se trezea înainte de ivirea zorilor. Eu am fost cea care a străbătut toate acele sute de kilometri cu avionul. Eu am fost cea care a plâns în fața balanței contabile și s-a stresat ca să aibă din ce plăti salarii. Eu, eu, eu! Ani de zile m-am agățat de acel titlu și de ideea că am făcut totul singură, căci mă stimula și mă ajuta să merg înainte când mă simțeam atât de singură în această călătorie antreprenorială. În ultimii câțiva ani mi-am dat seama de ceva, totuși. M-am descurcat prin forțe proprii... și nu prea.

Abia de curând am înțeles că nimeni nu reușește niciodată prin forțe proprii, pentru că e imposibil să creezi ceva mare exclusiv de unul singur. În ultimii zece ani, o echipă întreagă de oameni m-a ajutat să-mi clădesc compania. O comunitate masivă (care a pornit de la o mână de urmăritori) a dat sfară în țară despre ceea ce fac, fiind în continuare cea mai grozavă echipă de promovare pe care o știu. A fost nevoie de rude, de babysitteri și de bone care să mă ajute să-mi țin familia pe linia de plutire în perioadele când trebuia să fac ore suplimentare. A fost nevoie să am ca soț cel mai bun susținător din lume, care mi-a sărbătorit reușitele și mi-a compensat pierderile, atât financiare, cât și emoționale, din acei primi ani.

A fost nevoie de un sat întreg și încă e nevoie de un sat întreg. A fost nevoie să ridic mâna și să cer ajutor.

— Hei, dragule, poți să te ocupi tu de copii weekendul acesta ca să pot să termin ce am de făcut la muncă?

— Hei, prieteni de pe Instagram, puteți să dați share la asta în social media ca să se afle despre această carte pe care am scris-o și care se cheamă *Party Girl*?

— Hei, șefule de la serviciu, pot să mă ocup de toate atribuțiile, dar nu fără încă o persoană care să mă ajute sau fără o amânare a termenului-limită. Sunt doar un om.

Când am vrut să mă antrenez pentru semimaraton, am întrebat pe cineva din echipa de la muncă a lui Dave dacă poate să mă antreneze. Singurul lucru pe care-l știam despre acel om este că era alergător de maraton. Ken m-a învățat tot ce știu despre alergarea pe distanțe lungi.

Când am vrut să scriu acea primă carte, mama a venit de multe, multe ori în oraș în weekenduri și m-a ajutat cu copiii ca să pot să scriu. Își făcea apariția în dormitorul de la etaj cu câte o gustare aproape exact în momentul în care eram gata-gata să dau cu computerul de pereți.

Când această companie pe care am clădit-o a început să se dezvolte așa de mult și de repede că nu credeam că mai pot s-o conduc bine de una singură, mi-am înghițit masivul orgoliu și i-am cerut ajutor soțului meu. Știi cât de mândră eram să fiu femeie, fondatoare și CEO, având doar o diplomă de liceu? Foarte! Știi cât de mult mă interesa să recunosc în fața lui, a mea însămi sau a ta că nu mai puteam conduce compania, coordonând în același timp și comunitatea creată? Nu mă interesa deloc. Dar adevărul este că în ultimii zece ani am învățat cât de ușor e să ajungi la epuizare — sau, mai rău — să renunți la visul tău pentru că încerci să faci prea multe lucruri deodată. Așa că mi-am învățat lecția. Și cer ajutor.

Am parte de ajutor, oameni buni. Am parte de atât de mult ajutor, încât sunt mereu în căutarea a noi și noi moduri de a-mi face mai mult timp liber în care să mă concentrez pe valorile mele.

Oamenii mă întreabă tot timpul cum le fac pe toate și mă bucur să strig din rărunchi: nu le fac pe toate!

Avem o bonă cu normă întreagă și am avut mereu de când băiatul meu cel mare avea trei luni. Dat fiind că ne-am tot mutat și că familia noastră s-a tot mărit, am avut de-a lungul timpului trei bone (deși nu toate în același timp). Aceste femei — Martha, Jojo, iar acum Angie — s-au atașat mult de copiii mei și au făcut posibil ca eu să-mi văd de cariera mea, iar Dave de a lui. Veneau de dimineață și stăteau până seara târziu. Datorită lor am putut să ieșim seara în oraș în doi și, din când în când, să plecăm din oraș. N-am avut niciodată familia aproape ca să ne poată ajuta cu copiii, iar aceste femei au fost familia noastră de împrumut. Nu-mi pot imagina cum ne-am fi descurcat fără ele.

Acum trei ani am angajat o menajeră. Cu normă întreagă. De ani de zile vorbeam și plănuiam să ajungem la acel nivel financiar la care să ne putem permite o menajeră cu normă întreagă și e cel mai mare lux din viața noastră! Cu cât am avut mai mulți copii, cu atât ne-am dorit mai puțin să ne petrecem serile sau weekendurile spălând rufe sau dând cu mopul. De asemenea, aveam mare nevoie de ajutor cu prepararea mâncării și cumpărăturile, plus cineva care să ducă la spălat mașina sau cățelul.

La muncă am o asistentă, precum și o echipă la Hollis Company care să mă ajute în întreprinderile mele de afaceri. Recurg la stiliști care să-mi aleagă ținute deosebite când mă duc la emisiuni TV sau la evenimente sofisticate și trebuie să pășesc pe covorul roșu. Am oameni care mă machiază și mă coafează când apar la televizor, iar de câteva ori am chemat acasă pe cineva care să mă dea cu spray autobronzant. Tipa avea un cort gonflabil pe care l-am instalat în baie; mi s-a părut magic!

Dacă atât de mult ajutor ți se pare excesiv, te provoc să-l pui în balanță alături de nivelul de conținut pe care am reușit să-l împingem înainte în ultimii cinci ani. N-aș fi reușit să fac nici o zecime din această muncă dacă n-aș fi avut ajutor. Dacă atât de mult ajutor ți se pare inutil, atunci, la naiba, nu trebuie să mergi cu toate motoarele turate la maximum ca mine, dar te rog frumos să te înveți să ridici mâna și să recunoști că ți-e greu!

Nu e nevoie să ajungi la un anumit nivel financiar ca să ai parte de ajutor: poți să cazi la înțelegere cu o prietenă sau pur și simplu să-i ceri partenerului tău să te sprijine mai mult. Dar *e nevoie* să fii la un anumit nivel emoțional ca să ai parte de ajutor: e nevoie să-ți dai seama că, deși îți stabilești un nou drum în viață pentru tine, nu e necesar să înaintezi pe el de una singură.

Ideea acestor divagații lungi și aiuristice este că, dacă ți-e greu să recunoști că ai nevoie de ajutor, atunci trebuie să te uiți bine de tot la ce anume e necesar ca să ajungi la următorul nivel. Dacă ai nevoie de mai mult timp și tu simți deja că nu-ți ajunge timpul, s-ar putea să fie necesar să ceri ajutor. Dacă ai nevoie de mai multe informații pe care nu le deții încă, s-ar putea să fie necesar să-ți găsești pe cineva care să te învețe. Dacă ai nevoie de mai multă promovare, s-ar putea să fie necesar să-i întrebi pe actualii tăi clienți dacă sunt dispuși să te ajute să răspândești informațiile.

Am auzit odată că majoritatea celor care s-au înecat cu mâncare și au murit erau foarte aproape de cineva care i-ar fi putut salva. Este o realitate oribilă. Se întâmplă că stăteau la masă cu un grup de persoane, iar când au început să se sufoce le-a fost prea jenă să admită că nu se pot descurca singuri. Inevitabil, s-au ridicat de la masă, iar când prietenii i-au întrebat dacă se simt bine sau dacă au nevoie de ajutor, au dat din mână în sensul că e totul în regulă. S-au dus apoi în altă cameră pentru ca sforțările lor să nu deranjeze pe nimeni. Abia când au rămas singuri, luptându-se din greu să respire, și-au dat seama că au nevoie de ajutor, dar era deja prea târziu.

Fetelor, să faceți eforturi nu înseamnă că sunteți slabe; înseamnă că sunteți oameni. Lipsa voastră de experiență nu înseamnă că nu veți reuși; înseamnă doar că mai aveți până acolo. Încetați să vă mai prefaceți. Încetați să mai simulați. Încetați să mai faceți pe martirele. Încetați să mai faceți totul singure, iar apoi să vă simțiți amărâte din cauza asta. Încetați să mai pierdeți timpul cu activități pe care le detestați ca pedeapsă pentru timpul pe care vi-l doriți pentru voi înșivă.

N-ai cum să speli suficient de multe rufe cât să-ți faci soțul să te susțină în îndeplinirea visului tău. Nu te poți oferi voluntară la biserică atâtea ore cât să-ți faci sora să-ți înțeleagă scopurile. Nu-ți poți deschide calea către autonomie dând la schimb propria-ți viață — este un drept al omului care ți-a fost acordat când ai devenit adult. Dacă ai nevoie și *când ai nevoie*, ridică mâna și cere ajutor, indiferent ce cred alții despre asta.

Există sute de feluri de a învăța să înoți și unul foarte simplu de a te îneca — atunci când nu ești dispusă să recunoști încă de la început că ești pe cale să te îneci.

Comportamentul 5:

Pune bazele succesului

Ani de zile le-am vorbit femeilor despre cum să facă să evolueze fără să-mi dau seama că multe dintre ele, chiar dacă erau motivate, nu aveau o bază solidă care să le susțină obiectivele. Adevărul este că nu contează dacă ești motivată să-ți atingi un scop când viața ta de zi cu zi te sabotează înainte să ajungi prea departe. Lipsa acestei baze n-a avut un nume până când n-am început să caut motivele pe care le enumerau femeile ca răspuns la întrebarea: de ce le este atât de greu? Ce trebuie să fie la locul său înainte să ne putem urma visurile nu sunt lucrurile la care ne raportăm adesea când ne gândim la succes. Dar dacă nu avem aceste elemente de bază așezate unde trebuie, să ne apucăm să obținem orice altceva poate să ni se pară cu bătaie foarte lungă.

Ca să putem evolua pe alte planuri este necesar un travaliu inițial. Trebuie să ne așezăm pe calea către reușită.

Gândește-te la asta în felul următor. Ești o vază. Am auzit comparația asta o dată și m-am gândit că este cea mai bună analogie din lume. Imaginează-ți că ești o vază de sticlă, așezată în picioare, și cineva toarnă apă înăuntru. Apa este tot ce ai nevoie pentru a supraviețui. Așa că tu, vaza de sticlă, ești plină de viață, energie, substanțe nutritive, iubire și bucurie — toate lucrurile bune.

Însă de multe ori, noi, femeile, nu ne gândim la noi pe cât de mult ne preocupă binele celorlalți, așa că încercăm să ne înclinăm. Ne înclinăm vazele înainte și înapoi, într-o parte și în cealaltă, pentru ca lucrurile bune pe care le primim să se reverse și asupra celor din jurul nostru. Dăruim câte ceva copiilor, colegilor, părinților, prietenilor. Și continuăm să ne înclinăm. Un pic aici, un pic dincolo, iar până la urmă... vaza se răstoarnă și se sparge într-o mie de cioburi. Ne petrecem atâta timp în încercarea de a avea grijă de ceilalți, încât ne distrugem pe noi înșine în acest proces.

Dar iată o chestie incredibilă! Dacă ești o vază și stai mândră în picioare pe o bază solidă, dacă asimilezi toate lucrurile care sunt turnate înăuntru, ce se va întâmpla până la urmă cu apa din vază? Va da pe dinafară și se va revărsa peste toți cei din jur.

Știu că e unul dintre acele lucruri pe care le auzim tot timpul și-ți vine să zici: „Da, am prins ideea".

Dar eu sunt aici ca să-ți spun că nu, n-ai prins ideea. Deloc! Și te provoc chiar acum. Dacă te simți inconfortabil, dacă te doare ceva, dacă ești obosită, dacă ești anxioasă, dacă ești deprimată, dacă suferi într-un fel sau altul, atunci nu stai ferm pe un fundament solid ca să lași vaza să se reverse. Nu ești pe drumul către succes. Dar poți fi. Și iată câțiva pași concreți pe care-i poți face în acest sens.

Fii sănătoasă

Nu-mi vine în minte nimic mai important pentru a avea succesul asigurat decât faptul de a te simți bine fizic și emoțional. Sigur că este posibil să-ți atingi un scop și când nu funcționezi la cel mai înalt nivel, dar e mult mai greu. Poți să te deplasezi cu mașina când ai pană, dar când mașina e așa cum trebuie și are rezervorul plin, poți să prinzi viteză. În ultimii zece ani, m-am străduit foarte mult să fiu sănătoasă fizic și emoțional și, deși drumul până aici a fost plin de momente de conștientizare personală și de muncă asiduă (plus tone de terapie), există câteva chestii practice pe care le-am identificat ca fiind o schimbare în bine și pe care le poți adopta și tu. Acestea sunt cele cinci lucruri pe care le-am schimbat în viața mea de-a lungul anilor și care m-au făcut capabilă din punct de vedere fizic să mă ocup de toate marile mele visuri. Acestea sunt „elementele de dezvoltare" pe care le-am menționat mai sus:

1. Hidratare

Bea în fiecare zi apă în funcție de greutatea ta. Hai să facem o socoteală simplă. Să spunem că ai 50 de kilograme. O să împărțim asta la doi — asta înseamnă 25, pe care-l împărțim la 10. Deci ar trebui să bei 2,5 l de apă în fiecare zi ca să te menții hidratată. Acesta e momentul în care mi se pune aceeași și aceeași întrebare: dar asta nu înseamnă că o să mă duc la toaletă toată-ziua-bună-ziua? Ba da, tocmai asta e ideea. Sunt eliminate toate chestiile negative din organism.

Hidratarea este importantă din atât de multe motive, dar mai ales pentru acelea dintre voi care încercați din răsputeri să slăbiți. Deshidratarea aduce foarte mult cu senzația de foame. E probabil să nu-ți fie foame, ci sete. Dar creierul nu face diferența și de aceea te chinuiești atât de mult cu controlul porțiilor. Încearcă să bei o sticlă de apă și să vezi apoi dacă mai simți nevoia să mănânci.

Se mai poate întâmpla și așa: „Vreau să ating acest scop. Vreau acest plan. Vreau să am o viață mai bună. Vreau să fiu promovată. Vreau să fac cutare lucru". Dar nu ai energie și tot renunți la visurile tale, astfel că nimic nu pare să aibă efect. Nu înțelegi de ce, dar n-ai mai băut apă de marți — iar asta s-a întâmplat doar pentru că ți-a intrat puțină apă în gură când te-ai spălat pe dinți.

Hidratarea este unul dintre acele elemente fundamentale succesului. De aceea, ori de câte ori cineva dorește să-și facă un plan, oricare ar fi acesta, eu îi recomand întotdeauna să înceapă cu acest mic pas. Bea apă și, odată ce te-ai ocupat de asta și ți-a devenit un obicei, o să te simți pregătită să treci la chestii mai grele.

2. Trezește-te mai devreme

Al doilea lucru pe care o să-l faci în procesul de creare a unui mediu fizic mai sănătos este să te trezești cu o oră mai devreme și să te folosești de acel timp pentru tine. Cred că acest pas e deosebit de important pentru cele care au copii. Știu că n-ar trebui să fac generalizări uniformizatoare despre familiile altora, dar o să-mi susțin cu fermitate această idee.

Dacă ai un copil care se trezește dimineața, te-ai ars! Pe bune! Ești deja în dezavantaj. Dacă sugarul plânge sau copilul de trei ani te trezește că vrea cereale, îți începi ziua cu o atitudine defensivă, în loc de una ofensivă. Acea oră în plus de dimineață, înainte să se trezească întreaga familie, este esențială. E totul!

Pentru cele care susțineți că nu aveți deloc timp pentru sine — acesta este timpul vostru! Dacă vreți să faceți mișcare, dacă vreți să citiți o carte, dacă vreți să vă rugați, dacă vreți să vă scrieți primul roman, dacă vreți timp ca să vă urmați visurile, treziți-vă cu o oră mai devreme.

Inevitabil, când vorbesc despre trezirea cu o oră mai devreme, primesc întotdeauna câteva mesaje de la femei care-mi spun printre rânduri cam așa: „Am un copil de șase săptămâni și mi-e greu să mă trezesc cu o oră mai devreme, pentru că azi-noapte am dormit doar vreo două ore“.

Despre ce vorbești? Doamne-Dumnezeule, despre ce vorbești? Dacă ai un copil mai mic de nouă luni, acest element de pe listă nu este pentru tine! Așteaptă să mai crească micuțul și încearcă după aceea. Fii îngăduitoare cu tine însăți. Îmi place că încerci să te apuci de ceva nou, dar acestea nu sunt niște modificări pe care să le poți face dacă în prezent treci printr-o mare schimbare de stil de viață. Prin urmare, dacă ai un bebeluș, trezitul mai devreme nu e pentru tine.

În schimb, poate te gândești: *Sunt medic și mă trezesc deja la trei noaptea*. Păi, normal că nu vreau să te trezești la două noaptea! Poate că în cazul tău acest pas înseamnă să-ți faci timp pentru tine mai târziu peste zi. Haide, fată dragă! Nu încercăm decât să găsim o oră din timpul tău pe ici, pe colo ca să-ți poți urma visul. Asta e tot ce vreau să faci.

Dacă nu ai o oră liberă, atunci nu ai viață.

Știu că-i enervez pe oameni când zic asta. Și-mi spun ceva de genul: „Nu mă cunoști și nu ai de unde să știi care e programul meu!“ Ai dreptate. Nu te cunosc. Dar știu că, dacă nu poți găsi pentru *tine* nici măcar o oră din cele 24, atunci trebuie să-ți revezi prioritățile. Trebuie să te întrebi ce faci cu timpul tău.

3. Renunță la o categorie de alimente timp de 30 de zile

Așadar, bem apă, ne trezim cu o oră mai devreme și apoi ne concentrăm pe nutriție, respectiv pe această eliminare. Vreau să renunți la mâncare. O categorie de mâncare proastă timp de 30 de zile. Ai auzit de zicala care spune că, dacă poți renunța la ceva pentru o lună, atunci ți-ai făcut un nou obicei? Ei bine, vreau să-ți faci un obicei din a nu mai mânca prostii. Prostii în această situație sunt produsele de la fast-food sau alimentele procesate industrial. Sau orice se găsește la gogoșărie! Și ideea e că nici măcar nu vreau să renunți la tot sau să-ți concepi o dietă nouă, căci asta poate fi copleșitor, mai ales dacă mai încerci și să-ți atingi un scop. Vreau doar să alegi o categorie mică de alimente... și apoi să le eviți ca pe ciuma biblică.

Dacă poți renunța la ceva — adică să renunți cu adevărat, nu să „trișezi“ — devine un obicei. Detest să rostesc cuvântul „a trișa“, dar, dacă îți încalci această promisiune făcută ție însăți, asta faci. Nu va deveni un obicei. Pentru cele mai multe lucruri în viață, dacă o dai în bară, e probabil să-ți spun simplu: „Ridică-te, scutură-te și mergi mai departe“. Dar dacă la acest capitol nu te poți ține de treabă, trebuie să o iei de la capăt cu cele 30 de zile.

Îți lansez următoarea provocare: poți să-ți ții o promisiune față de tine însăți timp de o lună? Nici măcar nu-mi pasă dacă înlocuiești acel aliment cu altceva. Nu-mi pasă dacă faci ceva de genul: „Păi, dacă nu pot să beau cola dietetică, atunci o să beau limonadă — care are tone de zahăr, dar nu contează, măcar nu are tone de chimicale!“ Aici nu e vorba despre alimentul la care renunți, e vorba să-ți demonstrezi ție însăți că poți să te ții de cuvânt. Și să-i demonstrezi stomacului tău că poți practic să supraviețuiești fără nu știu ce sos o perioadă lungă.

4. Fă mișcare în fiecare zi!

Așadar, bei apă, te trezești cu o oră mai devreme, renunți la o categorie de alimente timp de 30 de zile și începi să faci mișcare. Nu, nu trebuie să te duci la sală sau să te înscrii într-o tabără de antrenamente militare unde se urlă la tine o oră întreagă. Decât dacă asta îți dorești. Dar trebuie să faci mișcare timp de 30 de minute în fiecare zi. Și dă-mi voie s-o spun acum, dacă nu ai timp și energie și voință să faci mișcare 30 de minute pe zi, șapte zile pe săptămână, atunci avem o problemă. Avem o problemă foarte mare. Nu-ți cer să alergi la maraton; îți cer să faci mișcare.

Știu că există o sută de milioane de distrageri care te fac să stai degeaba și să te uiți la televizor sau să stai pe telefon, dar, dacă asta e tot ce faci în timpul tău de relaxare, te privezi singură de energie. Nu e nevoie să ai anumite dimensiuni sau o anumită greutate, dar trebuie să ai energie. Ești un animal, până la urmă! Un animal, ca o maimuță, o antilopă sau un lup. În natură nu există animale supraponderale; nu au cum. Singurele animale supraponderale care există sunt cele care stau cu noi în casă. Animalele nu sunt supraponderale; animalele de companie sunt supraponderale. Tu nu ești un animal de companie. Ești o femeie puternică, frumoasă și îndrăzneață și te vei raporta la tine însăți ca atare.

Au fost făcute studii pe persoane cu performanțe înalte, femei care sunt cele mai bune sportive, cele mai bune femei de afaceri, cele mai bune din lume. Dintre acestea, undeva în jur de 97% — mă jur, poți să verifici — fac mișcare de cel puțin cinci ori pe săptămână. Și nu pentru că aceste persoane sunt dotate cu cine știe ce gene speciale de antrenament pe care tu nu le ai, ci pentru că aceste persoane știu că energia generează energie. Vrei să-ți atingi scopul? Fă mișcare acele 30 de minute în fiecare zi și asigură-te că organismul tău este pregătit să acționeze conform viziunii pe care o ai pentru propria viață.

5. Exprimă-ți recunoștința în fiecare zi

A cincea chestie pe care vreau s-o faci este fără îndoială cea mai importantă. O să-ți cer să notezi în fiecare zi zece lucruri pentru care ești recunoscătoare. Scrie-le în telefon, notează-le într-un jurnal, dar, oricum ai face, fă-ți timp 12 minute și scrie aceste lucruri. Nu pune pe listă lucruri mari, cum ar fi că ești recunoscătoare pentru partenerul tău sau că ești recunoscătoare pentru că respiri. Notează lucruri care s-au întâmplat astăzi, de tipul: cât de bună a fost cafeaua sau cum te-a lăsat cineva să intri pe autostradă, deși traficul era aglomerat; că te-ai dus să te vezi cu un prieten sau că, la cei cinci ani ai săi, copilul tău a spus o glumă ratată, dar ai râs chiar dacă nu era amuzant. Ideea e că, știind că la sfârșitul zilei va trebui să faci o listă cu lucrurile pentru care ești recunoscătoare, îți vei petrece ziua căutând părțile bune. Iar dacă-ți petreci ziua căutând lucrurile bune — aici e magia — le vei și găsi.

Când îți trăiești viața într-o stare de recunoștință, asta schimbă totul. Din postura de a ne simți extraordinar de binecuvântați vedem posibilități nelimitate; credem că lucrurile bune sunt posibile și că e probabil să ni se întâmple chiar nouă. Iar referitor la crearea unei baze pentru succes, asta te ajută să crezi că succesul tău este posibil. Dacă nu faci nimic altceva din această listă, fă măcar acest lucru.

Dacă nu simți că poți face toate cele cinci chestii, încearcă-l doar pe acesta din urmă despre recunoștință și fă asta constant timp de o lună. Recomand o lună pentru că, din proprie experiență, am descoperit că, dacă pot face ceva cu regularitate timp de 30 de zile, devine un obicei. După ce îți manifești consecvent recunoștința timp de o lună, adaugă hidratarea și apoi poate mișcarea. Și ești pe drumul cel bun către succes. Sigur că-ți poți urmări scopurile și când ai probleme fizice sau emoționale, dar, când ai grijă de tine, ai un nivel de energie exponențial care să te ajute să ții pasul cu visurile tale.

Fă ordine în spațiul personal

Când eram mică, să cresc într-o casă care era uneori un adevărat haos a însemnat adesea să mă simt în nesiguranță. Dar singurul lucru pe care-l puteam controla era patul meu. Așa că îmi făceam patul în fiecare zi. Când m-am făcut mare și am stat singură, apartamentul meu era într-o parte mizeră a orașului, dar acel apartament era mereu curat. Acesta era singurul lucru pe care-l puteam controla.

Cum e la tine acasă e ceva ce poți controla. Dintre toate lucrurile din viața ta, acesta e singurul la care ai acces cel mai ușor. Cu ani în urmă, în timp ce mă uitam la *The Oprah Winfrey Show*, aceasta a spus: „Casa ar fi bine să-ți iasă în întâmpinare". Dacă la tine acasă e haos, e mizerie sau dezordine, trebuie să te trezești. Dacă nu faci decât să stai pe Instagram și să te uiți ce viață frumoasă au altele ca să nu trebuiască să recunoști că viața ta e un dezastru, trebuie să te trezești. Casa ta reflectă ce se petrece în mintea și în sufletul tău. Dacă ți se pare că viața îți scapă de sub control, începe să preiei controlul mediului tău apropiat.

Știu că sunt persoane care citesc aceste rânduri și nu au casă, nu au acces la de toate, nu au decât un pătrățel înconjurat de haos. Vouă vă spun să aveți grijă de spațiul vostru, fie că e vorba de patul vostru, de mașina voastră sau de biroul de la muncă. Organizați-vă viața. Faceți curat în spațiul personal. Faceți un efort pentru aspectul acestuia. Asta ține de respectul de sine și de stabilirea unor standarde personale, de viață și pentru copii. Plus că nu costă bani. Respectul de sine nu te costă decât efort. Fă curat!

Un alt lucru pe care să-l reții cu privire la spațiul personal este că nu e suficient să fie curat și ordonat, mai trebuie și să fie plin de memento-uri ale viziunii pe care o ai pentru viața ta pe viitor. Când deschid ușile șifonierului meu, am niște panouri cu imagini care să reflecte viziunea mea măreață de viitor, căci vreau să mi se reamintească în fiecare zi către ce se îndreaptă eforturile mele. Mă folosesc și de imagini, și de cuvinte; în mașină, la birou și chiar și pe oglinda din baie am tot felul de cuvinte și citate care mă inspiră. Tot acest capitol este despre cum, prin crearea unui fundament solid, să te mobilizezi pentru a avea succes. Spațiul pe care-l locuiești poate să fie platforma pe care să-ți clădești o altă viață sau poate să fie ancora care continuă să te tragă înapoi sub ape.

Creează o comunitate puternică

Ești o combinație a celor cinci persoane cu care-ți petreci cel mai mult timp. Gândește-te la asta. Cu cine te vezi cel mai des? Ale cui cuvinte le auzi frecvent? Ce percepții și puncte de vedere asimilezi în mod constant? Dintre aceste cinci persoane cu care interacționezi regulat este vreuna mai presus de tine în viață? Adică, are ceva la care să aspiri? Are abilități sau calități cu care te-ai mândri dacă le-ai avea și tu? Când te vezi cu această persoană, există un domeniu în viața ta în care să te ridice?

Dacă tu ești cea mai deșteaptă din încăpere, atunci ești în încăperea greșită. Dacă tu ești cea mai concentrată pe dezvoltare personală din grupul tău de prietene, dacă tu ai ajuns cel mai sus, dacă ești cea mai plină de compasiune, dacă tu te descurci cel mai bine dintre toate, ești în camera greșită. E bine să te înconjori de persoane care sunt mai bune decât tine în domenii unde dorești să crești. E bine să speri la reciprocitate: ce ai tu bun o să se prindă și de ele, iar ce au ele bun o să se prindă și de tine. Dar, dacă toată lumea din cercul tău de prieteni își așteaptă motivația de la tine, ești în minoritate. E mult mai probabil să te tragă în jos la nivelul lor decât să le tragi tu în sus la nivelul tău.

Merită să afirm aici că nu-ți sugerez să renunți la relațiile pe care le ai doar pentru că altcineva nu este la fel de avansat ca tine sau la fel de concentrat pe dezvoltare personală. Ceea ce-ți sugerez este să te asiguri că interacționezi constant cu persoane care sunt departe într-un domeniu în care și tu ai vrea să evoluezi.

Mie îmi place să mă văd cu alte femei sau cu alte cupluri care sunt un exemplu în privința trăsăturilor pe care doresc să le am ca mamă, ca soție, ca femeie de afaceri și ca prietenă. Dacă vrei să evoluezi în carieră, dar toate prietenele tale sunt casnice și n-au prea multe planuri în viață, cât de mult sunt capabile să te susțină? Dacă prietenele tale — cele cu care te sfătuiești — nu cred în căsătorie, ce mari recomandări o să-ți facă ele legat de căsnicia ta?

Îmi aduc aminte că într-o vară eram în vacanță în Hawaii și era o perioadă foarte grea pentru căsnicia noastră. Am plecat în vacanță fiind deja nemulțumită de Dave, iar acel timp suplimentar petrecut împreună n-a făcut decât să acutizeze și mai mult situația. Mă enerva atât de tare prezența lui, încât asta a influențat întreaga vacanță. După scurt timp, au venit pe la noi câteva dintre prietenele mele cele mai bune și m-am dus să le iau de la aeroport. Abia așteptam să vină și mă gândeam: *Perfect, vin fetele și o să mă descarc și-o să le spun ce ființă îngrozitoare este acest bărbat, iar ele o să-mi zică: da, dă-l încolo!* În plus, ele sunt lesbiene și m-am gândit că o să fie și mai înclinate să-mi susțină placa despre cum „bărbații sunt cei mai nașpa!“ care mi se învârtea în cap. Aveam un adevărat plan!

Apoi ne-am urcat în mașină și am început să le aduc la cunoștință toate nemulțumirile mele. Binecuvântate fie aceste femei — serios, Dumnezeu să le binecuvânteze —, căci au început imediat să spună adevărul despre ce-mi doream eu de la o căsnicie. Mi-au reamintit cum arată bunăvoința și faptul că toți trecem prin perioade grele. Mi-au reamintit că, atunci când e cel mai greu, tocmai atunci ar trebui să te îndrepți cel mai mult către partener. Mi-au reamintit cine îmi doream să devin.

Dar, dacă m-aș fi urcat în mașină cu niște prietene foarte bune, dar care să aibă o cu totul altă perspectivă despre ce înseamnă să ai o căsnicie solidă și frumoasă, ne-am fi dat jos din acea mașină având cu totul alte idei în minte. Mi-ar fi ațâțat focul furiei mele. Ar fi făcut situația și mai rea. Ar fi fost atât de ușor să facă așa.

Prietenele tale te ridică sau te trag în jos?

Ești o combinație a celor cinci persoane cu care-ți petreci cel mai mult timp. Alege înțelept!

Fă-ți obiceiuri bune

Ca să ajung unde îmi doream a trebuit să învăț despre obiceiuri. A trebuit să învăț să-mi schimb obiceiurile proaste pe care le aveam și a trebuit să învăț să-mi creez obiceiurile bune de care aveam nevoie ca să merg înainte. Atât de mulți oameni cred că acel ceva unic, acea unică oportunitate o să-i facă să aibă succes în orice. Realitatea este că succesul vine atunci când faci cincizeci de chestii iar și iar și iar. Intensitatea nu e atât de importantă cum este perseverența.

Chestia cu perseverența e că faci ceva un timp și pare că nu se întâmplă nimic. Nu se întâmplă nimic, nu se întâmplă nimic și apoi, dintr-odată, zici: *La naiba, asta de unde a mai apărut?!*

Ce obiceiuri ai acum care să te ajute să ajungi acolo unde îți dorești? Să ai o viață bună înseamnă să-ți faci obiceiuri bune. Dar ce este un obicei, mai exact? Un obicei este o serie de trei lucruri:

1. Un stimul
2. O acțiune
3. O recompensă

Un stimul înseamnă că se întâmplă ceva. Este un declanșator pentru tine. Îi semnalează creierului că e timpul să treci la acțiune. Apoi, când treci la acțiune (întru totul inconștient, apropo), ți se oferă o recompensă de un fel sau altul. Un stimul, o acțiune, o recompensă.

De pildă, mulți ani am mâncat pe fond emoțional. Când faci asta, absolut fiecare emoție este un stimul să mănânci ceva. Dacă ești tristă, mănânci. Dacă ești veselă, mănânci. Dacă ești anxioasă, trebuie să mănânci. Dacă ești furioasă, trebuie să mănânci, Oreo chiar. Undeva pe parcurs am învățat că mâncarea este singurul lucru la care am acces rapid și care mă face să mă simt mai bine. Astfel, când am devenit adultă, ori de câte ori simțeam anxietate sau teamă, mă duceam în bucătărie chiar și la 11 noaptea și mâncam compulsiv.

Stimulul meu era sentimentul de anxietate, acțiunea mea era mâncatul, iar recompensa era că mă simțeam mai bine. După ce mâncam toată acea mâncare, eram în al nouălea cer pentru o scurtă perioadă, iar acea senzație mă făcea fericită. Dar problema, în cazul celor mai groaznice obiceiuri, este că, îndată ce recompensa începe să se estompeze, declanșează practic din nou stimulul. În cazul meu, mâncam un întreg pachet de biscuiți sărați cu jumătate de tub de cremă de brânză, iar asta mă făcea fericită. Apoi, după 20 de minute, începeam să mă gândesc: *Ești varză! Ți-ai făcut praf dieta. Te-ai străduit atât de mult și acum s-a dus totul de râpă. Nu ești bună de nimic.* Începea monologul interior negativ și apoi mă gândeam: *La naiba, atunci! Dacă tot suntem aici, să luăm și un desert.* Și mâncam desertul și mă simțeam din nou foarte bine, dar în cele din urmă o luam de la capăt.

Iar asta se declanșa iar și iar și iar, până când am înțeles în cele din urmă că problema nu era stresul; problema era acțiunea pe care o alegeam inconștient îndată ce mi se semnala că sunt stresată. Nu puteam schimba faptul că așa e viața și că vor exista momente în care să mă simt speriată, tristă sau anxioasă. Ce puteam schimba totuși era acțiunea pe care să o întreprind ca reacție la acel stimul.

Acum, când mă simt anxioasă, mă duc să alerg. Mă duc să fac mișcare. Apropo, înainte îi detestam pe cei care spuneau: „Când ești stresată, fă mișcare“. Mă gândeam: *Du-te-n colo, Pam! Nu suntem toți din același aluat, da?* Nici Pam nu era, ci doar alegea o activitate mai bună prin care să gestioneze ceea ce simțea. Învățase un obicei foarte bun.

Ecuația schimbării de orice fel este întotdeauna foarte simplă. De exemplu, este atât de simplu să slăbești. Este atât de simplu să fii în formă. Este atât de simplu să economisești. Totul este foarte, foarte simplu, dar nu e ușor. Nu e rapid. Nu e o recompensă pe care să o primești imediat. De regulă, trebuie să alegi ceva mai greu, iar recompensa o să vină mai târziu. De cele mai multe ori în viață, problema e că acțiunea pe care vrei să o întreprinzi — obiceiul prost — îți oferă o recompensă mai rapidă decât acel ceva care e mai bun pentru tine.

E greu să faci o schimbare, pentru că alegerile greșite sunt mult mai ușor de făcut decât cele corecte. Ți-ai făcut un obicei din a avea obiceiuri proaste. Acestea îți vin de la sine. Indiferent de motivul pentru care citești această carte — poate că ai nevoie să revii în formă, poate vrei să mănânci mai sănătos, poate îți dorești să fii o mamă mai bună, poate vrei să fii mai calmă, poate vrei să te lupți cu anxietatea sau cu depresia ori să înlocuiești depresia cu recunoștință și bucurie. Poate că le vrei pe toate la un loc. Poate că de un an sau de zece ani sau de o viață ți-ai făcut un obicei din a fi nervoasă, din a-i respinge pe ceilalți, din mâncatul compulsiv, abuzul de alcool, ignorarea copiilor și din a te îngropa în muncă. Sau poate că e altceva; completează cu varianta ta. Poate că asta te face să crezi că nu poți schimba acțiunile rele cu unele bune, dar știu sigur că, dacă ești vie și respiri, asta înseamnă că o poți lua de la zero. Și poți începe și reîncepe până când sentimentul că mergi în direcția potrivită ți se pare mai natural decât sentimentul că vrei să renunți. Indiferent cu ce te confrunți, indiferent cu ce te lupți, indiferent ce fel de munte ai în față, indiferent peste ce încerci să treci, există moduri de a-ți apropria acel lucru și poți face asta zi de zi prin crearea unui model de perseverență în viața ta.

Stabilirea unui ritual de dimineață

Ultimul lucru despre care vreau să vorbim și care să ne așeze pe drumul către succes este extrem de importantul ritual de dimineață. Știu că am mai vorbit despre asta la începutul capitolului, dar este o parte atât de importantă în crearea unui fundament solid, încât aş vrea să mai insistăm un pic pe acest subiect şi să-l aprofundăm. E greu de crezut că a-ţi începe cu bine ziua este un factor atât de important în drumul către succes, dar chiar este. Nu cred că am înţeles asta până să am copii. Înainte să fac copii, aveam dimineţile doar pentru mine. Eu hotăram când vreau să mă trezesc. Eu hotăram ce doresc să fac cu acel interval de timp. N-am deschis niciodată ochii ca să văd un copil mic holbându-se la mine ca un extraterestru ciudat dintr-un film de groază! Dar apoi am făcut copii şi dintr-odată altcineva dicta ce se întâmplă dimineaţa. Bănuiesc că asta n-ar fi fost o problemă dacă aş fi fost una dintre acele mămici organizate care reuşesc să facă să pară că nu e niciun efort să fii părinte. Dar realitatea noastră era adesea plină de murdărie şi de haos, era dificilă şi frustrantă. (Abia dacă) îi supravieţuiam şi apoi plecam să duc copiii la şcoală. Dar pentru că dimineţile erau haotice şi frustrante, îmi începeam aproape fiecare zi de muncă într-o stare de haos şi frustrare. A fost greu să scap de asta.

Abia după ce mi-am făcut un obicei din a mă trezi cu o oră înaintea copiilor mei am înţeles cât de important este să ai un start bun. Acum îmi planific ritualul de dimineaţă în funcţie de ce fel de zi doresc să am, căci, dacă eşti stăpână pe dimineaţa ta, atunci eşti stăpână pe ziua pe care o vei avea. Iar dacă eşti stăpână pe ziua pe care o vei avea, atunci eşti stăpână şi pe săptămână. Este ritualul suprem pe care ţi-l poţi crea, iar al meu e format din acţiuni pe care le-am rafinat de sute de ori pentru a-mi începe ziua la cel mai înalt nivel. Ţi le voi împărtăşi ca să faci un prim pas în crearea propriului tău ritual matinal:

1. **Mă trezesc la cinci dimineaţa**. Copiii noştri se trezesc de regulă la 06:45, iar înainte mă trezeam la 05:45 ca să am o oră doar pentru mine. Dar apoi mi-am dat

seama că doar o oră pentru mine mă făcea să fiu puțin cam pe grabă. Chiar îmi place ritualul de a-mi bea încet cafeaua de dimineață și nu-mi place să mă grăbesc. Așa că acum mă trezesc la cinci și dau drumul la filtrul de cafea (într-o bună zi o să știu cum să programez aparatul acela stupid). Cât se face cafeaua, beau un pahar cu apă și apoi încep să mă ocup de proiectul la care lucrez, oricare ar fi acela. Îmi place să lucrez dimineața devreme la proiectele mari, căci nu sunt încă suficient de trează cât să mă răzgândesc, iar asta înseamnă să fac mari progrese.

2. **După ce-mi termin treaba, fac o meditație de un sfert de oră pentru a-mi exprima recunoștința.** Dacă n-ai mai meditat până acum, gândește-te la asta ca la o rugăciune ghidată. Eu mă folosesc de acest răstimp ca să mă concentrez pe lucrurile bune cu care am fost binecuvântată, astfel încât să-mi încep ziua conștientă de toate cele pentru care am de ce să fiu recunoscătoare.
3. **Apoi scriu în jurnal.** Este un obicei foarte rapid de a nota intențiile mele pentru ziua respectivă, câteva lucruri pentru care sunt recunoscătoare și o afirmație care să-mi readucă aminte cine vreau să devin.
4. **După ce fac toate astea, mi-am băut cafeaua și m-am pregătit mental să fiu la înălțime, vine momentul să trezesc drăcușorii cu care trăiesc în casă.** Următoarea oră a zilei noastre este dedicată exclusiv copiilor. E momentul când pregătim micul dejun, ne spălăm pe dinți, ne îmbrăcăm pentru școală, preparăm gustările pentru prânz și-i pregătim pe toți de plecare.
5. **Odată copiii plecați la școală, mă grăbesc să fiu gata pentru muncă și întotdeauna, dar întotdeauna o fac**

punând o muzică ritmată. Îmi place enorm muzica și mă folosesc de ea tot timpul ca să mă stimuleze și să mă pună în mișcare. Am în baie un Amazon Echo, așa că pot să-i dau comenzi vocale să pună orice, în orice moment. Îmi place să stau sub duș și să spun: „Alexa, pune *Shake It Off* a lui Taylor Swift“, iar după două secunde să fredonez și eu Tay-Tay.

6. **După ce sunt gata, mă duc în bucătărie să-mi fac un smoothie.** Nu e delicios sau interesant, dar e plin de o tonă de chestii foarte bune pentru mine și îmi asigură o senzație de sațietate mai multe ore, iar să-mi încep ziua în mod sănătos dă tonul orelor pe care le am în față.
7. **Ultimul lucru pe care-l fac ca parte a ritualului meu matinal este să alcătuiesc lista cu cele zece visuri și un scop pe care să-l ating în cel mai scurt timp.** 10, 10, 1, n-ai uitat, da? Este un mod excelent de a mă concentra pe ce e important înainte de a-mi face lista de priorități a zilei și-mi place faptul că am o agendă întreagă plină cu chestii care-mi amintesc cine vreau să fiu.

Comportamentul 6:

Nu le mai permite altora să te convingă să renunți

Ai fost vreodată în situația de a fi motivată și inspirată și gata să pornești către atingerea scopului tău? Poate că erai implicată în demersul de a slăbi și făceai eforturi mari. Poate că erai hotărâtă să-ți reiei studiile. Poate că te antrenai pentru acel semimaraton. Orice ar fi fost, erai acolo. Și-apoi... apoi a venit cineva și ți-a tăiat aripile.

Asta poate să se manifeste într-o grămadă de feluri și din sute de motive, dar adesea ia următoarea formă: te descurci excelent cu noua ta dietă, dar apoi mergi la o reuniune de familie și cineva dintre ai tăi (poate nu doar o persoană) începe să se ia de tine. *Dar e o ocazie specială! Dar este Crăciunul! Dar noi beam mereu margarita — ce, acum n-o să mai bei?* Și adevărul e că este foarte, foarte greu să-ți respecți dieta la o petrecere de familie sau de sărbători. Astfel, atunci când alții îți fac viața mai grea (în cel mai bun caz) sau te tachinează fără milă (în cel mai rău caz), le permiți emoțiilor pe care ți le trezesc să te convingă să renunți la dietă.

Sau poate că te antrenezi pentru prima ta întrecere ori ai hotărât să-ți reiei studiile și să faci un masterat, iar la început cei din viața ta te susțin. Să-ți reiei studiile e un lucru bun. Să faci mișcare și să revii în formă este minunat. Toată lumea e de acord. Dar apoi începi să-ți faci timp ca să te ocupi de aceste lucruri și, pe măsură ce întrecerea se apropie, trebuie să-ți petreci tot mai multe ore la antrenament. Sau poate că trebuie să studiezi sau să scrii un proiect pentru un curs. Timpul liber pe care îl aveai înainte este acum dedicat noului tău obiectiv. Iar oamenii din viața ta se simt lăsați pe dinafară sau se simt lăsați în urmă, ba chiar, de obicei, incomodați. Aceste alegeri pe care le faci pentru tine li se par din ce în ce mai egoiste și cineva dintre apropiații tăi dă glas acestui lucru. „Știi, e foarte greu să mă ocup singur de copii marțea când tu ești la curs." Sau: „Înainte stăteam mereu împreună, iar acum am senzația că abia dacă ne mai vedem!" Tu te simțeai deja vinovată pentru alegerile tale și-ți e din ce în ce mai greu pe zi ce trece, așa că accepți orice face pe toată lumea fericită. Să nu cumva să se supere pe tine, Doamne-ferește! E mult mai bine să renunți la ce făceai, la scopul tău, căci, dacă ceilalți sunt incomodați, atunci înseamnă că scopul tău e greșit.

Putem să vorbim despre asta o clipă? Putem să vorbim despre faptul că alții sunt incomodați fiindcă încerci să devii mai bună? Am adus vorba despre asta pentru că e o întrebare care mi se pune frecvent.

Cum s-o fac pe mama să mă susțină?

Cum să-l conving pe soțul meu să aibă grijă de copii ca să mă pot duce la antrenament?

Cum să-l fac pe prietenul meu să mănânce sănătos şi el ca să-mi fie și mie mai ușor să mă țin de dietă?

Cum să-l fac pe tata să mă susțină în hotărârea mea de a-mi schimba specializarea școlară?

Cel mai bun sfat de dat într-o astfel de situație este că, dacă vrei să schimbi pe cineva, atunci schimbă-te pe tine. Oamenii se schimbă pentru că se simt inspirați de exemplul altcuiva, nu pentru că sunt forțați să o facă. Oamenii se schimbă pentru că văd în altcineva o posibilitate, nu pentru că sunt hărțuiți fără încetare în acest sens. Nu vei schimba niciodată pe nimeni dacă nu ai curajul, voința și determinarea de a te schimba pe tine și n-o să faci niciodată nimic din toate astea dacă nu ești dispusă să-i lași pe ceilalți să se simtă incomodați de demersul tău.

Incomodarea face parte din orice relație. Sâmbăta voi sta eu două-trei ore cu toți cei patru copii ai noștri, pentru ca Dave să se ducă la sală. Duminica va sta el cu toți cei patru copii ai noștri, pentru ca eu să mă duc să alerg. Este incomod să te ocupi singur de atât de mulți drăcușori? Sigur că da, dar noi ne dorim cu adevărat tot ce e mai bun pentru celălalt, iar asta înseamnă și că suntem dispuși să ne fie greu pentru binele partenerului. Câți oameni nu fac ani de zile ore suplimentare pentru ca partenerul lor să-și ia o diplomă? De câte ori n-ai făcut tu cumpărăturile? De câte ori partenerul tău n-a dus el gunoiul, n-a spălat rufele sau nu s-a trezit să vadă de copil ca să-ți fie și ție mai ușor? Să-ți fie din când în când incomod face parte din viață și, dacă ești dispusă să faci asta pentru celălalt, atunci e bine să fii dispusă și să-i ceri să facă și el asta pentru tine.

Uneori, nu e nevoie decât de o conversație fermă între adulți. Dar alteori e greu să-ți menții punctul de vedere. Nu se poate ca apropiații tăi să nu simtă disconfortul care apare când începi să-ți restructurezi viața și să-ți creezi scopuri noi. Există atât de multe motive pentru care prietenii și rudele să nu te susțină: nesiguranță, frică, autoconservare, complacere și așa mai departe. Dar această carte nu este despre motivele lor; este despre *tine* care ai o revelație. Așa că ia aminte! Mediocrul va încerca întotdeauna să te tragă înapoi în mediocritate. Leneșul va încerca întotdeauna să te tragă în jos spre lene.

Din cine știe ce motive, aceste persoane din viața ta nu sunt în același punct al dezvoltării personale ca tine, iar asta e în regulă. Fiecare cu drumul său. Nu e treaba ta să-i tragi în sus după tine. *Treaba ta* e să fii prezentă *în viața ta* și să lupți pentru propriile tale visuri. Ca s-o citez pe prietena mea Elizabeth: „Ai nevoie de mai puțină coloană sonoră și de mai multă coloană vertebrală".

Asta înseamnă să trebuiască să iei o decizie fără amestecul altora. Înseamnă să iei poziție și să înțelegi că acela care stă în ultimele rânduri nu are dreptul să-ți spună ție cum trebuie să lupți în ring. Dacă nu ești pe câmpul de luptă, dacă nu te lupți pentru mai mult, dacă nu alergi alături de mine kilometri întregi și nu scrii alături de mine atâtea și atâtea cuvinte, dacă nu-ți creezi noi obiceiuri odată cu mine și nu mănânci aceste frunze de napi cu mine — dacă nu faci echipă cu mine, atunci nu tu stabilești regulile jocului și fii sigur că nu e treaba ta să faci comentarii negative despre eforturile mele!

Să-i permiți cuiva să te convingă să te răzgândești este, cel mai probabil, unul dintre cele mai grele obiceiuri la care să renunți, dar și unul dintre cele mai importante comportamente pe care să le adopți. Este atât de greu în parte și pentru că ne pasă de ce cred ceilalți oameni; asta e ceva întipărit în noi de la naștere. Dar, așa cum am mai vorbit, părerile altora nu sunt treaba ta. Totuși, asta e destul de greu de reținut atunci când părerile — fie ele și greșite — vin de la oamenii pe care-i iubim și de care ne pasă cel mai mult. Ideea e că nu poți controla cum se vor comporta ceilalți, ce vor spune sau dacă te vor susține sau nu. Poți controla doar cum reacționezi tu la ce fac ei și dacă te folosești sau nu de sentimentele lor ca motiv să renunți la tine. În loc să îndepărtezi pe toată lumea, să începi o dispută cu sora ta sau să-ți creezi probleme în relații, iată câteva lucruri pe care le poți face ca să te asiguri că ești capabilă să-ți controlezi propriile reacții:

1. Întreabă-te — la modul serios — dacă persoana respectivă are ce să caute în viața ta

Stai și gândește-te o clipă. Când cineva nu vrea tot ce e mai bun pentru tine — chiar fără să știe ce înseamnă asta mai exact — ori e din cauză că aveți o problemă ce trebuie rezolvată, ori n-are ce căuta în viața ta. Ori vrei să-ți împărtășești viața cu ceilalți (adică având interacțiuni pozitive), ori n-au ce să caute în viața ta. Punct. Știu că asta li se pare unora aproape o blasfemie, dar chiar nu ai de ce să-ți pierzi timpul cu oameni care au o energie negativă, sunt răutăcioși, te fac să te simți anxioasă sau scot din tine tot ce e mai rău. Nici măcar dacă sunt rude. Eu am grupuri întregi de rude de sânge cu care nu am mai interacționat după ce m-am maturizat. Când eram mică, nu aveam de ales, dar ca adult, am luat hotărârea să nu primesc niciodată în casă sau în apropierea copiilor oameni răutăcioși, gata să facă o tragedie din orice sau care sunt pasiv-agresivi cu ceilalți. Noi nu ne comportăm așa și, deși mă întristează, pentru că-mi lipsește felul în care ne distram împreună, nu sunt dispusă să le accept comportamentul doar ca să fiu invitată la grătarul din fiecare vară. Fii de treabă sau vezi-ți de treabă! Este mottoul nostru și dacă nu-l poți accepta, atunci nu ești genul de persoană pe care să mi-o doresc prin preajmă.

2. Pregătește-te înainte de confruntare

De cele mai multe ori, soluția nu este să scoți pe cineva din viața ta. De cele mai multe ori, poți să-ți dai seama că respectivii au niște nesiguranțe și să iei hotărârea să nu le lași să te afecteze. Dar dacă aștepți să ajungi față în față cu sora ta negativistă până să te hotărăști cum să reacționezi, atunci ai dat de dracu'! E ca și cum ai ține dietă și ai aștepta până când mori de foame înainte să te gândești ce să mănânci. N-ai nicio șansă să fii cine ai vrea să fii dacă nu-ți manifești intențiile în acest sens. Speranța nu este o strategie, da? Prin urmare, data viitoare când te îndrepți către o situație în care e probabil să interacționezi cu persoane care nu te susțin, întreabă-te din timp cum o să te descurci.

Te rog să reții că n-am spus că trebuie să *eviți* confruntarea. Să te duci la Ziua Recunoștinței având de gând să bei cât de mult vin roșu se poate ca să te amorțești, iar comentariile lor să nu te mai atingă nu este o strategie eficientă. Crede-mă, știu din proprie experiență. Întreabă-te în schimb ce e probabil să apară în discuție. Nu te lăsa atinsă de comentariile lor și du-te cu răspunsurile pregătite. Cunoaște-ți motivele. Reamintește-ți de ce faci asta și de ce contează atât de mult pentru tine. Pregătește-te fizic. Ascultă o muzică ritmată care-ți place ca să ai atitudinea potrivită și hotărăște că această experiență și interacțiune vor fi fantastice pentru că n-o să permiți să fie altcumva. Dacă interacțiunea va fi greoaie din cauza dietei, stării tale de sănătate sau faptului că te antrenezi, ai în vedere să mănânci, să te antrenezi sau orice altceva e necesar înainte de interacțiunea respectivă. Și așa, n-are de ce să mai devină o problemă.

Acum câțiva ani, am devenit vegetariană și, când mă duceam la petrecerile de familie, adesea nu prea aveam ce să mănânc. Oamenii observau că am farfuria aproape goală, iar asta ducea la multe comentarii și tachinări despre cum e când vine „orașul la tine". De multe ori cedam și mâncam ceva ce nu aș fi vrut să mănânc, dar plecam de la petrecere frustrată și enervată. Trebuia să mă pregătesc pentru o interacțiune mai reușită cu oamenii care s-ar putea să nu-mi înțeleagă alegerile. Acum, la fiecare petrecere în familie, prepar o salată mare și o garnitură excelentă de legume. În acest fel am ce să mănânc respectându-mi dieta și am și farfuria plină, așa că nu mă mai întreabă nimeni despre ce am sau n-am în farfurie. În plus, salatele mele sunt dinamită, deci toată lumea are de câștigat.

3. Manifestă-ți intenția de a face lucrurile mai ușoare

Mi-aș dori ca această parte să fie ușoară ca bună ziua și să fie suficient să le spui celor din viața ta să-ți înțeleagă planul și să înceteze să se mai comporte ca niște afurisiți care nu te susțin. Dar, frate, nu e atât de simplu. N-a fost atât de simplu nici în căsnicia mea sau cu familia mea, așa că știu că nici pentru relațiile tale n-o să fie atât de simplu. Ori de câte ori urmează să mă apuc de un nou proiect sau am o perioadă deosebit de aglomerată, îmi planific din timp să fac în așa fel încât să fie cât mai ușor posibil pentru Dave. Mă gândesc să mai aduc niște bone, să găsesc rezolvări, planific totul ca o maniacă pentru ca efortul meu să fie cât mai puțin incomod. Dar, până la urmă, să te străduiești să-ți atingi scopul înseamnă să sacrifici altceva din viața ta.

Înseamnă că partenerul tău va trebui să culce copiii în serile când ești la școală. Înseamnă că nu mai poți ieși cu prietenele joia la fast-food pentru că ții la sănătatea ta. Înseamnă să dedici timp și energie pentru scopul către care te îndrepți, asta însemnând mai puțin din acele lucruri la care alții au ajuns probabil să se aștepte de la tine. Discută cu partenerul și cu prietenele tale, precum și cu oricine altcineva a cărui părere contează pentru tine. Spune-le motivele și planurile tale și cooperați pentru a găsi alternative la necesitățile pe care nu le mai poți susține exact la fel ca înainte. Dacă ai făcut tot ce-ți stătea în puteri pentru ca tranziția să fie cât mai ușoară și mai dreaptă pentru cei dragi, vei fi mai bine pregătită să te descurci cu sentimentele de vinovăție atunci când vor începe să apară și să te lipsească de motivație.

Comportamentul 7:

Învață să spui nu

Recunosc că asta ar putea face din mine o paria în anumite cercuri sociale, dar o să merg mai departe și o să spun ce am de spus.

Nu mă ofer să fac voluntariat la școala copiilor mei.

Nu pentru că nu am timp. Agenda mea e plină, dar lucrurile sunt sub control. Aș putea să-mi fac timp. Și nu pentru că nu ar exista ocazii, căci, la fel ca oricare alt părinte, primesc cereri de a mă înscrie pentru ziua de lucru manual sau pentru excursia la fermă. Nu. Nu mă ofer să fac voluntariat la școala copiilor mei pentru că... nu-mi place. La naiba! Știu că o să primesc mesaje de admonestare din cauza asta, dar trebuie să fiu sinceră. E un coșmar pentru mine.

Ani și ani de zile m-am oferit voluntară. Am fost mămica de serviciu. Am făcut dosarele pentru ziua de joi. Am planificat petrecerile și am plimbat copiii pe câmpul cu dovleci în excursia de toamnă. Și am urât fiecare moment, mai puțin faptul că am petrecut o zi cu copilul meu.

Se presupune că mamele ar trebui să-și dorească să fie prezente pe la școală, nu? Se presupune că ar trebui să le placă să facă voluntariat. Se presupune că ar trebui să iubească toți copiii de pe planetă și mai ales copiii din clasa a doua, care sunt colegii propriului copil.

Dar nu. Eu, nu.

Unii dintre copiii aceia din excursie sunt groaznici. Știi că așa este! Iar să faci dosarele pentru ziua de joi e atât de plicticos că-ți vine să mori chiar pe acea măsuță la care te pun să stai, așezată pe un scaun de copil de opt ani!

Nu-mi place nimic din toate astea. Absolut deloc!

Ca să fie foarte clar, fac și așa ceva dacă trebuie. Timp de doi ani m-am dus conștiincioasă la toate ședințele cu părinții de la grădiniță. M-am ocupat de gustări pentru serbarea de iarnă și am planificat strângerea anuală de fonduri a școlii primare. De ce? Fiindcă nu avea cine să le facă și nu mă deranjează să duc eu greul, dacă trebuie neapărat.

Dar, dacă mai sunt alți 87 de părinți cărora le place să facă voluntariat și se întreabă dacă nu cumva i-ar plăcea și mamei lui Ford să se înscrie ca ajutor la clasă în acest trimestru, ei bine, nu. Nu, mulțumesc.

Cu ani în urmă, Jen Hatmaker ne-a reamintit de acest citat: „Dacă nu e un *da visceral*, atunci e nu".[1] Adică, dacă cineva îți cere să faci ceva în afara programului tău obișnuit, iar reacția ta imediată nu este un da visceral, atunci e cert că ar trebui să spui: „Nu, mulțumesc".

Voluntariatul la școală nu e pasiunea mea, iar dacă nu le lipsesc ajutoarele, atunci n-o să mă implic. Asta-mi aduce tot felul de priviri disprețuitoare și de comentarii critice din partea celorlalte mămici de la școală și îți promit, *îți promit*, că, undeva, cineva (nu neapărat o singură persoană) a citit că nu-mi place să mă ofer voluntară și s-a enervat. Și a hotărât acum pe loc — bazându-se exclusiv pe această unică afirmație — că nu sunt o mamă bună.

Se presupune că n-ar trebui să recunoști niciodată în viața ta că nu-ți plac anumite părți ale faptului de a fi părinte. E o regulă tacită. Nu faci voluntariat la școală? Îmi imaginez cititoare împătimite care-și agită pumnii către cer. *Ce fel de monstru nu dorește să-i ajute pe copiii Americii? Ce fel de ticăloasă nu poate să dea o mână de ajutor la clasă o oră pe săptămână? Trebuie să-ți stabilești niște priorități ca lumea, femeie!*

Totuși, uite cum stă treaba. Prioritățile mele sunt foarte ca lumea. Iată-le:

- Eu, dezvoltarea mea personală și credința mea.
- Soțul meu și angajamentul de a avea o căsnicie excepțională.
- Copiii mei și angajamentul de a fi o mamă excepțională.
- Munca mea și misiunea mai amplă de a le oferi femeilor mijloacele prin care să-și schimbe viața.

Sunt convinsă că s-a creat o oarecare confuzie aici, căci am afirmat că vreau să fiu o mamă excepțională, dar recunosc totuși că nu fac voluntariat la școala copiilor mei. Ei bine, asta ține de forța de a avea niște priorități extrem de clare și de modul lor de manifestare ținând seama de tine. Personal, nu cred că trebuie să mă ofer voluntară la școală ca să fiu o mamă bună. Tu poți să crezi asta cu tărie în viața ta — și e minunat, căci îți asigură o oarecare îndrumare în privința da-urilor și nu-urilor proprii —, dar, pentru mine, voluntariatul nu este echivalent reușitei parentale. Să aplaud la evenimente sportive, să stau ore întregi să mă uit la un spectacol școlar, să organizez regulat mese în familie și vacanțe de familie, să iau cu mine în deplasări de afaceri câte un copil cu care să petrec timp separat, să citim povești la culcare, să-i bag în pat seara — acestea sunt doar câteva dintre lucrurile sacrosante pentru mine ca mamă. Acestea sunt doar câteva dintre momentele mele de *da visceral* legate de faptul de a fi părinte. Sunt lucrurile pe care m-am angajat să le fac cu orice preț, dar ca să mă asigur că am timp să mă ocup de toate cele de pe lista mea de priorități (și nu doar de copii) trebuie să-mi fie foarte clar ce contează pentru mine și pentru ei.

Reține că nicăieri pe această listă nu am scris: „Să mă asigur de aprobarea celorlalte mămici de la școală". Sau: „Să-mi trăiesc viața conform așteptărilor și priorităților altor oameni". N-am nici timp, nici energie pentru asta. Am decis să mă concentrez pe patru domenii ale vieții mele, iar dacă activitatea la care am fost invitată să iau parte nu slujește unul dintre aceste patru domenii, atunci nu o pot face. Nu uita că, dacă totul e important, atunci nimic nu mai e important. Dacă ești atentă la orice, atunci nu te poți concentra niciodată la nimic. Dacă le permiți altora să-ți facă programul, atunci chiar o vor face.

Am învățat să spun nu.

Mai mult, am învățat să spun nu fără să simt vreun moment de vinovăție sau de rușine și pot să-ți spun că e minunat! Reușesc să-mi trăiesc viața într-un fel care are sens pentru familia mea și-ți promit că așa e cel mai bine pentru noi toți. Petrec timp împreună cu copiii mei în felurile care contează pentru noi și nu alerg prin viață epuizată sau excesiv de împovărată.

Ai învățat deja să spui nu? Ai nevoie s-o faci? Iată cea mai bună recomandare a mea pentru cum să înveți să faci asta.

Răspunde în cel mai scurt timp

Ca să fii organizat în afaceri, ți se spune „să te ocupi de ceva o dată și bine". Adică, dacă deschizi un e-mail, și răspunzi la el. Dacă intri într-o ședință, concepi un plan de acțiune cât ești încă în sala de ședințe. Te ocupi o dată și bine. Ei bine, asta trebuie să fie valabil și pentru timpul tău, însemnând că, îndată ce primești o solicitare, răspunzi la ea în cel mai scurt timp, fie pozitiv, fie negativ. Fără *poate* sau *probabil*. *Poate* și *probabil* sunt un cod pentru „Chiar nu vreau să fac asta, dar nu vreau să ți-o spun verde în față". E probabil ca nici mai târziu să nu-ți faci curaj să-i spui solicitantului că nu te interesează. În schimb, amâni până când e prea târziu să mai anulezi și ajungi să faci ceva ce de fapt nu-ți doreai. Și așa îți amărăști viața. Când cineva îți cere ceva, mergi pe instinct și răspunde-i în cel mai scurt timp.

Fii politicoasă, dar sinceră

Primesc atât de multe solicitări, oameni buni. Nici nu vă puteți imagina numărul de e-mailuri care-mi invadează zilnic căsuța electronică și în care sunt solicitată să fiu mentor, să dau sfaturi, să susțin ONG-uri și produse. Ani și ani de zile am acceptat orice ieșire la cafea, orice solicitare de informații și orice ocazie caritabilă care mi-a ieșit în cale, dar eram sufocată de ele. Nu știam să spun nu, pentru că simțeam că am responsabilitatea de a da mai departe și a fi acolo pentru ceilalți. Apoi am avut o revelație: de fiecare dată când îi acordam cuiva o oră, îmi privam copiii de acea oră. De fiecare dată când îi acordam cuiva o oră, însemna mai puțină energie pe care să o investesc în căsnicia mea. Fiecare da spus cuiva era un nu spus mie și listei mele de priorități. Așa că am început să fiu întru totul sinceră și am făcut asta în modul cel mai politicos posibil. Le-am spus tuturor celor care voiau din timpul meu că nu mă pot ocupa de nimic în plus în această perioadă, pentru că ar însemna să nu mai am timp pentru familia mea. Serios, cine o să înceapă să conteste asta sau să enerveze pe tine pentru asta? Nimeni. Nimeni niciodată n-a forțat lucrurile după un astfel de răspuns, dar foarte multe femei mi-au scris și mi-au spus că nu se gândiseră niciodată din această perspectivă. Un da pentru programul celorlalți este un nu pentru programul tău. Spune sincer și politicos în ce te poți implica și în ce nu.

Fii fermă

Asta e aproape implicit în ideea de a te ocupa de ceva o dată și bine, căci, dacă nu ești eficientă, atunci cineva o să te tot solicite, asta fiind o pierdere de vreme și pentru tine, și pentru celălalt. Fii fermă cu ceilalți într-un fel care nu lasă lucrurile în coadă de pește, decât dacă îți dorești într-adevăr să revii și mai târziu asupra acelei oportunități. De asemenea, fii fermă cu tine însăți. Ți-ai asumat să te ocupi de tine și de obiectivele tale și e important să nu deraiezi de la asta. Învață să spui nu și fă-o efectiv.

PARTEA III

ABILITĂȚI PE CARE SĂ CONTEZI

abilitate[1]
substantiv
1. capacitatea de a face ceva bine; expertiză.

Reține, te rog, că în această parte vom vorbi despre abilități, și nu despre talente. Nu este vorba de acele abilități unice și speciale cu care te-ai născut, ci despre abilitățile învățate. Reușești să dezvolți o serie nouă de abilități sau să evoluezi într-un anumit domeniu când investești în asta concentrare, timp și muncă asiduă. Deci veștile sunt bune! Chiar dacă aceste abilități nu fac parte în prezent din arsenalul tău, ești în continuare perfect capabilă să ți le însușești. Fără scuze, da? Am renunțat la ele în partea întâi.

Abilitatea 1:

Planificarea

Prima dată când eu și Dave am fost la Amsterdam, ne-am rătăcit.

Eram tineri și abia ne căsătoriserăm și niciunul dintre noi nu mai călătorise în Europa până atunci. Am făcut toate greșelile clasice: am înghesuit prea multe țări în prea puține zile, ne-am dus în fiecare loc turistic cunoscut de toată lumea, am trăit cu teama de „țiganii" care ne-ar fi putut fura bunurile pământești și, deși mă doare să recunosc asta în fața voastră, ne-am ținut pașapoartele și banii pe sub haine, în niște portofele speciale cu arici, create anume în acest scop. O, Doamne!

În această călătorie, ne-am dus la Londra, iar mai târziu am colindat Roma și Florența și am rămas prinși în Veneția în timpul unei greve a transportatorilor italieni. Dar înainte de toate astea a fost Amsterdamul.

O să fiu complet sinceră. Am pus acest oraș pe listă pentru că, nătăfleți cum eram, ni s-a părut *cool* să mergem într-o țară unde poți să-ți iei o cafea și să fumezi legal marijuana într-unul și același local. A fumat vreunul dintre noi marijuana sau măcar a consumat-o într-o brioșă? Nu. Și de aceea ni s-a părut atât de ilicit să vizităm o țară întreagă doar din acest motiv. În apărarea noastră, era cam prin 2005, așa că marijuana nu era atât de ușor de găsit cum este astăzi. În plus, eram cam idioți. Dar să revenim la Amsterdam.

Am zburat de la Londra la Amsterdam cu Ryanair — practic o cutie aerodinamică de carton având toate facilitățile de lux ale unei temnițe medievale —, dar, când eram pe cale să aterizăm, avionul s-a înclinat în sus și a luat din nou altitudine. Se pare că era o ceață prea deasă și trebuia să fim redirecționați. Dacă ești tânără, trebuie să-ți imaginezi cum era pe vremea când nu existau telefoane inteligente — noi ceilalți încă avem coșmaruri cu privire la acele vremuri, dar le-am trăit cu vârf și îndesat. Am fost redirecționați — fii atentă — într-o cu totul altă țară! Sincer o spun că nu știu cum de se poate așa ceva, dar e adevărat. În loc să aterizăm la Amsterdam, am aterizat la Frankfurt. În Germania.

Oameni buni, nu aveam un ghid de conversație în germană. Nu aveam ghidul Lonely Planet pentru Germania, cu toate acele mici propoziții utile în engleză, căci nu intenționam vreodată să ajungem acolo. Am fost al naibii de derutați.

Cumva, după multe întrebări și foarte multă pantomimă, ne-am prins că urma să luăm un autobuz. Un autobuz ca oricare altul care să ne ducă la Amsterdam. Autobuzul era plin-ochi cu europeni în paltoane imense care să-i ferească de temperaturile de iarnă. Mirosea ca în dubița mea după ce un biberon pe jumătate plin, uitat în mașină, a stat și s-a clocit în arșița texană — mirosea rău, a acru. Ni se întorsese stomacul pe dos și nu eram întru totul siguri că ne aflam în locul potrivit. Apoi am luat trenul. Retrospectiv, nici măcar nu mai știu cum am ajuns până acolo. Poate că i-am urmat orbește pe ceilalți oameni din avion/ autocar până la tren, dar, într-un fel sau altul, am pornit-o în sfârșit spre Amsterdam. Când am ajuns în oraș, am ieșit din gară fără nici cea mai vagă idee despre cum să ajungem la hotel.

Aveam o foaie cu numele și adresa și n-am făcut decât să întrebăm stânjeniți când pe unul, când pe altul.

— Știți cum se poate ajunge la acest hotel?

Dar persoana respectivă nu vorbea engleză. Am încercat cu altcineva.

— Mă scuzați, știți cum se poate ajunge la acest hotel?

Încă o persoană nedumerită care n-a știut să ne răspundă.

Unul după altul, fie nu înțelegeau ce-i întrebam, fie ne răspundeau într-o limbă pe care n-o puteam descifra. Am făcut semn unui taxi și i-am arătat adresa.

— Amsterdam, ne-a spus.

— Da, da, domnule. Amsterdam! Ne puteți duce acolo?

Eram epuizați și întrebaserăm deja în stânga și-n dreapta de o oră (trăgând valizele după noi).

— Amsterdam, a spus el din nou și când doar ne-am uitat la el, derutați, a demarat și-a plecat.

Am început să întrebăm fiecare persoană pe lângă care am trecut până când, în cele din urmă, am dat peste un bărbat care vorbea o engleză stricată.

— Domnule, știți cum să ajungem la acest hotel? i-am indicat insistent adresa scrisă pe hârtia deja mototolită și murdară.

S-a uitat la hârtie, apoi la noi, apoi din nou la hârtie.

— Da. E Amsterdam.

— Da, știm.

I-am arătat către străzile din jurul nostru și l-am întrebat din nou:

— În ce direcție? Cum ajungem acolo?

— E Amsterdam, a zis el din nou.

Îmi venea să urlu sau să plâng și probabil că a simțit că mă apucă furia, căci s-a chinuit să ne dea un răspuns.

— Hotel la Amsterdam. Voi sunteți aici.

Am simțit că mă trec fiori de groază. L-am întrebat:

— Unde anume?

A clătinat din cap.

— Nu Amsterdam.

Prieteni, nici măcar nu eram în orașul care trebuia.

Mai aveam două ore până acolo. Se pare că trebuia să luăm un alt tren care să ne ducă acolo, dar nu am știut. Am fost ca niște oi; ne-am luat după turmă. Ce ar fi trebuit să fie un zbor de două ore a devenit o zi întreagă pierdută prin avioane, trenuri și autobuze și nu am ajuns la hotel decât foarte târziu, prea târziu ca să mai facem și altceva. Sunt sigură că Dumnezeu încerca să mă împiedice să consum produse ilicite de patiserie pe pământ străin, dar ideea rămâne aceeași.

Primul pas către atingerea scopului este să știi încotro te îndrepți. Problema e că oamenii consideră adesea că asta e tot ce au nevoie să știe. Uită un element crucial: o hartă e bună doar dacă știi și destinația, și punctul de plecare. Altfel spus, nu poți ajunge acolo unde vrei dacă nu știi unde te afli.

Ai nevoie de o hartă a traseului. Ai nevoie de un punct de plecare. Ai nevoie de o linie de sosire. Ai nevoie să cunoști indicatoarele și bornele kilometrice de pe drum. Ai nevoie de un plan de atac. Poți vorbi în fiecare zi despre ce-ți dorești în viață. Sunt sigură că poți chiar să găsești prietene care să iasă cu tine la cafea, să viseze și să-și stoarcă creierii, dar nimic din toate astea nu contează dacă nu-ți creezi un plan real care să te ducă acolo unde îți dorești. Oamenii nu se rătăcesc pentru că nu prea știu unde vor să ajungă. Oamenii se rătăcesc pentru că o pornesc la drum și nu mai verifică să vadă dacă înaintează încă în direcția potrivită.

De câte ori pleci la drum fără hartă sau indicații? Singura dată când facem asta este când nu ne pasă unde ajungem — vrem doar să facem o plimbare, să ascultăm muzică și să vedem unde ajungem. Dar când chiar avem de ajuns undeva, când chiar avem o destinație în minte, avem întotdeauna și o hartă. De ce? Căci cu ajutorul unei hărți ajungem acolo mai repede și mai eficient. Iar atunci când vedem ceva de la cinci mii de metri altitudine, putem să ne facem un plan și să anticipăm lucrurile care ne-ar putea ieși în cale pe parcurs. E mult mai greu să ai orice fel de strategie reală când ai pornit-o deja la drum.

În ultimii 15 ani m-am folosit de această strategie a hărții pentru fiecare proiect major sau obiectiv personal. Așa am pus mâna pe toți marii mei clienți din industria organizării de evenimente. Așa am apărut în presă fără să am un agent și m-am folosit de acea expunere pentru a-mi stimula cariera. Așa m-am antrenat să alerg 10 km, apoi la semimaraton și, în cele din urmă, la maraton. Așa mi-am scris prima carte și am încheiat primul contract pentru ea. Reprezintă strategia și intenția de la baza oricărui lucru din viața mea, de la produse la relații, și sunt convinsă că nu există niciun domeniu în care să nu funcționeze. Nu e complicată; are trei componente. Șmecheria e să nu abordezi aceste elemente în ordinea obișnuită în care te-ai aștepta să o faci.

Vezi tu, am fost învățate să începem de la unu, să ajungem la doi și să încheiem la trei. Asta e incredibil de derutant dacă nu știi care este pasul doi. Și cum ai putea să știi care sunt pașii dacă nu i-ai mai urmat niciodată până acum?

Am descoperit că, dacă inversez ordinea și încep cu linia de sosire, uitându-mă apoi de unde încep, îmi este mai ușor să definesc pașii din mijloc care să mă ducă dintr-un loc în altul.

Iată cum fac eu:

Linia de sosire

În primul rând, trebuie să începi cu sfârșitul. E contraintuitiv, probabil, dar e supereficient ca să-ți dai seama în ce direcție trebuie s-o apuci. Până acum am evoluat suficient împreună încât să ai deja un obiectiv clar și definitoriu, un scop pe care să te concentrezi chiar acum. Cu asta începi.

Ca să-ți faci o idee despre cum anume m-am folosit mai exact de această strategie a hărții o să-ți povestesc despre un scop personal de-al meu din trecut. Îmi doream să creez o carte de bucate. Pe-atunci aveam un blog culinar și să creez o carte de bucate mi se părea scopul suprem! Aceasta era linia de sosire. Mi-am dat seama care este *scopul* meu foarte specific deceland *motivele* mele foarte specifice. Îmi doream un produs pentru fanii mei, creat în onoarea rețetelor din familia mea și care să fie primul astfel de produs aliniat la brandul meu de-atunci.

Punctul de plecare

Acum că știi unde vrei să ajungi, trebuie să-ți exersezi un pic conștiința de sine și să fii foarte sinceră cu privire la punctul de unde pornești. Ce bunuri, resurse și obiceiuri ai în prezent care să te ajute pe drumul tău? Cum le poți maximiza și folosi pentru o dezvoltare exponențială? Ce obiceiuri ai care te-ar face să deraiezi sau te-ar putea scoate în decor? Cum ai putea să-ți planifici din timp ceva pentru astfel de momente, ca să nu te ia prin surprindere? Ce obiceiuri bune ți-ai putea forma în locul celor proaste? Punctul meu de plecare pentru cartea de bucate a fost unul foarte bun. Având un blog culinar, cunoșteam fotografi, graficieni și un stilist culinar care să mă ajute să fac totul să arate incredibil. Nu aveam însă un agent literar și nici experiență în domeniul cărților de bucate. Am fost foarte sinceră cu mine însămi cu privire la lucrurile la care aveam sau nu acces, iar apoi am trecut la treabă!

Indicatoarele și bornele

Acum că știi unde vrei să ajungi și știi și de unde pornești, următorul pas este un brainstorming pentru fiecare lucru la care te poți gândi și care te-ar putea ajuta să te apropii de scopul tău. Iar un brainstorming reușit începe întotdeauna cu niște întrebări foarte bune.

De pildă, cum aș putea să obțin un contract pentru o carte de bucate? Pe-atunci habar nu aveam, așa că m-am îndreptat către Google (răspunsul la absolut orice, literalmente, există gratuit pe internet, mă jur!) și am pus exact această întrebare. Au apărut tot felul de răspunsuri și le-am notat pe toate ca într-o supă de idei — așa numesc eu sesiunile mele de brainstorming în scris, pentru că arată întotdeauna ca un bol plin cu variate posibilități. Oricând fac o astfel de supă, scopul meu e să găsesc cel puțin 20 de idei despre cum să ajung unde-mi doresc. Notez tot ce-mi trece prin cap și, pentru că e brainstorming, nu analizez dacă ideea respectivă este bună sau nu. O notez pur și simplu.

Să scriu o propunere pentru carte, să-mi iau un agent literar, să-mi cresc numărul de urmăritori în social media, să devin expert în domeniu, să mă documentez, să angajez un grafician, să angajez un fotograf, să fac o testare a rețetelor și așa mai departe.

Dacă te oprești la această supă, problema, pe lângă faptul că e copleșitoare, este că sunt prea multe direcții în care să te îndrepți. Vrem să avem o direcție clară, iar această pagină de brainstorming, deși are extraordinarul efect de a-ți pune rotițele în mișcare, e probabil să ducă la multe opriri, reporniri și încercări neproductive. Prin urmare, ca să trecem mai departe, trebuie să ne organizăm. Întrebarea este: cum facem asta? Răspunsul, în mod surprinzător, este o altă întrebare.

Uită-te la ce-ai scris și întreabă-te care, dintre toate ideile notate, sunt cele trei lucruri majore pe care, dacă le-ai obține concret, te-ar conduce — fără urmă de îndoială — către scopul tău? Să treci de la douăzeci de idei la trei poate părea imposibil, mai ales când atât de multe dintre ele ar fi utile, dar sunt convinsă că, dacă te forțezi să păstrezi numai trei, acestea vor deveni indicatoarele de care ai nevoie ca să revii la traseul tău dacă te rătăcești între timp. Cum să le alegi pe cele trei? Gândește-te la scopul tău ultim și pune-ți întrebarea: care este pasul imediat dinaintea sa? Apoi alege alte două indicatoare înaintând dinspre finiș spre linia de pornire.

Ideea cu aceste indicatoare e că nu le poți obține ușor și fără să faci mulți alți pași în acest sens. Oamenii ezită adesea să noteze toate acestea, pentru că li se par aproape la fel de imposibile ca și visul în sine. Creierul lor începe imediat să le furnizeze toate motivele pentru care o să fie imposibil de obținut așa ceva. Poate ceva de genul: „Da, da, da. Pot să scriu asta, dar în cele din urmă o să mă trezesc la realitate și o să-mi revină monologul meu interior negativ și nu știu cum o să ajung acolo unde-mi doresc și, Doamne, cât mi-ar plăcea să fac lucrul ăsta, dar nu..."

Nu, nu, nu, nu. Nu te concentra pe ce lipsește. Nu-ți face griji despre *cum* o să depășești fiecare indicator. Acest *cum* o să te blocheze. Să faci o obsesie din asta te împiedică să ajungi undeva, oriunde. Deocamdată nu ne concentrăm pe *cum*; ne concentrăm pe *ce* anume. Respectiv, ce pași trebuie să fac pentru realizarea acestui scop?

Ca să ajung să fiu publicată, harta traseului meu a început să ia formă când m-am ambiționat să concep trei indicatoare. Ultimul pas înainte de a obține un contract de publicare pentru o carte de bucate este să-ți trimiți propunerea către edituri: indicatorul nr. 3. Bun, și care-i pasul de dinainte? Ei bine, am aflat de pe Google că, pentru a transmite o propunere unei edituri, trebuie să am un agent literar. Nicio editură nu acceptă un manuscris picat din cer, de aceea găsirea unui agent literar a devenit al doilea indicator de pe harta mea. Apoi mi-am pus întrebarea de ce anume aș avea nevoie ca să am un agent literar. Sunt atât de multe feluri de a semna cu unul, dar cu toții au un lucru esențial în comun: necesitatea ca eu să înaintez o propunere de un fel sau altul în care să explic ce vreau să fac. Acesta a devenit primul indicator de pe harta mea.

Aveam un punct de plecare și un punct de finiș, precum și trei indicatoare majore pe parcurs. Acum, abia acum puteam să mă gândesc la acel *cum*, adică, după cum îmi place mie să le spun, la bornele kilometrice. M-am ambiționat să concep trei indicatoare majore, dar bornele pot să fie numeroase, căci ele constau în toate acele lucruri mărunte, toate acele modalități pe care trebuie să le gândești și să le îndeplinești ca să te ducă la următorul indicator.

Pentru a le identifica, pornești de la începutul hărții tale, iar asta pentru prima dată de când ai început să o creezi, realizând încă o sesiune de brainstorming în jurul următoarei întrebări: Ce trebuie să fac ca să ajung de la start la primul indicator? Îți recomand să-ți pui niște muzică stimulatoare și să scrii cât de mult și de repede poți orice îți trece prin cap. Nici măcar nu sta să te gândești. Notează pur și simplu orice idee care-ți vine și care ar putea să te ajute într-un fel sau altul să ajungi la primul indicator. Eu numesc asta lista de posibilități.

Să spunem că scopul tău este să pui bazele unei firme de organizări de evenimente (da, scriu despre ce știu), asta însemnând că al treilea indicator ar fi să ai niște clienți. Păi atunci, al doilea indicator ar fi să te asiguri că potențialii tăi clienți știu de firma ta: o să ai nevoie de un portofoliu, de un cont pe Instagram sau de un website unde potențialele mirese să vadă cum lucrezi. Sigur, nimic din toate astea nu contează dacă nu ai ceva de arătat, așa că primul tău indicator trebuie să fie crearea acelui conținut. Întrucât am făcut exact această listă de posibilități care să mă conducă exact la acel indicator, pot să-ți spun că întrebările pe care mi le-am pus pe parcurs au fost cam așa: Cum fac rost de conținut? Fotografi? Florari? Ar trebui să închei un parteneriat cu cineva care să creeze diverse lookuri și coafuri?

Să ofer voluntar din timpul meu altui organizator de evenimente în schimbul unor fotografii pentru portofoliul meu? Cum și-au creat alții portofoliile? Există cărți pe care să le citesc pe această temă? Există influenceri pe care să-i urmăresc și care vorbesc despre acest subiect?

Chiar și în ziua de azi, când nu sunt sigură cum să ajung la următorul pas, fac o listă de posibilități și umplu pagini întregi cu chestii de genul: „Oh, da. Sarah are un văr care lucrează pentru acea companie pe care țin neapărat să o am drept client“. S-a întâmplat de multe ori să nu-mi amintesc că aveam o relație până nu m-am așezat și nu mi-am făcut lista. Asta se întâmplă deoarece ne petrecem atât de mult timp insistând pe lucrurile pe care nu le avem, încât nu ne mai dăm seama de accesul pe care chiar îl deținem.

AVERTISMENT: adesea, acesta este punctul în care visătoarele încep să bată câmpii și să culeagă floricele pe câmpii în loc să încerce să înainteze cu adevărat către destinația lor. De exemplu, dacă primul meu indicator e clar că este „înaintează o propunere pentru o carte“, sunt tot felul de lucruri la care mă pot gândi că mă vor duce acolo: să mă documentez, să creez un panou cu idei pe Pinterest, să găsesc structura unei propuneri pentru o carte de acest gen, să discut cu autori și să le cer sfatul, să găsesc un grafician care să mă ajute, să fac un curs online ca să învăț despre cum se face o propunere pentru o carte, să merg la o conferință a unui scriitor și așa mai departe. Majoritatea oamenilor văd această listă și se entuziasmează, gândindu-se: *Mamă-mamă, ia te uită ce de idei!* În același timp se autoconving că toate ideile sunt la fel și că toate vor fi eficiente. Nu mă înțelege greșit! Nu toate aceste idei mă vor aduce mai aproape de scopul meu, dar unele dintre ele sunt mult mai atrăgătoare și mult mai simpatice decât munca depusă ca să ajung concret unde îmi doresc.

Să creez un panou pe Pinterest? Asta e atât de atrăgător. Cred că o să fac asta. Ooh, și conferința unui scriitor? Întotdeauna mi-am dorit să merg la așa ceva. Şi o sesiune de brainstorming cu noile mele prietene de la clubul de încercări literare? E perfect! Ne convingem singure că toate acestea sunt idei foarte bune și că ne dedicăm timpul în slujba înaintării către indicatorul nostru, când de fapt nu facem decât să ne învârtim în cerc. Dacă e să fiu sinceră cu mine însămi, știu exact care este pasul de dinaintea înaintării unei propuneri pentru o carte. Nu vreau să-l fac pentru că este partea cea mai grea și mai neplăcută a scrierii unei cărți, dar știu care este. Trebuie să scriu pur și simplu cartea.

Ajunse aici, vreau să te încurajez, căci, dacă ești realistă, atunci probabil că îți dai seama că mare parte din motivul pentru care nu ai ajuns deja la acel indicator este că bornele tale, deși fezabile, necesită muncă asiduă. Bornele sunt pașii de făcut și poți face unul câte unul ca să ajungi la destinație. Dar asta înseamnă întotdeauna muncă. Întotdeauna.

În timp ce scriu această carte, *Fată, deschide ochii!* a ieșit pe piață de câteva luni. Până în acest moment s-au vândut 722 000 de exemplare și a devenit bestseller *New York Times*, fiind nr. 1. Am primit mii și mii de mesaje de la femei din toată lumea care mi-au spus cât de utilă le-a fost. Ce dar! Ce incredibilă binecuvântare — atât de mare, încât nici măcar să visez la ea n-aș fi putut! Crezi că succesul face să-mi fie mai ușor să scriu *această carte*? Nu. Întotdeauna e greu pentru mine să scriu. Asta înseamnă întotdeauna muncă. Chiar dacă am făcut-o de atâtea ori până acum, chiar dacă am reușit să am succes, chiar dacă cred atât de profund în ceea ce scriu — chiar și așa este tot o corvoadă de la cap la coadă.

Ideea nu e că harta traseului îți va face ca prin farmec drumul mai ușor; ideea e că o astfel de hartă îți face demersul eficient. Cred cu tărie că ești capabilă de asta. Cred că poți să realizezi orice îți pui în minte, dar trebuie să-ți pui în minte. Trebuie să fii neabătută în demersul tău și flexibilă în privința metodelor.

Așadar, sus! Ca să începi să creezi bornele care să te ducă la fiecare indicator. Dacă nu ești sigură care sunt, atunci pune-ți întrebări mai bune. De pildă, dacă întrebarea mea este: „Cum aș putea semna cu un agent literar?", răspunsul meu pe-atunci ar fi fost: „Habar nu am!" Iar asta nu mă duce nicăieri. Dar dacă schimb întrebarea în: „Cine știe oare cum pot să ajung la un agent literar?" sau „Unde pot să caut ca să găsesc răspunsul?" sau „Există cărți sau podcasturi sau filmulețe pe YouTube despre asta?", atunci dintr-odată obțin nenumărate răspunsuri. Reține, dacă nu obții răspunsuri eficiente, e din cauză că nu pui întrebări eficiente.

De asemenea, nu te descuraja în fața tuturor posibilităților. Scopul tău o să ți se pară ceva uriaș la început. Îți aduci aminte cum se mănâncă un elefant? Îmbucătură cu îmbucătură! La început, când începi să faci câte ceva pentru scopul tău, e foarte ușor să te simți copleșită. Sunt atât de multe de făcut și n-ai niciodată timp suficient să le faci. Dacă ești ca mine, ai 18 liste de priorități în același timp, pline de tot și toate. Dacă te simți copleșită e din cauză că încerci să faci prea multe lucruri în același timp. Ia-o mai încet. Fă o listă zilnică. Fă o listă săptămânală. Fă o listă lunară. Mai verifică-le o dată. Sunt toate lucrurile de pe aceste liste esențiale ca să ajungi la următorul reper? Dacă nu, revizuiește-le și reorganizează-te.

Acum ai harta traseului. Următorul pas este aproape la fel de important ca și restul traseului. Între tine și scopul la care ai visat dintotdeauna stau două cuvinte. Poate e bine să le scrii pe un post-it. Fată dragă, poate ar trebui să ți le tatuezi pe corp, căci sunt atât de simple: implicare totală.

Implicare totală. Acționează imediat și masiv. Nu luni, nu la anul, nu luna viitoare, ci acum, astăzi. Acționează masiv pentru prima bornă de pe harta ta.

Apropo, însăși crearea unei hărți o să fie pentru multe dintre voi o acțiune masivă. Dar te rog să nu te oprești aici! Continuă. Pentru multe persoane e ușor să se implice cu totul, dar nu perseverează. Se întâmplă ceva și au de făcut tot felul de chestii de-ale vieții, așa că ies în decor și se gândesc: *Uf, acum s-a dus totul de râpă.*

Nu. Nu! Fata mea, jumătate din lupta cu tine însăți ca să ajungi unde îți dorești ține doar de disponibilitatea ta de a reveni pe poziții. Toată lumea o mai scrântește, toată lumea o mai ia la vale, toată lumea face greșeli, toată lumea iese în decor. Sunt atâția oameni hotărâți să-și atingă scopul — și-au făcut harta și o urmează — și apoi se întâmplă ceva neașteptat. Poate că e ceva simplu, cum ar fi că nu și-au respectat dieta. Poate că nu s-au dus o săptămână la antrenament, apoi nici a doua și dintr-odată se face o lună. Poate că au trecut șase luni sau șase ani de când n-au mai stat la computer să scrie. Orice s-a întâmplat, orice ai făcut sau n-ai făcut, rușinea nu este soluția ca să depășești momentul. S-a întâmplat, a rămas în trecut și să te blamezi pentru asta nu va schimba nimic. Nu doar că e un adevăr, dar la fel de adevărat e și faptul că nu este o sentință pe viață. În afară de moarte, orice altceva e temporar. Problema e că lași o alegere pe termen scurt să devină o hotărâre pe termen lung.

Crezi că întâmplarea din trecut te definește ca persoană. E o prostie!

Cine ești ca persoană ține de următoarea decizie pe care o iei, nu de ultima pe care ai luat-o. Așa că apucă-te și planifică, creează-ți harta și fă următorul pas.

Abilitatea 2:

Încrederea în sine

Încrederea în sine contează.

Încrederea în sine este convingerea că poți conta pe tine — că ai încredere în instinctul tău indiferent unde te-ai afla. Contează foarte mult pentru oricine face afaceri, mai ales dacă jobul sau firma ta îți impun să te promovezi pentru a ajunge la următorul nivel. Dar mai contează enorm și în viața personală, și pentru modul în care te gândești la tine și la visurile tale. Nu cred că se discută suficient de mult despre asta.

Dacă simți că ești o mamă jalnică, dacă te simți total nepregătită să-ți asumi rolul de mamă în fiecare zi, cât e de probabil să te bucuri de viață și să fii prezentă așa cum trebuie pentru copiii tăi?

Dacă ai visat întotdeauna să te înscrii la triatlon, dar consideri că ești varză la orice fel de activitate fizică și ești convinsă că nu vei reuși niciodată, cât e de probabil să reușești să te duci la următoarea întrecere?

Încrederea în sine contează și iată care-i trucul: încrederea în sine este o abilitate. Nu e ceva cu care să te naști. Evident, dacă ai fost crescută într-un anumit fel, atunci poate că încrederea în sine ți-a fost insuflată încă din copilărie, dar dacă nu ai fost atât de norocoasă, atunci află că este ceva ce poți dezvolta — iar asta e un lucru pe care chiar ar trebui să-l ai în vedere. Iată trei lucruri esențiale despre care am aflat că fac o mare diferență când vine vorba de construirea încrederii în sine:

Cum arăți

Acest capitol ajunge la tine direct din cel mai pretențios salon de înfrumusețare din Emisfera Nordică. Mai exact, Nine Zero One Salon din Merlose Place, Los Angeles. În timp ce stau aici și scriu de zor la laptop, o echipă de vreo 20 de frumuseți se ocupă să-mi vopsească rădăcinile și să-mi contureze machiajul. O miriadă de castronele, pline cu tot felul de poțiuni colorate, sunt răspândite în toate părțile. Mi se vopsește părul cu precizia unei operații pe cord deschis, timp în care fetele discută între ele despre ce casă să închirieze pentru festivalul Coachella și dacă ultima carte de slăbit a lui Kristin Cavallari e bună de ceva. Munca lor este jumătate artă, jumătate vrăjitorie, iar la final arăt atât de bine, comparabil doar cu ultima dată când m-am ridicat de pe acest scaun. Întreaga procedură costă cât un Sebring decapotabil la mâna a doua... și mă refer doar la procesul de vopsire a părului.

Am extensii de păr și de gene și mi-am făcut o operație la sâni acum cinci ani, pentru că mă săturasem ca sânii mei post-alăptare să arate ca niște șosete trei sferturi pline cu pudding. Știu că nu toată lumea e de acord cu timpul și banii dați pe aspectul fizic. Știu asta, pentru că primesc mesaje. „Cum poți să ne spui să ne iubim pe noi înșine așa cum suntem și apoi să dai bani pe machiaj și să stai ore la coafor ca să te vopsești?" Înțeleg că asta poate să ți se pară o ipocrizie, dar probabil că ți-a scăpat o diferență esențială. Chiar cred că ar trebui să ne iubim pe noi înșine așa cum suntem... iar așa cum sunt se întâmplă să presupună și gene false.

Cu toată seriozitatea îți spun: ador machiajul. Ai văzut vreodată acele filmulețe de pe YouTube unde fetele își fac tot felul de machiaje și folosesc o sută de produse diferite și paisprezece pensule doar pentru machiajul unei pleoape? Asta e artă! Este o abilitate dobândită după ani de efort și mă înclin cu respect. Când mă machiez, mi se pare distractiv și-mi place cum arăt după aceea. Nu o fac pentru că tu crezi că ar trebui să arăt într-un anumit fel — sau pentru că societății îi place un pomete bine conturat —, o fac pentru că îmi place.

Investesc mulți bani și mult timp în felul în care arăt pentru că mă face să mă simt — da, la naiba, presupun că mă face să mă simt excelent, iar când mă simt excelent, am încredere în mine.

Înainte să aprofundez mai mult subiectul, trebuie să adaug câteva chestiuni. Sunt convinsă că nu toată lumea pe care o cunosc leagă o parte (mai mare sau mai mică) din încrederea în sine de felul în care arată. Unele dintre noi am fost crescute cum trebuie. Unele dintre noi am fost educate spunându-ni-se că tot ceea ce contează e în inima și în mintea și în spiritul tău — și așa și trebuie să fie. Doar pentru că ar trebui să fie într-un anumit fel nu înseamnă că așa și este. Dacă tot e să vorbesc despre ceea ce are cu adevărat efect în loc de ceea ce ar trebui să aibă, atunci e necesar să fim sincere. Toate femeile pe care le știu — și nu mă pot gândi la niciuna care să nu fie așa — se simt mai încrezătoare în sine când le place cum arată.

Absolut toate.

A doua chestiune? Încrederea în sine vine de la faptul că-ți place cum arăți, și nu de la faptul de a arăta într-un anumit fel.

Mie îmi plac părul lung și genele lungi și pantofii cu puțin toc. Prietenelor mele, Sami și Beans? Le plac pantofii sport și șepcile și sunt aproape sigură că li s-ar părea că arată rău dacă s-ar machia foarte mult. Nu e stilul lor preferat. Dacă cel mai bun make-up artist din lume le-ar face un machiaj complet, ar aprecia măiestria lui, dar ar detesta rezultatul. Iar asta le-ar face practic să se simtă mai puțin încrezătoare în sine, pentru că nu s-ar mai recunoaște când s-ar uita în oglindă. Să câștigi încredere în tine datorită aspectului tău nu ține de un anumit stil; să câștigi încredere în tine datorită felului în care arăți ține de stilul *personal*.

Îți plac pantofii sport și cămășile? Îți place părul lins și drept și preferi un machiaj minimal? Este garderoba ta colorată și eclectică precum personalitatea ta? Da la toate întrebările! Da la oricare dintre ele. Da la a ști cine și ce ești și a-i da voie acestui lucru să răzbată din felul în care arăți.

Știu că sunt persoane care nu vor fi de acord cu mine. Știu că sunt persoane care vor citi asta și vor crede că sunt superficială. Înțeleg că pare anost să încep un capitol despre încrederea în sine și să-l bazez pe aspectul fizic — pe cum arăți în loc de cum te simți —, dar nu cred că alternativa ar fi folositoare. Cel puțin pentru mine nu a fost în trecut. Citesc atât de multe cărți care-mi spun să caut în interior, să mă rog, să rostesc mantre sau afirmații care să mă facă să mă simt mai încrezătoare în forțele proprii. Am făcut asta ani de zile ca mod de a-mi ridica moralul. Dar, sincer, nu m-am simțit niciodată o femeie încrezătoare până când nu am învățat cum să arăt ca o femeie încrezătoare. Și e o nebunie, dar ce înseamnă pentru mine încredere în sine probabil că nu aduce câtuși de puțin cu ce înseamnă pentru tine. Ideea nu e să copiezi idealul altcuiva. Ideea e să-ți dai seama care este idealul tău.

Mi-aș dori ca asta să fie o carte cu poze ca să-ți pot arăta orice imagine cu mine din 2003 până în 2016. Fără s-o nedreptățim pe Rachel cea din trecut, consider totuși că am evoluat în bine de-a lungul timpului. Dar a fost lent și pe alocuri tragic, plus că era exclusiv din cauza faptului că nu știam cum să mă îmbrac conform aspectului meu corporal și nu știam să mă coafez sau să mă machiez. Neștiind toate astea, mă simțeam nesigură, dar n-aș fi recunoscut asta niciodată. În schimb, susțineam sus și tare că eu „nu sunt genul acela de fată". Mă dădeam cu puțin tuș și cu puțin balsam de buze și-mi prindeam într-un coc părul uscat și ciufulit, în timp ce-mi spuneam cu convingere misionară că femeile cărora le pasă atât de mult de aspectul lor n-au nimic în cap, iar interesele lor sunt greșite.

Și-atunci, de ce de fiecare dată când trebuia să mă coafez și să mă machiez ca să apar în presă sau la televizor mă simțeam de milioane? Cum se face că-mi planificam să ies în oraș cu soțul meu ori de câte ori știam că o să fiu machiată de la o ședință foto? Cum se face că mă simțeam întotdeauna mai bine, aveam mai multă energie și o atitudine mai bună de fiecare dată când simțeam că arăt foarte bine? Pentru că, atunci când îți place cum arăți, îți place și cum te simți.

Asta a fost pentru mine o mare curbă a învățării la maturitate și totul a început cu operația la sâni.

E adevărat. Mi-am făcut operație la sâni. E cam aiurea să recunosc asta, dar recunosc. Sunt sigură că unele dintre voi ziceți: „Bravo ție, fată!" După naștere, acesta e visul oricărei femei, iar unele dintre voi vor spune: „Ești o rușine pentru toate feministele!" Dar am făcut-o și, întrucât încerc mereu să fiu sinceră cu privire la lucrurile prin care trec în viață, acum îți mărturisesc și asta.

Mă gândesc să începem cu motivele.

Hmm... cum să spun asta delicat? Când am rămas însărcinată cu primul copil, purtam cupa B la sutien. Îmi plăceau sânii mei și lor le plăcea de mine. După nașterea copilului, am început să am lapte și acea cupă B a devenit E. Nu, nu este o greșeală de tastare. Este mărimea cupei. E... de la elefant... de la enorm... de la eeeee, nu se poate!

Așa că protuberanțele mele gemene au trecut de la mic la mare și apoi la mic. După acea primă rundă, am mai născut alți doi copii, ceea ce înseamnă că acele cupe E au revenit în viața mea de alte două ori. După ce s-a născut Ford, cel de-al treilea copil, am început să fac mai multă mișcare și să mănânc mai bine și m-am menținut la o greutate optimă, iar asta a fost excelent. Dar o astfel de greutate a însemnat că sânii mei, care erau deja o priveliște oarecum tristă, au fost reduși la... zero. Nu vreau să spun că arătau uzați. Nu vreau să spun că arătau obosiți. Vreau să spun că nu mai era nimic acolo, nicio umplutură, nicio perniță. Cupa, de astă dată, era clar pe jumătate goală. Așa că, dacă înainte nu mă gândeam prea mult la sânii mei, acum îi observam tot timpul.

Detestam să port costum de baie. Detestam să umblu fără sutien sau, mai rău, în sânii goi în fața soțului meu. În mare parte detestam cât de concentrată eram pe ceva atât de trivial. Dave n-a spus niciodată nimic. S-a raportat la ei așa cum a făcut-o dintotdeauna, cu venerație și cu bucuria neprefăcută a unui bărbat heterosexual care vede țâțe, dar problemele mele s-au înrăutățit. Sincer, nu sunt o persoană care să se complacă prea mult timp. Sunt o persoană care rezolvă problemele. Și deși nu pot rezolva tot, asta era ceva ce puteam, cu siguranță. Și am hotărât că-i vreau ridicați ca înainte.

Am găsit o doamnă doctor minunată care avea la rândul ei copii, așa că a înțeles întru totul ce-mi doream. Dave a venit cu mine la cabinet și am pus un milion de întrebări, ca să aflu mai ales dacă nu cumva o să mor pe masa de operație ca acea femeie din *Liceenele din Beverly Hills* sau o să-mi pierd sensibilitatea (căci asta ar fi aproape la fel de rău ca moartea). Mi-au făcut câteva poze pentru fișă, iar asta, lasă-mă să-ți spun, este absolut oribil! Nimeni nu are de ce să-și vadă țâțele triste prin obiectivul unui aparat foto profesional și expuse la o lumină intensă.

În cele din urmă, am ales cel mai mic implant pe care-l aveau, căci de câte ori încercam mărimi mai mari, nu mă simțeam confortabil. Nu-mi doream să devin altcineva; voiam doar să mă simt ca înainte. Și, când l-am întrebat pe Dave ce părere are, mi-a spus: „Ești frumoasă indiferent ce faci. Alege pur și simplu ceva care te face să te simți bine". Deștept bărbat!

Am făcut programare la operație. Eram atât de entuziasmată, dar, pe măsură ce se apropia ziua respectivă, am început să mă sperii. Nu voiam să dau înapoi, dar mi-era teamă că o să mor. Aveam pe-atunci trei copii minunați, iar operația era ceva înfricoșător. Dacă mi se întâmpla ceva din cauza vanității mele? Îți poți imagina ce moștenire oribilă aș fi lăsat în urmă?

— Oh, mama era foarte sănătoasă, dar a vrut să arate bine în ceva mulat și a murit!

Le-am făcut pe prietenele mele să-mi promită că, în cazul dispariției mele timpurii, le vor întreține copiilor mei credința în mitul că am murit într-o misiune a organizației Medici fără Frontiere. Lasă că nu eram medic; în acest trecut inventat eram mult mai curajoasă decât sunt de fapt.

În dimineața operației eram varză. Am început s-o iau razna imediat ce am intrat în sala cu toate echipamentele preoperatorii, iar Dave a trebuit să vină să stea cu mine. Nu a ajutat nici faptul că anestezistul meu s-a dovedit a fi practic varianta în carne și oase a păpușii Ken — un blond bronzat și foarte, foarte tânăr. Adică nu avea mai mult de vârsta pe care o are cineva când tocmai a ieșit de pe băncile facultății de medicină. Asta aveam în față. Mi-a spus că el este dr. Aiden și că de dimineață a făcut surf.

Surf.

În timp ce mă duceau în scaunul cu rotile în sala de operație, nu mă puteam gândi decât că: *Oh, Dumnezeule mare, acest copilandru de medic care face surf o să-mi vadă țâțele.*

Uneori, când sunt nervoasă, îmi controlez acei nervi vorbind tot timpul, așa că vorbeam nervos când medicul-model mi-a pus perfuzia în braț. Acea perfuzie era plină cu niște medicamente foarte puternice, deși nu mi-am dat seama de asta atunci. Îmi aduc aminte că am spus în fața întregului personal medical că niciun anestezist nu ar trebui să arate ca el. Trebuia să fie chel și să aibă peste 60 de ani... trebuia să arate ca Danny DeVito. Îmi aduc aminte că toate asistentele și toți medicii au râs și-mi aduc aminte că-mi spuneam: *Taci, Rachel, taci!*, dar eram prea dusă.

Nu puteam să tac.

Ultimul lucru pe care-mi amintesc că l-am spus înainte să-mi pierd cunoștința a fost:

— Vă rog, domnule doctor Aiden, orice-ați face, să nu vă uitați la sânii mei distruși!

Nu. Este. O. Glumă.

Și-apoi m-am trezit și... trăiam! Eram atât de încântată că sunt vie, încât nici măcar nu-mi păsa că-mi simțeam pieptul ca după douăsprezece runde de box. De la anxietate și intervalul preoperator la prezența neașteptată a unui anestezist arătând ridicol de bine și care m-a făcut și mai agitată, plus perioada de refacere — totul a fost o ordalie. Dar, în cele din urmă, am considerat că a meritat întru totul și așa consider și acum. Așa ai considera și tu?

Poate, dar poate că nu. Înțeleg că nu toată lumea este de acord cu alegerile mele, dar e în regulă. Ideea e că a fost ceva ce mi-am dorit să fac pentru mine, ceva ce știam că mă va face să mă simt mai încrezătoare. Eu hotărăsc cum vreau să arăt, iar când am făcut alegerea de a schimba ceva într-un mod atât de drastic și de permanent, asta m-a făcut să mă gândesc și la alte lucruri la care înainte nu mă gândisem.

Nu uita că ani de zile îmi spusesem că femeile cărora le pasă de cum arată sunt artificiale și anoste. Dar acum făcusem cel mai artificial lucru posibil: în încercarea de a mă simți mai încrezătoare, am lăsat pe cineva să-mi pună în corp echivalentul unui balon. Și, știi ce? A funcționat.

Îmi plac noii mei sâni! Au trecut cinci ani și îmi plac în continuare.

Dar acum trebuia să împac povestea pe care mi-o spusesem dintotdeauna cu noua realitate în care trăiam. Făcusem ceva exclusiv din vanitate, dar nu mă simțeam o vanitoasă. Nu stăteam toată ziua să mă gândesc obsesiv la felul în care arăt și nici nu-i judecam pe oameni după felul în care arată, desigur. Și-atunci, dacă puteam să fiu în continuare aceeași femeie atât de interesată de dezvoltarea personală — de îmbunătățirea interioară — atunci se poate oare ca fostele mele convingeri despre cât de valoros sau nevaloros este aspectul nostru exterior să fie mai degrabă fondate pe nesiguranțele mele, decât pe niște dovezi concrete?

Păi, evident.

Indiferent de subiect, nesiguranțele noastre fie ne stârnesc curiozitatea, fie ne hrănesc criticile. Fie vedem în ele ocazia de a evolua și ne dăm voie să ne mirăm, să punem întrebări, să căutăm, fie ne speriem și ne închidem imediat în fața ideii respective. *Doar o idioată poate gândi așa. Doar persoanele frivole recurg la ceva nou când au apucat-o deja pe un drum*. Nesiguranța te face să vezi în faptul că altcineva procedează altfel decât tine o acuzație pentru toate felurile în care nu ești la înălțime.

Să emiți judecăți generalizante despre ceilalți sau — și mai supărător — despre tine însăți nu te ajută. Poate că o să te duci la o petrecere zgomotoasă sau o să îmbraci niște blugi strâmți sau o să te încalți cu pantofi decupați în față și cu toc gros și poate că n-o să-ți placă deloc. Dar n-o s-o știi niciodată dacă nu ești deschisă să încerci. Dacă încrederea ta în tine e până la tavan, atunci continuă ca și până acum, dar, dacă nu te simți bine în privința felului în care arăți, ce mai aștepți?

Ai hotărât că pur și simplu așa e viața? Încetează să te mai minți cu asta! Viața e așa cum crezi tu că este. Și ce dacă n-ai știut niciodată să te îmbraci sau să-ți faci părul în liceu? A fost demult și nu mai ești acea fată. Știu că par un disc zgâriat, dar orice ai vrea să știi găsești chiar acum gratuit pe YouTube. Cum să-mi ondulez părul, cum să mă machiez, cum să aleg cele mai bune ținute pentru o femeie scundă, cum să pot purta blugi albi — practic toate lucrurile pe care le-am învățat în ultimii cinci ani. Nu mă crezi? Du-te și te uită în contul meu de Instagram și mergi în urmă. N-o să dureze mult până să zici: *Aoleu, ce-i cu hainele astea? Ce-i cu părul și cu sprâncenele ei?*

Haide. Îți acord, fără rețineri, permisiunea să te uiți la vechile mele fotografii. Doar pentru că înainte erai într-un anumit fel nu înseamnă că trebuie să rămâi așa. Doar pentru că te simți nesigură nu înseamnă că nu poți face o schimbare. Dacă nu-ți place cum arăți, dacă nu-ți place stilul tău personal, atunci caută altul! Fă o investiție! Și nu lăsa pe nimeni să te facă să te simți vinovată din cauza asta.

Cum te comporți

Acum vreo zece ani aveam o firmă de succes de organizări de evenimente în Los Angeles și-mi făcusem un nume în domeniul nunților de lux. Îmi plăcea ceea ce făceam, dar, după ani de zile în care am suportat mirese fițoase și am lucrat în fiecare weekend al anului, tânjeam să mă desfășor în spațiul unei corporații, fără nimic din bagajul emoțional implicat de planificarea de nunți.

Așa cum spuneam și mai sus, am avut mereu obiceiul să preiau inițiativa, să mă gândesc unde vreau să ajung și apoi să creez o hartă a traseului până acolo. În acest caz, clientul/evenimentul meu de vis era Sundance Film Festival. Era plin de strălucire și de celebrități, plus că se desfășura într-un loc greu accesibil. Să creezi luxul unui eveniment hollywoodian într-un mic orășel de munte din Utah, la care se poate ajunge doar printr-un canion probabil plin de zăpadă în acea perioadă a anului? Știam că dacă puteam să mă descurc cu așa ceva, asta avea să-mi propulseze firma în stratosferă.

Sundance a devenit obiectivul meu.

Așa că am luat-o înapoi pe firul lucrurilor. Dacă voiam să primesc atenție pentru producția unui mare eveniment la Sundance, atunci trebuia să fie un eveniment care să nu treacă neobservat. Am făcut puțină documentare și am aflat că *Entertainment Weekly* era axa principală a festivalului. Ei dădeau cele mai mari petreceri, la care veneau cele mai multe celebrități, așa că se bucurau de cea mai bună acoperire în presă. Erau cei mai buni și voiam să lucrez cu cei mai buni.

N-aveam niciun fel de calificare pentru asta. Nu toate evenimentele sunt la fel, iar un festival de film în Utah este cu totul altceva. Totuși, n-aveam cum să învăț vreodată să mă ocup de tipul de eveniment pe care doream să-l creez dacă nu-mi făceam niciodată anunțate intențiile. Așa că am făcut-o. Am rugat-o pe prietena unei prietene unei prietene să mă recomande și în cele din urmă am făcut rost de numărul de telefon al cuiva din echipa de organizare.

Îmi bătea inima să-mi sară din piept.

Nu erau interesați. Mi-au vorbit foarte frumos, dar știau că era peste puterile mele. Ca un câine care hotărăște brusc să meargă pe două picioare, doar pentru că ești în stare să faci ceva, nu înseamnă că este alegerea potrivită. Nu erau interesați nici măcar să mă lase să aplic pentru asta.

Eram descurajată, dar descurajarea nu te duce nicăieri. În următorul an și jumătate, i-am dat telefon o dată la două săptămâni persoanei mele de contact de la *Entertainment Weekly*. I-am trimis idei pentru petrecere și detalii despre băuturi noi. I-am spus care sunt cei mai buni DJ și care sunt cele mai drăguțe uniforme pentru personal. Am venit intenționat cu idei de valoare ori de câte ori am putut și nici măcar o dată nu am întrebat dacă vor să mă aibă în vedere.

Într-o zi, persoana de la *EW* m-a sunat din senin.

— Avem nevoie de cineva care să ne asigure mâncarea pentru Sundance. Vă ocupați de asta, da?

Chiar nu dețin o firmă de catering, dar muncisem atât de mult ca să obțin această șansă de parteneriat cu ei, încât am profitat imediat.

— Sigur că da! Ce aveți nevoie?

Acest moment în care am obținut primul meu job la Sundance este întotdeauna cel mai bun exemplu pe care-l dau când cineva mă întreabă cum e cu ideea aceea de a mima succesul până ajungi să ai succes. Detest această sintagmă, pentru că se subînțelege că n-ai nimic pe care să te bazezi. E o mare diferență între a mima ceva despre care habar nu ai cum se face și a avea încredere să pășești într-un rol pentru care nu ești complet pregătită.

Există un studiu care arată că, atunci când un bărbat ar vrea un job nou, aplică pentru o poziție pentru care simte că este calificat în proporție de cel puțin 60%. Încrederea lui în sine îi spune că va compensa restul de 40% învățând din mers. În schimb, același studiu arată că o femeie normală consideră că trebuie să fie 100% pregătită ca să aplice pentru ceva[1]. Bun, gândește-te la asta o clipă. Cum Doamne-iartă-mă să fii calificată pentru ceva ce n-ai mai făcut niciodată? E o capcană. N-o să te expui. N-o să încerci niciodată din teama de eșec, așa că n-o să treci niciodată la următorul nivel.

Când am avut șansa să lucrez pentru Sundance chiar nu asiguram mâncarea pentru evenimente, dar lucrasem cu astfel de furnizori ani de zile și știam ce presupune asta. Aveam relații și resurse și suficientă pricepere să caut și să planific, astfel încât să fiu în stare să fac o treabă bună. Nu era o prefăcătorie, căci nu mi-a trecut niciodată prin minte că n-aș fi în stare să-i dau de cap dacă trebuia. Mă bazam pe ani de experiență — nu la acel nivel, desigur, dar aveam încredere că nu dezamăgisem niciodată un client și sigur că nu aveam de gând să o fac acum. N-aș lua *niciodată* bani de la cineva pentru un serviciu pe care să nu fiu în stare să-l asigur. După cum nici n-aș fi reușit niciodată să-mi îmbogățesc experiența dacă nu m-aș fi mânat tot timpul mai departe.

Acel singur eveniment la Sundance mi-a lansat afacerea la un cu totul alt nivel, exact așa cum bănuiam că se va întâmpla. Am transformat acel prim an de furnizor de mâncare într-un al doilea an de organizator de evenimente. În scurt timp, organizam mese și evenimente pentru orice studio și orice brand care voia să sărbătorească în Park City. Sundance a devenit cel mai profitabil contract al meu. De fapt, cu banii de acolo am început The Chic Site și am angajat oameni când am luat în cele din urmă hotărârea să fac această tranziție.

Atât de multe lucruri bune s-au întâmplat pentru că am fost dispusă să mă comport încrezătoare în sine chiar și atunci când nu mă simțeam întotdeauna așa. E valabil pentru orice. Poți să te simți oricum îți pui în minte atâta timp cât susții asta prin acțiunile tale. M-am comportat încrezătoare în forțele mele ca organizator de evenimente și am susținut asta cu documentare și muncă asiduă ca să mă înarmez cu abilitățile necesare.

Cu cine te însoțești

Știu că am atins un pic acest subiect când am vorbit despre cum „devii cele cinci persoane cu care petreci cel mai mult timp“, dar e ceva ce merită repetat. Cu ani în urmă, sora mea a făcut o școală de cosmetică, neștiind apoi ce să facă mai departe. Îi plăcea oarecum ideea de a lucra în industria de frumusețe, dar nu era încrezătoare că poate să-și creeze o listă de clienți în acest domeniu nou — iar fără asta nu se poate când ești hairstylist. A avut mai multe joburi de asistentă în diverse saloane și, deși îi făcea plăcere să interacționeze cu oamenii, încă se străduia să-și găsească propriul drum.

Soarta a făcut ca o cunoștință de-ale mele să trimită un e-mail despre un job pentru care voia să facă angajări. Persoana respectivă avea un spa și aveau nevoie de un manager. Avuseseră de probă mai multe persoane, dar nimeni nu părea să se potrivească. Am citit ce presupunea jobul și cu fiecare rând deveneam din ce în ce mai entuziasmată. I l-am trimis imediat lui Mel și i-am transmis insistent că ar trebui neapărat să aplice pentru acel job.

Deoarece nu era întru totul prinsă de jobul pe care-l avea pe-atunci într-un salon, s-a apucat și a aplicat — iar apoi a primit postul de spa manager.

În acea primă săptămână era atât de agitată fiindcă nu știa cum o să fie. Abia venise în oraș și încă învăța să se descurce în trafic și cu ritmul rapid al vieții. Asemenea celor mai mulți nou-veniți în oraș, se simțea puțin intimidată când se gândea că poate nu se îmbracă așa cum trebuie sau nu vorbește adecvat în acest spa de lux din apropiere de Beverly Hills.

După câteva săptămâni, am primit un e-mail de la cunoștința mea care-mi mulțumea foarte mult că i-am trimis-o pe Mel, pe care o lăuda ca fiind o angajată excepțională. Asta nu m-a surprins deloc. Știam că am o soră deșteaptă și elegantă și mai știam și că e incredibil de muncitoare. M-a surprins însă ce s-a întâmplat după șase luni.

Melody a devenit o cu totul altă femeie.

Era calmă și echilibrată și foarte încrezătoare în sine și în abilitățile ei. Nu mai era anxioasă din cauza orașului în care era nou-venită, din cauza noului ei rol sau că nu știa ce să facă mai departe. Nu se temea să-și spună părerea și nu se preocupa de ce credeau alții.

Îmi aduc aminte că i-am spus lui Dave:

— Ai observat cât de schimbată în bine e Mel? Mă întreb ce anume i-a provocat o asemenea schimbare.

După câteva săptămâni m-am dus la spa-ul unde lucra ca să-mi fac un tratament facial și atunci mi-am dat seama.

Melody trecuse de la o școală plină de tinere nesigure cu privire la drumul pe care s-o apuce sau la modul în care să-și dezvolte o carieră la a fi angajata unei afaceri de succes unde veneau — stai puțin — numai femei încrezătoare în sine. Toată ziua interacționa cu colege care erau la cel mai înalt nivel de calificare — trebuiau să fie ca să lucreze într-un astfel de loc. Toată ziua era la dispoziția unor cliente care aveau succes în viață și în afaceri — trebuiau să aibă ca să-și permită să vină într-un astfel de loc. Fără măcar să încerce sau să fie conștientă de asta, le asimilase încrederea în sine prin osmoză.

Vrei să ai mai mult încredere în tine? Însoțește-te cu oameni care sunt așa.

Știu că încrederea în sine este de puține ori descrisă ca fiind un comportament învățat, dar cred cu tărie că este o abilitate pe care o poți învăța ca pe oricare alta. Fii atentă la oamenii cu care te însoțești, la cuvintele pe care le folosești și la modul în care te prezinți lumii din jurul tău. Fii atentă la momentele sau la circumstanțele care te fac să te simți cea mai sigură de tine și apoi acționează pentru a cultiva mai multe astfel de ocazii. Această schimbare de percepție, în special pentru acelea dintre voi care aveți o afacere, poate cu adevărat să vă schimbe viața.

Abilitatea 3:

Perseverența

Am auzit foarte mulți oameni spunând lucruri de genul „un scop este un vis cu termen-limită". Sau: „Trebuie să-ți stabilești un interval de timp". Mi-e greu să accept această idee pentru că succesul pe care l-am trăit în viața personală nu a fost deloc rapid. Dacă mi-aș fi stabilit un interval de timp de un an sau chiar doi, aș fi renunțat cu mult timp în urmă. Mi-a luat doi ani doar să ajung să am destui urmăritori în social media pentru ca un agent literar să mă ia suficient de în serios încât să se gândească la propunerea mea pentru o carte. Au mai trecut alte șase luni după aceea să trimit propunerea unei edituri și să văd dacă există vreun editor care să-și asume riscul cu o carte de bucate. A mai durat un an și jumătate până să iasă cartea pe piață. A fost nevoie de atâta muncă doar ca să ajung acolo.

De curând, am postat pe Instagram două fotografii. Cea dintâi e de la prima mea apariție TV la o emisiune locală de știri. Am făcut propuneri luni de zile și în cele din urmă am fost acceptată să vorbesc de către National Junk Food Day la matinalul celor de la KTLA, unde am gustat cele mai ciudate produse junk food de pe piață. De genul biscuiți Oreo prăjiți în baie de ulei și murături în suc de vișine. Absolut deloc un material pentru Premiul Peabody. Cea de-a doua fotografie postată e de când am fost prima dată la *Today Show*. Acolo sunt umplutura unui sendviș marca Hoda și Kathie Lee și zâmbesc atât de tare, mai-mai să-mi crape fața. Eram în extaz în acea zi pentru că mi-am dorit dintotdeauna să apar la *Today Show*. Ce e necesar să subliniez — în afară de faptul că părul meu a arătat mult mai bine după ce am început să mă vopsesc la coafor în loc să mă vopsesc singură — e că prima fotografie este din 2010, iar a doua din 2018.

Opt ani, oameni buni! Mi-a luat opt ani să-mi ating acel scop, iar drumul până acolo a fost lung și greu. A început cu acea apariție pentru junk food, iar apoi am implorat pe toată lumea pentru alte astfel de ocazii. Mă mai alegeam când cu o apariție pentru un grătar de 4 iulie, când cu o apariție pentru Ziua Recunoștinței. Pe-atunci făceam totul de una singură, asta însemnând că, de fiecare dată când convingeam pe cineva să mă cheme în emisiune, trebuia să găsesc o modalitate în care să mă descurc fără bani și fără ajutor. Puteam „cumpăra“ doar recuzita căreia îi puteam ascunde cu ușurință eticheta cu prețul ca să o pot returna după emisiune. Cumpăram, făceam rost, cream, pregăteam, netezeam și curățam totul de una singură. Mă schimbam de hainele obișnuite în hainele de scenă în băi împuțite sau pe bancheta din spate a mașinii (emisiunile locale de știri nu prea au cele mai plăcute facilități). De obicei, ajungeam să transpir și să-mi stric machiajul, iar părul să-mi arate ciufulit. Nu eram drăguță, dar masa mea era, și am fost întotdeauna pregătită să ofer intervenția cea mai amuzantă și mai informativă de care au avut vreodată parte, indiferent de subiect, de la Saint Patrick's Day la Arbor Day.

Nu a fost deloc plăcut să caut aceste apariții de una singură, dar nu aveam bani pentru un agent sau un designer și nici măcar pentru o asistentă care să mă ajute. Tot ce știam era scopul meu și am înțeles că singura mea monedă de schimb era munca asiduă. Când am avut șansa să apar pentru prima dată într-o emisiune națională, am profitat de ea, chiar dacă era pe o temă pe care nu o cunoșteam și a fost nevoie să mă documentez mult și intensiv doar ca să pot vorbi inteligent despre asta timp de șase minute. Ani de zile am construit relații cu producătorii TV. Am făcut propuneri pentru sute de intervenții și la una acceptată am avut alte o sută respinse. Am devenit cunoscută ca înlocuitorul de serviciu; eu eram cea care sărea în ultima clipă într-un avion ca să țină locul cuiva care se îmbolnăvise. Dacă aveai nevoie de un „expert“ care să vină și să vorbească practic despre orice, eu eram acela. Am muncit pe brânci — și a durat opt ani.

A fost nevoie de șase cărți în cinci ani ca să am un bestseller. A fost nevoie de opt ani să ajung la *Today Show*. A fost nevoie de patru ani și de mii de fotografii pe Instagram ca să adun o sută de mii de urmăritori. Și aș putea să înșir alte și alte lucruri care să arate cât de mult a durat să ajung undeva, dar ideea e următoarea: n-a mers niciodată pe cât de repede mi-aș fi dorit, iar dacă aș fi renunțat pentru că nu-mi voi fi atins scopul până la o anumită dată, n-aș fi realizat nimic din lucrurile pentru care mă știi în prezent.

Așa că tuturor visătoarelor, tuturor celor care dau din coate, tuturor fetelor care citesc această carte și construiesc și planifică le spun: să nu îndrăzniți să comparați începuturile voastre cu drumul deja parcurs de altcineva! Să nu îndrăzniți să ascultați când cineva vă spune că trebuie să aveți o dată-limită. Bornele voastre — rețineți, acestea sunt lucrurile pe care le *puteți* controla — sunt cele care ar trebui să aibă o dată-limită, ca să fiți productive și eficiente. Dar indicatoarele? Acestea sunt mai nebuloase și mai greu de atins și e posibil să încerci să le atingi de vreo șase ori înainte să găsești ceva care să te ajute să le depășești.

E ușor să vezi succesul cuiva și să te simți descurajată, căci presupui că primele tale eforturi nici nu se compară cu realizările respectivei persoane. Sigur că nu! Nimic din succesul meu nu a fost meteoritic. Ce vezi acum este rezultatul a zece ani de muncă asiduă, de concentrare și de revenire după fiecare cădere. N-ai relații? Nici bani? Sau acces? Nici eu nu am avut! Aveam doar credința în muncă, un vis, răbdare și perseverență să merg până la capăt.

O să fie un parcurs și va trebui să te lupți ca să ajungi acolo unde îți dorești, dar o să și merite.

Pe una dintre pancartele mele favorite pe care le-am văzut când alergam la un semimaraton scria așa: „Dacă ar fi fost ușor, toată lumea ar fi reușit!" Îmi place să mi se reamintească faptul că e greu să-ți atingi un scop, dar asta nu mă descurajează. Și nici pe tine. Motivul pentru care suntem dispuse să mergem mai departe și să ajungem la următorul nivel este că *nu suntem ca alții*. Nu e ușor să atingi un scop. E dur — dar, fata mea, așa ești și tu!

Motivul pentru care oamenii renunță sau deraiază sau nu sunt dispuși să meargă mai departe este pentru că sunt de părere că scopul respectiv e temporar. Asta e ceva ce ni s-a transmis prin mass-media aproape de când ne știm. „Încearcă asta, acum încearcă ailaltă, acum urmează această dietă, acum încearcă aceste exerciții fizice, acum fă cutare, acum invers, acum schimbă." Acest tip de comportament nu este eficient în atingerea niciunui scop. Acest tip de comportament este eficient doar ca mijloc de derută. Pentru că uite cum stă treaba... dacă brandurile, mass-media și știrile pot să te deruteze, atunci pot să-ți vândă mai multe chestii.

Gândește-te! Acum 50 de ani singura modalitate de a slăbi era simplă: să arzi mai multe calorii decât ingerezi. Este o soluție simplă care are efect. E ușor? Deloc. Gofrele sunt delicioase și e mult mai plăcut să mănânci gofre decât broccoli. Dar industria alimentară nu ar exista dacă răspunsul ar fi simplu și direct. Așa că, în schimb, suntem bombardați cu milioane de răspunsuri diferite, care mai de care mai derutante. Ar trebui să ții dieta paleolitică sau integrală sau Atkins sau South Beach sau vegană sau fără gluten? În fiecare sezon apare ceva nou și diferit pentru tine și fiecare dintre sugestii vine și cu ceva de cumpărat: cărți, pudre, produse congelate, planuri, programe, pilule etc., toate acestea ca răspuns la confuzia pe care o simți cu privire la dietă și la pierderea în greutate.

Iar asta e doar o industrie, prieteni! Această atitudine de a sări de la o posibilă soluție la alta ca un fluture beat este prezentă cu fiecare tip de bunuri de consum. Și-atunci mai e de mirare că în căutarea unui răspuns, atingerii unui scop încerci ceva pentru scurtă vreme, apoi renunți când nu-ți iese și încerci altceva? Mai e de mirare că nu faci progresele pe care ți le dorești?

Nu. Tu crezi că acest scop din viața ta este *temporar*. Crezi că e ceva pe care să-l iei pe umeri și să-l dai jos ca pe hanoracul tău preferat. La îndemână când ai chef de el și ascuns în dulap când n-ai.

Acest scop, această misiune a ta, acest vis, acest punct către care te îndrepți — nu este ceva temporar. Nu este ceva ce să faci luna asta sau sezonul acesta sau doar anul acesta. În realitate, urmărirea cu adevărat a unui scop modifică nu doar acel aspect specific al vieții tale, ci și cum abordezi viața ca întreg. Pentru totdeauna.

Dacă economisești bani ca să-ți iei o casă, asta necesită o schimbare totală a felului în care-ți cheltuiești banii. Dacă vrei să ai o căsnicie puternică, excepțională, asta înseamnă să smulgi din rădăcini orice prejudecăți ai avea despre relații și să-ți faci din asta o intenție pe care s-o urmezi în fiecare zi. Indiferent ce scop urmărești, îl vei atinge doar dacă te implici cu totul.

Nu e un lucru oarecare pe care-l faci.

E ceva care te definește acum.

Și pururea și-n vecii vecilor, amin.

Nu înseamnă să te pregătești doar pentru o lună sau un sezon. Ia gândește-te, orice sportiv profesionist, orice olimpic — Tom Brady, Serena Williams sau Messi — se antrenează în prezent la fel de intensiv ca la începuturi. De fapt, aș afirma că, pentru a fi la nivelul de excelență la care sunt ei astăzi, se antrenează mai intensiv ca oricând. Pregătirea nu încetează niciodată.

Căci după ce-ți atingi acest scop o să alegi altul și apoi altul și altul. Să tinzi să devii mai bună, orice ar însemna asta, va pătrunde în fiecare domeniu al vieții tale. Așa că încetează să mai gândești mărunt. Încetează să te mai gândești la asta dintr-o perspectivă atât de limitată și având impresia că tot ce faci ține doar de ce se găsește în fața ta *acum*. Perseverează, muncește, ai răbdare; timpul va trece oricum. Petrece-l tinzând către ceva mai bun, indiferent cât de mult durează să ajungi acolo.

Abilitatea 4:

Eficiența

Când sunt aproape de termenul de predare a unei cărți, ca acum, mare parte din zi o petrec departe de echipa mea de la serviciu, ca să pot lucra fără să fiu deranjată. În această zi anume, stau la una dintre acele lungi mese comune de lemn care par să fie mobilierul impus al oricărei cantine hipsterești care se respectă. Îmi place să stau la masa comună pentru că găsesc mereu pe cineva care să se uite și la obiectele mele cât mă duc la baie pentru a 87-a oară în ultima oră. Singurul dezavantaj este fluxul constant de persoane care vin și pleacă de lângă mine, ceea ce face ca energia să se modifice cu fiecare nouă prezență.

Prima fată care s-a așezat astăzi a venit să-și facă o temă. Știu asta pentru că avea un manual deschis și o foaie de hârtie în față. A abordat lucrurile cam așa. A citit un pic din carte, apoi s-a uitat pe Instagram o vreme, apoi a făcut o poză cu cafeaua și cu tema și a postat-o pe Instagram — vreo jumătate de oră i-a luat numai să găsească filtrul potrivit pe VSCO. Apoi s-a concentrat din nou pe temă. După o secundă, a început să facă mâzgăleli pe margine. Apoi s-a mai uitat pe internet, apoi pe Google și după puțin timp și-a strâns lucrurile și a plecat. Pe foaia de hârtie n-a scris un cuvânt.

Apoi s-a așezat lângă mine un tip. Care venise cu un altul. Chiar îmi plac genul acesta de tovarăși. Bat în 30 de ani, sunt plini de energie și de entuziasm și citează din Gary

Vee* ca din evanghelie. Înțeleg. Și mie îmi place de el. Gary Vaynerchuck este și mentorul meu. Într-un fel foarte tocilăresc, m-am bucurat că s-au așezat lângă mine. Aveau niște laptopuri scumpe și niște carnețele galbene și făceau brainstorming, pregătindu-se de treabă. După discuția inițială, următoarele două ore — jur pe ceaiul meu neîndulcit — și le-au petrecut tot pe Instagram. Ironia care le-a scăpat cu totul e că se uitau peste paginile antreprenorilor lor preferați, arătându-și unul altuia citate despre perseverență și realizări, fără să-și dea o clipă seama de timpul pe care-l iroseau.

Mă simt întotdeauna atât de prost când observ asta la visătorii din jurul meu. E atât de ușor să te lași furat de chestii cu care să pierzi timpul, timp pe care să ți-l ocupi cu lucruri care nu te duc cu nimic mai aproape de scopul tău. Și eu făceam asta când m-am apucat de scris.

Pe-atunci aveam un obicei foarte prost de a reciti de o mie de ori ce scrisesem. Mă așezam „să scriu“ o oră, iar 45 de minute le petreceam citind ceea ce scrisesem deja, corectând inevitabil pe măsură ce citeam. Luni de zile nu mi-am dat seama de ce nu făceam niciun progres real, tangibil către a-mi atinge numărul de cuvinte. Nu ajungeam nicăieri pentru că de fapt nu munceam. Eram asemenea celor doi care stăteau lângă mine la cafenea. Bănuiala mea e că au tot felul de sesiuni de colaborare la fel ca aceasta de azi, iar în cele din urmă renunță la idee, pentru că nu ajung nicăieri. Dacă sunt și ei la fel cum eram eu, nici măcar n-o să-și dea seama că nu ideea este de vină că nu se întâmplă nimic, ci ei.

Ai lucrat vreodată pentru atingerea unui scop și te-ai implicat în asta ore în șir fără niciun fel de progres tangibil?

* Gary Vaynerchuk, autor și om de afaceri american de origine belarusă. (*N.t.*)

Bănuiala mea e că s-a întâmplat așa pentru că n-ai înțeles pe ce să te concentrezi. Ai crezut că aveai nevoie de timp ca să-ți atingi scopul, când de fapt aveai nevoie să te folosești de acel timp într-un mod care să aibă efect. Ca să te ajut să nu cazi în capcana distragerii deghizate sub formă de productivitate, iată absolut toate lucrurile care-mi vin în minte și pe care le-am învățat în ultimii zece ani ca să fiu nu doar productivă, ci extrem de productivă!

1. Înlocuiește lista de priorități cu o listă de rezultate

Îți aduci aminte din capitolul anterior când am vorbit despre crearea unei hărți? Sigur că-ți amintești, a fost acum cinci minute. Dar pentru cazul în care ești ca Drew Barrymore în *Mereu la prima întâlnire*, iar memoria îți joacă feste, o să-ți readuc aminte că harta către scopul tău include pe traseu niște borne. Acestea sunt treptele pe care pășești și de care te folosești ca să rămâi concentrată pe direcția în care te îndrepți. Ca să lucrezi eficient trebuie întotdeauna să lucrezi ca să ajungi la următoarea bornă. Problema e, ca în cazul acelor tipi de la cafenea sau în cazul meu la începuturile mele într-ale scrisului, că poți de multe ori să ai senzația că te îndrepți către următoarea bornă, când de fapt nu faci decât să te miști în cercuri tot mai largi în jurul punctului în care te găsești în acel moment. De aceea, pentru contracararea acestei tendințe, când te apuci de treabă, vreau să încetezi să mai faci liste de priorități.

Lista de priorități a unei femei obișnuite are aproximativ 319 elemente, ceea ce înseamnă că oricum n-o să ajungi la capăt. De asemenea, dacă ești ca mine pe-atunci, o să-ți petreci tot timpul cu elementele cele mai ușoare de pe listă, doar ca să ai ce să tai de pe ea. Dar întrucât niciunul dintre acele elemente nu te aduce cu nimic mai aproape de următoarea bornă, nu e decât o mare pierdere de vreme. Așa că hai să renunțăm la ideea unei liste de priorități și să ne concentrăm în schimb pe crearea unei liste de rezultate. Iar prin „rezultat" vreau să spun rezultatul final pe care vreau să-l obțin în urma acestei sesiuni de lucru.

Pe o listă de priorități poate să scrie „să lucrez la manuscris", dar asta e atât de vag. Asta poate să însemne orice, iar dacă te chinuiești deja să fii productivă, creierul tău se va folosi de orice scuză pentru a bifa ceva ca fiind efectuat. Astfel, dacă stau și visez la un titlu pentru această carte, se cheamă că lucrez la manuscris? Dacă rescriu un paragraf de patru ori, se cheamă că lucrez la manuscris? Dacă ies la o cafea cu un coleg scriitor și discutăm despre ancorele intrigii, se cheamă că lucrez la manuscris? Nu. Nimic din toate astea nu înseamnă să lucrez la manuscris atunci când ce am nevoie de fapt este să mă apropii de predarea la timp a acestei cărți.

Acum, singurul lucru care contează este numărul de cuvinte. Acum, trebuie să-mi petrec fiecare clipă scriind propoziție după propoziție ca să pot preda cartea la timp. De aceea, pe lista mea de rezultate o să notez: să scriu 2 500 de cuvinte. Acesta e rezultatul pe care mi-l doresc. N-am cum să mă mai fofilez. Ori scriu, ori nu. Și PS pentru toți colegii mei scriitori care visează să scrie o carte de non-ficțiune, dacă ai de 26 de ori o bornă de tipul „să scriu 2 500 de cuvinte", cartea e gata.

Să spunem că ți-ai stabilit să atingi un nou target de vânzări pentru firma ta de vânzări directe. Lista de priorități poate să conțină „să fac noul target de vânzări", dar asta e ceva atât de vag. Păi cum poate asta să fie o indicație sau o direcție pentru creierul tău? Dacă stau de vorbă cu trei posibili clienți se pune? Dacă-mi petrec o oră documentându-mă despre cum poate fi crescută o firmă de vânzări, e suficient de bine? Poate că da, dacă tot ce încerci să faci e să fii la curent cu domeniul în care activezi, dar, dacă vrei să obții ceva ce n-ai mai avut până atunci, trebuie să faci lucruri pe care nu le-ai mai făcut până atunci. Lista ta de rezultate trebuie să fie specifică: „să vorbesc cu o sută de posibili clienți în fiecare zi“ sau „să închei câte patru contracte pe săptămână“ sau „să cresc vânzarea medie per client cu 3% pentru a face să crească cifra de afaceri“.

Vezi că acesta din urmă este foarte specific. Îmi plac rezultatele specifice și care depășesc scopul în sine, care sunt și despre explorarea diverselor moduri de a obține același efect. Dacă ultima dată când am încercat să-mi cresc afacerea m-am concentrat doar pe aducerea de clienți noi și mi-a fost greu, pot să fac un pas în spate și să mă întreb dacă nu cumva există o cale mai inteligentă de a ajunge la același rezultat. De pildă, pot să am în vedere să fac mai multe cu clienții pe care-i am. Pot să le trimit mai multe e-mailuri? Pot să creez un proces care să facă vânzarea mai ușoară? Pot să fiu mai convingătoare în vânzarea de produse, făcând să crească cifra totală de afaceri fără să trebuiască să apelez la clienți noi? În această situație, scopul meu este de fapt creșterea veniturilor, dar am fost atât de prinsă de lista mea de priorități, că nu m-am oprit să mă gândesc la asta într-o altă lumină. Dacă nu notez de la început rezultatul pe care-l caut, creierul meu nu mă poate ajuta să-mi pun întrebările corecte care să mă ducă mai aproape de scopul meu concret.

Prin urmare, fă o listă de rezultate, nu o listă de priorități. Acea listă zilnică de rezultate nu ar trebui să aibă mai mult de cinci elemente. De fapt, lista mea zilnică de rezultate nu are de obicei decât două sau trei elemente maximum. Deoarece elementele pe care le notez sunt mutări majore pentru mine, când reușesc să realizez fie și numai unul dintre ele mă simt în extaz. Dacă-ți burdușești lista, la sfârșitul fiecărei zile de muncă o să ai senzația că n-ai realizat mare lucru, când, în realitate, dacă ai obținut cel puțin un rezultat ideal care te aduce mai aproape de următoarea bornă, atunci ai realizat foarte mult. Iar senzația că ai realizat foarte mult trebuie să-ți devină un nou obicei. Trebuie să faci din ea un scop în sine al fiecărei zile de muncă. Nu în sensul de a-ți face timp să lucrezi pentru scopul tău, ci de a lucra ca să realizezi ce trebuie.

2. Reevaluează eficiența

Să cunoști rezultatul corect către care să ținteşti este, sincer îți spun, o bătălie pe jumătate câștigată. Dacă ai început să te ocupi de obținerea unui rezultat ideal corespunzător fiecărei zile în care lucrezi la asta și ai făcut-o constant timp de trei săptămâni, cred că o să fii șocată să vezi ce progrese obții. Dar mai e ceva ce poți face ca să mergi și mai departe, și puțin mai repede. Sincer vorbind, nu cunosc pe nimeni care să încerce să-și atingă scopul și căruia să nu-i convină să-l atingă mai devreme decât era programat. Prin urmare, după ce ți-ai stabilit clar o bornă de atins pe viitor și știi care sunt cele mai bune rezultate către care să ținteşti ca să te apropii de borna respectivă, următoarea întrebare pe care să ți-o pui este: *Pot oare să fac ceva ca să fiu și mai eficientă?*

Dacă vrei să aprofundezi în detaliu această întrebare, îți recomand cu căldură cartea *Un singur lucru* a lui Gary Keller. În carte, Keller pune o întrebare profundă. Nu profundă în complexitatea ei, ci în sensul că majoritatea oamenilor sunt adesea atât de prinși să se ocupe *pe dinăuntru* de scopurile lor, încât nu-și mai fac timp niciodată pentru *realizarea* acestora. Practic, întrebarea este: care e acel singur lucru pe care l-ai putea face chiar acum, astăzi, și care să facă orice altceva nenecesar[1]? Legat de lista de rezultate, întrebarea ar trebui să fie: care e acel singur lucru pe care l-aș putea face chiar acum, astăzi, și care să mă ajute să obțin toate astea mai repede, mai ușor și mai eficient?

De pildă, să revenim la rezultatul meu ideal de a scrie 2 500 de cuvinte. M-am întrebat cum aș putea să scriu acest număr de cuvinte mai eficient, cu mai puțin efort și mai repede. Răspunsul a fost destul de simplu și incredibil de ușor de pus în practică, dar, dacă nu mi-aș fi pus întrebarea, e cert că nu m-aș fi gândit la asta. Pentru mine asta înseamnă să scriu într-o cafenea. Da, am un birou superb, cu un mobilier agreabil și un scaun bun, am acces la gustări, la apă și la baie fără costuri suplimentare și am scris la această carte săptămâni la rând în timpul orelor mele de stat la birou. Dar știi peste ce altceva mai dau la birou? Peste 14 angajați care lucrează la diverse proiecte în care mă las atrasă de fiecare dată. Ca să fie foarte clar, nu ei sunt cei care trag de mine pentru proiectele lor. De fapt, ei nu mă deranjează deloc pentru că știu că am un termen-limită. Dar să scrii este o muncă grea și singuratică. Indiferent de câte ori aș face-o, e la fel de greu, iar când sunt la serviciu și mă simt singură sau am obosit să scriu un paragraf, mă duc până la baie, iar pe drum găsesc trei chestii în care să-mi bag nasul, în loc să mă întorc la treaba mea. De aceea, scrierea celor 2 500 de cuvinte, care n-ar trebui să-mi ia niciodată mai mult de trei ore, ajunge să-mi ocupe mare parte din zi.

Reușeam totuși să-mi obțin rezultatul, așa că nu eram dornică de vreo nouă provocare, dar a trebuit să mă întreb: *există o cale mai bună de a face asta?* Pentru mine asta înseamnă să lucrez departe de oamenii mei. Prefer la o cafenea, și nu acasă, căci la cafenea există întotdeauna o extraordinară energie care vine de la alții ca mine și de la creativi, iar uneori îmi vin chiar idei pentru capitole (cum ar fi începutul acestuia). Să lucrez la această carte dintr-o cafenea înseamnă că-i dau înainte cu scrisul, tastând mult mai mult de 2 500 de cuvinte și ajungând la capăt mai repede decât înainte. Dacă nu-ți pui întrebarea, dacă nu verifici ce funcționează și ce nu, atunci n-o să știi niciodată.

3. Creează-ți propriul mediu de productivitate

Cu ani în urmă, un om pe care-l admiram m-a întrebat dacă pot să-i dau un sfat cu privire la procesul de a scrie. Această persoană este un conferențiar extrem de talentat și de căutat, dar care nu scrisese niciodată o carte. Am crezut că o să vorbim de numărul de cuvinte, de ancorele unei intrigi sau despre cum să creezi o schiță, dar de fapt nu voia să știe decât un lucru: cum îți creezi în casă un spațiu de lucru cu o atmosferă ideală pentru scris?

Așa că i-am spus:

— Nu ai cum. Scrii acolo unde poți, când poți și *cum* poți. Să-ți creezi biroul ideal n-o să te ajute practic în niciun fel.

Nu i-a plăcut răspunsul meu. Era convins că, dacă putea măcar să aibă un spațiu ideal, atunci procesul care i se păruse atât de greu înainte avea să devină mai ușor. Am știut imediat că n-o să termine niciodată un manuscris. Asta pare foarte dur și răutăcios, dar este adevărat. Și se bazează pe toți anii în care am primit întrebări exact ca aceasta. O cameră de scris este un vis și un lux la care sper să ajung într-o bună zi. Dar nu te ajută să scrii. E ca și cum ai crede că o bandă scumpă de alergare o să te motiveze să alergi. Niciun factor din exterior n-o să te facă mai productivă, iar, dacă ai nevoie de o anumită atmosferă ca să dai tot ce ai mai bun din tine, atunci nu deții cu adevărat controlul asupra propriei persoane.

Am scris această propoziție acum, stând pe scaunul din mijloc al unui avion arhiplin. Un contract încheiat în ultimul moment de a ține un discurs în cealaltă parte a țării a însemnat că toate scaunele confortabile din avion erau deja ocupate, dar, chiar și dacă e inconfortabil, nu pot să ratez niște ore prețioase de scris. Dimineața devreme, noaptea târziu, în timp ce copiii mei se joacă în fața mea în parc sau sunt la antrenament, scriu oricând și oricum pot. Este preferabil un alt spațiu — ca acea cafenea de hipsteri sau o vilă cu vedere spre lac? Desigur. Dar nu așa stau lucrurile în viață. Dacă stăteam să aștept un spațiu ideal sau o ocazie ideală ca să fiu productivă, n-aș fi încheiat niciodată nici măcar una dintre cărțile mele. Soluția este să creezi un mediu în care să te poți concentra, indiferent unde se întâmplă să te găsești. Pentru mine, asta înseamnă diverse liste cu melodii sau un anumit cântec pus să se repete în buclă sub formă de zgomot alb. Asta mă ajută să mă concentrez și să fiu productivă chiar și în cele mai haotice locuri. Pentru tine poate să fie un anumit miros, un anumit tip de gumă pe care să o mesteci (nu, nu e o prostie), exact același sortiment de cafea de la Starbucks — orice fel de stimul repetitiv prin care să-i semnalizezi creierului că e timpul să se concentreze. Personal, stimulul meu preferat este un espresso con panna și cântecul „Humble“ dat cât de tare pot să suporte căștile mele. De fapt, s-ar putea să le scandalizeze pe cititoarele mele mai conservatoare să știe că am scris *Fetelor, treziți-vă la viață!* cu Kendrick Lamar pe *repeat*, dar, hei, ce descoperi că te ajută să intri în starea potrivită e ceva de care să profiți cât de mult se poate.

4. Află ce te distrage și evită acel lucru

Doamne, asta sună evident când o scrii, dar oamenii care au probleme să fie sau să rămână productivi sunt de obicei prea distrași ca să-și dea seama că sunt distrași. Atunci când ești concentrată, iar energia ta dă bir cu fugiții durează mult până când te recalibrezi — asta dacă te mai recalibrezi. Fii atentă la ce-ți fuge atenția. În cazul meu asta înseamnă de regulă să am acces la WiFi pe calculator și să pot vedea sau auzi ecranul telefonului. În capul meu, orice mesaj este urgent și e posibil să fie un angajat care-mi spune că biroul a fost cuprins de flăcări. Orice e-mail ar putea fi de la Oprah, iar o scurtă căutare pe Google ca să mă documentez pentru ceva despre care scriu se transformă într-o spirală din care nu mai ies și mă trezesc deodată că fac cine știe ce test ca să văd cine ar putea fi prințul meu ideal din desenele Disney. Și-atunci, ia ghici ce trebuie să se întâmple când încerc să scriu un anumit număr de cuvinte? Trebuie să opresc WiFi, să-mi întorc telefonul cu fața în jos și să-l pun pe silențios, ca să nu văd și să nu aud vreun mesaj.

5. Mergi pe drumul drept

E ușor să derapezi și e și mai ușor să te îndrepți foarte repede într-o direcție de care să nu-ți dai seama că e greșită. Recomand o verificare în fiecare duminică. Mie duminica mi-e cel mai ușor pentru că e momentul când îmi planific săptămâna. Îmi fac timp să mă gândesc la rezultatul pe care doresc să-l obțin în săptămâna respectivă și să mă întreb dacă mă îndrept într-adevăr în direcția următoarei borne. Dacă da, minunat! Dacă nu, atunci ce pot face săptămâna asta ca să mă asigur că obțin rezultatele pe care le caut?

Când vine vorba de eficiență, concluzia e următoarea: îți faci deja treaba. Ți-ai făcut deja timp și ar însemna să-l irosești dacă ți-ai consuma energia aiurea sau, mai rău, poate renunțând la o idee foarte bună doar pentru că nu ți-ai dat seama cum să faci pași mai mari către scopul tău. Fă o analiză a eficienței și dă-ți seama de la ce anume trebuie să te înfrânezi și către ce anume trebuie să-ți redirecționezi atenția.

Abilitatea 5:

Gândirea pozitivă

Am trecut la un moment dat prin 52 de ore de travaliu. 52 de ore afurisite! N-o să-mi las primul născut să uite asta câte zile oi avea. De fapt, chiar și după ce nu mai sunt plănuiesc să fac în așa fel încât cineva să-i trimită din când în când un mesaj de reamintire a acestui lucru, cam cum fac bărbații care plătesc la florărie ca să-i fie trimise flori soției în fiecare an de ziua ei, chiar dacă ei au murit.

Oricum, a fost groaznic. A fost atât de greu, de epuizant și de dureros, iar asistentele m-au lăsat să mănânc în travaliu doar acadele, jeleu sau zeamă de la supa de pui. A durat o viață până să ajung la momentul în care trebuia să împing. Oricine a trecut printr-o experiență asemănătoare garantează că nu mint. Aștepți și aștepți și aștepți și chiar când ți se pare că o să rămâi pentru totdeauna gravidă, ți se spune că e timpul să împingi. Timpul. Să. Împingi.

În cazul meu, timpul să împing a venit cu mult mai târziu decât anticipasem, iar efectul epiduralei începuse să-mi treacă. Da, epidurală. Doar nu crezi că am trecut prin două zile de travaliu fără medicamente, nu? Nu. Nu sunt atât de eroică. Am apelat la un anestezist care, ca să fie clar, chiar arăta ca Dany DeVito — așa cum și trebuia —, și la toate medicamentele bine-venite pe care au fost dispuși să mi le dea, dar, până la momentul nașterii, durerea revenise. Asistentele m-au întrebat dacă mai vreau o doză, dar citisem tot felul de povești înfiorătoare despre femei care nu au mai putut să împingă pentru că medicamentele au fost prea puternice și n-am mai vrut nimic care să mă încetinească. Astfel, asemenea unei adevărate martire, le-am spus curajoasă că o să-l expulzez pe Jackson fără medicamente.

Aproape imediat am știut că am făcut o mare, mare greșeală.

Era îndeajuns de dureros fie și numai să zac acolo, dar, când am încercat propriu-zis să împing pentru prima dată, am simțit de parcă Satan înfipsese o furcă de flăcări în mine pe care o răsucea spre dreapta. Atunci le-am spus:

— Am glumit. De fapt, vreau anestezia cât de repede se poate.

Asistenta a apăsat un buton, s-au dat niște telefoane, au șușotit între ele, iar apoi s-au uitat la mine cu o privire tristă.

— Ne pare rău. Ambii anesteziști sunt în operații de cezariană. Nu e nimeni care să vă mai administreze o doză.

Ce? Nu mai beneficiez de medicamente? Gata cu amorțeala? Doar eu și furca lui Satan? Inima mi s-a sfâșiat odată cu perineul.

Mă durea atât de tare și eram atât de epuizată, încât am simțit că delirez. Nu aveam niciun control cu privire la ce mi se întâmpla și nici vreo cale de scăpare. Simțeam că, oricât de mult aș împinge, Jackson n-o să iasă. Începuse să-i scadă pulsul, iar medicul a început să spună că bebelușul e supus unui stres prea mare și că poate ar trebui să facem o cezariană. Ciudat, dar în toiul celei mai pure panici am avut cel mai înalt moment de claritate din viața mea. Am știut că trebuie să-l expulzez pe Jackson calm și în siguranță, iar pentru a face asta trebuia să găsesc o cale de a trece dincolo de durere. De la plâns și disperare am trecut la liniște și concentrare. Nu le-am spus nimic lui Dave sau mamei, nici asistentelor sau medicilor. Nu cred că am mai scos vreun sunet și nici nu m-am mai uitat la cineva. Eram cu totul în mintea mea, prinsă undeva între rugăciuni fierbinți și un discurs motivațional interior adresat copilului meu nenăscut.

O oră mai târziu, când Jackson Cage Hollis a venit pe lume țipând, nu știu care dintre noi era mai epuizat. Dar știu că toată durerea dincolo de care mă înălțasem a revenit imediat într-un val așa de intens, că tot nu-mi vine să cred că am reușit să o ignor atât de mult timp. Este unul dintre cele mai importante repere din viața mea, care îmi reamintește că poți să alegi ce atitudine să ai, pe ce să te concentrezi și ce intenții să manifești în orice situație, cu orice te-ai confrunta. Această alegere face uneori diferența dintre bucurie și suferință.

Poți să bei apă și să te trezești devreme și să ai un plan și să te ocupi în fiecare zi de acel plan, dar, dacă nu ai atitudinea potrivită, atunci e vai de capul tău. Da, bine, poate „vai de capul tău" e puțin exagerat, dar eu tind să exagerez când vine vorba de dispoziția mentală, de atitudine și de gândirea pozitivă, pentru că sunt atât de al naibii de importante.

Când copiii mei o iau razna și în casă e dezastru, iar eu mă gândesc serios să fug de-acasă cu circul ambulant sau să beau tot baxul de vin, ceea ce mă salvează este sforțarea de a avea o atitudine pozitivă.

Când trebuie să predau cartea — ca acum, cartea asta trebuia predată ieri și totuși încă mai scriu la ea —, sunt copleșită de muncă, iar programul deplasărilor mele nu mai are nici cap, nici coadă, să aleg să găsesc partea bună din toate astea este modul meu de a rămâne fericită.

Fericită, nu doar sănătoasă la cap. Nu doar în regulă. Nu doar făcând față. Fericită. Sunt fericită și recunoscătoare și mă simt binecuvântată 90% din timp, iar asta nu pentru că viața mea are un curs în care e ușor să fiu fericită. Sunt una dintre cele mai fericite fete pe care le cunoști, pentru că aleg asta în fiecare zi. Aleg să-mi exprim recunoștința; aleg să mă înconjor de lucruri și de oameni care susțin gândirea pozitivă. Îmi reglez gândurile, deoarece gândurile controlează sentimentele.

Cuvintele și propozițiile pe care le folosim pentru noi înșine devin coloana sonoră care se aude în fundalul fiecărui moment din viața noastră și nu există niciun gând — bun sau rău — căruia să nu-i fi permis să existe. Monitorizezi asta în mod activ? Acționezi pentru a ține sub control felul în care gândești despre tine însăți și în care vorbești cu tine însăți? Întrucât nu ești proastă, încetează să-ți mai spui că ești. Nu ești urâtă, așa că nu mai gândi asta — nici măcar ocazional — când te uiți în oglindă. Nu ești o nemernică, chiar dacă ai făcut chestii rele în trecut. Nu ești ignorantă, nici rea, de neiubit, fără merite, incapabilă sau mai știu eu cum îți trece ție prin cap că ești.

Trebuie să alegi să gândești pozitiv, să vezi posibilitatea și să vezi lucrurile bune din viața ta în fiecare zi. Tu îți alegi gândurile și în mintea ta nu există absolut nimic căruia să nu-i fi permis tu însăți să fie acolo. Astfel, de câte ori te trezești că te gândești la ceva negativ, adu-ți aminte de DMX*. Oprește-te, renunță la litania plină de ură, fă-ți gândurile rele să tacă și înlocuiește-le cu gânduri bune. Indiferent dacă treci printr-o perioadă ușoară sau printr-una dificilă, e probabil să-ți dai seama că deții în continuare controlul asupra percepției tale.

Căci așa e viața reală, nu este un basm și nu cred o clipă că o să-ți fie ușor în fiecare zi, indiferent cine ești și unde

* Numele de scenă al unui cunoscut rapper american. (*N.t.*)

trăiești. Viața reală o să fie grea uneori și vei avea perioade întregi care te vor stoarce de energia de care ai nevoie pentru a-ți atinge scopul. Dar ai în continuare speranțe și visuri și obiective pentru tine și pentru viața ta, iar acestea sunt posibile. Uneori o să alergi către ele cu capul înainte, iar alteori o să înaintezi în pas de melc, dar trebuie să rămâi în horă. Nu poți controla întâmplările din viața ta; poți controla doar cum reacționezi la ele.

Abilitatea 6:

Tu ești la cârmă!

În clasa a șasea, am făcut o fotografie în interiorul unui cort indian. Era într-o tabără de cercetașe, undeva prin 1995, și am și astăzi fotografia aceea într-un album plin de abțibilduri cu semne de pace și diverse însemne artistice ale acelui *S* de la Stüssy*. În fotografie sunt îmbrăcată așa cum își poate imagina o fată albă — și ignorantă — că s-ar îmbrăca o fată amerindiană. Un tricou maro și niște bocanci de la Timberlands nu fac parte din nicio vestimentație tribală de care să am cunoștință, dar la 12 ani mi se părea mai mult decât *cool* să stau în acea imitație de cort indian și să mi se facă o fotografie, donație a celor de la Olan Mills**.

Lăsând la o parte aproprierea culturală, acea experiență la cercetașe mi-a rămas în minte din două motive. Unul, pentru că am făcut ouă jumări fierbându-le în pungi de plastic etanșeizate. Pentru că n-am fost niciodată mare amatoare de camping, acest tip de abilități de a te descurca în sălbăticie mi se par în continuare foarte impresionante. Și doi, pentru că împreună cu Amanda, prietena mea cea mai bună, am creat un dans pe o melodie de Tim McGraw și apoi i-am învățat pe toți cei din grup să-l danseze. Melodia era „Indian Outlaw"*** (păi, evident, nu?) și presupunea

* Marcă de îmbrăcăminte. (*N.t.*)

** Firmă americană specializată în fotografii portret în scopuri bisericești. (*N.t.*)

***Proscris indian (*engl.*). (*N.t.*)

o coregrafie de pași și mișcări realizate în mai multe formațiuni. La început, am făcut acest dans într-o pauză ca să ne treacă de plictiseală, dar grupului de comandante de trupă (care probabil că erau și ele un pic îndrăgostite de Tim și de acea oribilă mustăcioară a lui pe oală pe care o arbora pe-atunci) li s-a părut — și speculez aici — atât de adorabil, încât ne-au rugat să-l dansăm la focul de tabără.

Foc de tabără, oameni buni!

Focul de tabără este echivalentul cercetașelor pentru un spectacol de proporții. E locul unde se poate întâmpla orice. E locul unde ni se dau matricole și suntem primite în trupă; e locul unde ne dăm mâna într-un cerc mare și cântăm: „Ne facem noi prieteni, dar îi păstrăm și pe cei vechi..." Sună vreun clopoțel? În sfârșit, e o chestie mare și urma să ne facem debutul în Trupa 723 dansând în jurul focului de tabără!

Când a venit marele moment, am dansat toate din toată inima. Iar la final, când melodia se întrerupe pe neașteptate pentru a include un pic din „Indian Reservation" a lui Paul Revere și The Raiders, ei bine, fetelor, era de parcă în fiecare dintre noi sălășluia însuși spiritul lui Juliette Gordon Low*!

Am fost un lider încă de pe atunci și e probabil ca multe dintre voi să fi fost. Când eram mici, multe dintre noi am fost cele care au hotărât exact cum trebuie distribuite corect accesoriile păpușii Barbie. Am fost cele care am pus la cale întâlniri de joacă sau am candidat la funcția de președintă a clubului de teatru. Nu era ceva conștient, dar capacitatea de a strânge un grup și a-l uni în jurul unei teme sau al unei idei făcea pur și simplu parte din noi. Dacă ai avut noroc, părinții te-au încurajat să cultivi aceste abilități naturale de conducere. Dacă nu ai prea avut noroc, se poate ca ei să fi

* Fondatoarea organizației cercetașelor din Statele Unite. (*N.t.*)

încercat neintenționat să le distrugă. „Nu face pe șefa", îți spuneau. „Nu e treaba ta ce fac alții", îți reaminteau. Lăsăm la o parte faptul că, atunci când unul dintre băieți avea exact aceleași trăsături, li se părea admirabil. Spuneau nostalgic: „Uită-te la el, e un lider înnăscut".

Când eram mică, leadershipul nu era o trăsătură de încurajat la fete și probabil că de aceea atâtora dintre noi ne este greu să preluăm acest rol. Nu suntem înclinate să ne gândim la noi ca la niște lideri pentru că asta e ceva rezervat de cele mai multe ori lumii afacerilor. Sunt aici ca să-ți spun că nu-mi pasă cine ești sau ce faci în timpul zilei. Că lucrezi, că stai acasă și ai grijă de copii, că te duci la școală și așa mai departe, pentru mine e unul și același lucru din acest punct de vedere. Vreau să accepți ideea că ești un lider. De fapt, toate trebuie să facem asta.

Mi-am petrecut ultimii cinci ani din viață clădind o comunitate de femei — și online, și în persoană — care să creadă în aceeași filosofie ca mine. Ne primim una pe alta cu brațele deschise și ne sprijinim reciproc, indiferent ce avem în comun și în pofida diferențelor dintre noi. Ne oferim una alteia spațiul necesar și încurajări pentru a ne urma visurile și sunt atât de norocoasă că atât de multe dintre voi îmi împărtășiți viziunea. Mă plec în fața numărului de femei care mă urmăresc online, vin la conferințele mele sau îmi cumpără cărțile, dar iată un adevăr pe care vi-l spun din tot sufletul: nu caut să am și mai mulți fani. Nu am nevoie de încă o femeie căreia să-i placă ce postez pe Instagram sau care să creadă că pantofii mei sunt drăguți. Nu încerc să creez o comunitate de fani. Încerc să creez o comunitate de lideri.

Ești influencer? Ești în media? Coordonezi o conferință? O afacere? Ai un podcast? Ești mamă și faci parte din Asociația Părinților și Profesorilor? Ești casieră la o bancă?

Ești voluntară la biserică pentru școala de duminică? Ești elevă de liceu? Ești bunică și ai șapte nepoți? Perfect! Am nevoie de tine. Avem nevoie de tine!

Avem nevoie să trăiești conform scopului tău. Avem nevoie să creezi, să inspiri, să construiești și să visezi. Avem nevoie să deschizi un drum și apoi să-l luminezi cu calitățile tale, pentru ca alte femei să te poată urma. Avem nevoie să crezi în ideea că orice fel de femeie merită șansa de a fi cine este menită să fie, iar ea s-ar putea să nu-și dea seama de asta dacă tu — da, tu — nu-i insufli acest adevăr.

Vei putea face asta dacă pornești de la ideea că ai fost creată pentru mai mult decât propria ta viață. Până la urmă, dacă nu vezi ce-ai putea fi, cum poți ști ce-ai putea fi? Dacă femeile din comunitatea ta sau din grupul tău de marketing în rețea sau de la cursul de Zumba nu văd niciodată un exemplu de femeie încrezătoare în sine, cum își vor găsi curajul de a fi încrezătoare? Dacă fetele noastre nu văd un exemplu zilnic de femei care se simt nu doar confortabil, ci cu adevărat împlinite de alegerea de a fi cu adevărat ele însele, de unde să învețe acest comportament?

Să-ți urmezi propriile visuri e atât de important și susțin că este un factor esențial pentru a trăi o viață fericită și împlinită — dar nu e suficient doar să ai permisiunea de a-ți realiza visurile. Vreau să te provoc să-ți placă acest demers și să-ți sărbătorești deschis propria devenire. Când lumina ta este mai strălucitoare, strălucirea ei nu le va dăuna celorlalte, ci le va încuraja să devină și ele mai luminoase. Asta înseamnă leadership. Liderii sunt cei care încurajează. Liderii împărtășesc informația. Liderii țin torța ridicată pentru a lumina drumul. Liderii te țin de mână când îți este greu. Adevărații lideri sunt la fel de încântați de succesul tău ca și de al lor, căci știu că, atunci când una dintre noi se descurcă bine, toate celelalte îi vor urma exemplul. Când una dintre noi reușește, toate reușim.

Vei putea să le conduci pe celelalte femei pe acest drum dacă crezi cu adevărat că toate femeile merită și sunt chemate să realizeze ceva sacru. Asta înseamnă să deschizi ochii și să-ți deschizi inima în fața anumitor femei pe care poate că nu le-ai observat până acum.

Și deși poate părea ușor în afara subiectului unei cărți de dezvoltare personală, vreau să te rog să te gândești pe cine urmează să incluzi în sfera ta de influență. Vreau să te provoc să faci ceva.

Uită-te în jur. Uită-te la postările tale de pe Instagram. Uită-te la lista celor care vorbesc la conferința ta. Uită-te la angajații tăi. Uită-te la prietenii tăi. Arată cu toții la fel? Și, ca să fie clar, nu mă refer dacă au sau nu aceeași culoare de păr sau același stil personal. Vreau să spun, adică, pe bune, chiar au aceeași culoare de păr? Sunt ei exact la fel cu toții? Se duc la aceeași biserică? Locuiesc toți în aceeași zonă?

Văd asta peste tot acum în mass-media feminină. Văd asta pe scenă. O văd în fotografiile cu personalul unei firme. O văd în lista celor care vorbesc la conferințe. O văd în publicitate. Și, ori de câte ori o văd, mă întreb: *De ce această omogenitate nu-i deranjează pe cei din grup? De ce nu-i nemulțumește această disparitate? Cum se poate să se adune 16 vorbitori, din care numai unul este femeie?* Sau, la o conferință a femeilor: *Cum se poate să fie selectate zece vorbitoare care să le reprezinte pe toate femeile, iar nouă dintre ele să fie albe?* Nu cred că este o alegere conștientă din partea celor mai multe firme, organizatori de conferințe sau cercuri de prietene să se ferească de diversitate. Cred doar că tindem să alegem în funcție de ceea ce știm, iar cel mai bine îi știm pe cei care arată și se comportă ca noi.

Dar, fetelor, nu așa arată lumea. Nu așa arată afacerile sau piața. Nu așa arată comunitatea noastră.

Reprezentarea contează. Contează să faci parte din public și să te vezi pe scenă. Contează ca o firmă care vinde către un public multietnic și multicultural să acționeze ca să includă fiecare voce, ca să poată ține seama de cât mai multe perspective. Negri, albi, latini, asiatici, bătrâni, tineri, homosexuali, heterosexuali, creștini, evrei, musulmani, cu abilități diferite, supraponderali, scunzi — toată lumea ar trebui să stea la masa ta. Toată lumea ar trebui să fie pe scena ta. Toată lumea ar trebui să facă parte dintre angajații tăi. Toată lumea ar trebui să fie invitată la petrecerea aniversară a copilului tău. Toată lumea ar trebui să fie primită în biserica ta. Toată lumea ar trebui să fie invitată la cina ta. Fiecare femeie pe care o cunoști și fiecare femeie pe care n-o cunoști pot trage foloase de pe urma adevărului că sunt capabile de ceva măreț. Cum o să creadă asta vreodată, dacă nimeni nu-i dă un astfel de exemplu? Cum o să creadă asta vreodată dacă nimeni nu e interesat să vadă asta în ea și să spună adevărul cu voce tare?

Ideea e că eu cred că fiecare dintre cele care citesc această carte are ceva special. Știu cu fiecare fibră a ființei mele că, dacă ați începe toate să trăiți mai în acord cu chemarea din inima voastră — chiar dacă uneori vă sperie și este inconfortabil —, știu că am schimba lumea. Ce e incredibil este că acceptându-ți chemarea și refuzând să-ți ascunzi lumina nu faci mai strălucitoare doar lumea ta, ci luminezi drumul pentru femeile care te vor urma.

Concluzie

Crede în tine, fată!

M-am ambalat destul de tare până acum. Aproape că mi-am dat drumul la gură cu acest titlu pentru ultima parte, doar ca să știi că eu chiar sunt ca o fiară când vorbesc în numele tău. Dar apoi mi-am dat seama de ceva: trebuie că știi deja asta. Dacă nu-ți dai seama că sunt atât de înflăcărată pentru tine, pentru visurile tale și pentru ce vei realiza în viață, atunci probabil că încă nu ne știm atât de bine.

Am dedicat două cărți ideii că tu deții controlul propriei tale vieți și că ești capabilă de orice îți pui în minte și în suflet. Mi-am dedicat cariera și firma, deci întreaga viață, ca să creez conținuturi care să întărească iar și iar acest mesaj pentru tine. Cred în tine. Cred atât de tare în tine! Știu că multe dintre voi nu aveți în familie susținători sau prietene care să vă încurajeze pe parcursul acestei călătorii către scopurile voastre, așa că te rog să reții, în primul și în primul rând, că la o fermă din Texas locuiește o mamă entuziastă a patru copii care abia așteaptă să vadă ce faci mai departe!

Al doilea lucru pe care să-l reții este următorul — și este și motivul pentru care m-am oprit să mai adaug înjurături în titlu: nu contează dacă eu cred în tine. Nu contează dacă sunt implicată când vorbesc în numele tău. Pot eu să scriu o mie de cărți și să postez un milion de povești pline de inspirație pe Instagram, nimic nu contează dacă tu nu crezi în tine.

Eu n-o să fiu aici mâine să-ți spun să te dai jos din pat.
Eu n-o să fiu aici săptămâna viitoare când o să ți se taie din salariu și n-o să știi cu ce o să-ți plătești chiria.
Eu n-o să fiu aici când familia ta o să râdă pe seama încercărilor tale de a slăbi.
Eu n-o să fiu aici când o să ieși în decor.
Eu n-o să fiu aici când o să te saturi până peste cap.
Eu n-o să fiu aici când o să renunți la tine.
Eu n-o să fiu aici când va trebui să te lupți ca să-ți revii.
Eu n-o să fiu aici în viața ta, ocupându-mă de problemele tale.

Tu o să fii acolo în fiecare zi, așa că începe să crezi că viața ta merită să lupți pentru ea!

E atât de simplu și de greu în același timp.

Înseamnă că trebuie să te forțezi să mergi înainte când n-ai chef s-o faci. Înseamnă că trebuie să găsești o cale să nu mai mănânci compulsiv. Înseamnă că trebuie să ai o discuție serioasă cu sora ta despre felul în care te simți. Înseamnă că trebuie să stai de vorbă cu soțul tău despre cum puteți avea o căsnicie mai trainică. Înseamnă că va trebui să faci multe lucruri care te fac să te simți inconfortabil. Înseamnă că va trebui să-ți asumi rolul de părinte pentru copiii tăi, în loc să le dai ce vor ca să te lase în pace. Înseamnă că va trebui să-ți conduci echipa cu înțelepciunea și determinarea unui bun antrenor, în loc să accepți orbește o majoretă foarte bună. Înseamnă că va trebui să fii *propriul* tău mentor, precum și propria ta galerie. Înseamnă că va trebui să înveți să te conduci bine. Înseamnă că va trebui să te tratezi cu blândețe, dar să te forțezi să devii mai bună!

Sunt foarte multe lucruri pe care va trebui să le faci. Niciunul nu este ușor, dar toate sunt simple. Cel mai ușor și cel mai rapid mod de a ajunge unde îți dorești este să nu renunți la tine. Când te afli la startul unei întreceri lungi pare foarte copleșitor. Ideea de a ajunge până la linia de sosire — fără să mai dezertezi de astă dată — pare o provocare. Dar se poate, dacă crezi în tine! Ai auzit acel citat despre îndoială, nu? Îndoiala va ucide mai multe visuri decât o poate face eșecul vreodată. Dar să crezi în tine îți dă forța de a reveni iar și iar pe drumul cel bun.

Trebuie să evoluezi zi după zi. Dacă o zi întreagă ți se pare prea copleșitor, atunci o să-ți cer să evoluezi oră de oră și să continui să-ți spui: *Asta e ceea ce sunt.*

Îți aduci aminte cum am vizualizat că vei deveni mai bună, acea versiune de vis a propriei persoane? Asta ești tu pe dinăuntru. Sufletul tău a știut dintotdeauna cine ești. De aceea te tot trage de mânecă, implorând să-l asculți. De aici vine acel *ce-ar fi dacă*. Asta te face să te întrebi ce altceva mai este posibil. Asta te face să te întristezi când nu ajungi acolo, căci știi, adânc în sufletul tău, că poți fi mai bună — că viața ta poate fi mai bună — dincolo de acest *ce-ar fi dacă*.

Tu cea adevărată ești menită pentru mai mult... ce înseamnă pentru tine mai mult. Asta ai fost creată să fii, iar primul pas către realizarea acelei viziuni este să încetezi să mai ceri scuze pentru că ai un vis. Așa cum spune Lady Gaga, dragă, așa te-ai născut. Nu e treaba ta să te încadrezi în idealul altcuiva. E timpul să fii tu însăți, fără scuze, și să-i arăți lumii ce se întâmplă când o femeie o pornește pe drumul către realizare. E timpul să nu mai ceri scuze pentru ceea ce ești. E timpul să devii cine ești menită să devii.

Mulțumiri

Când vine vorba de mulțumiri, încep întotdeauna cu începutul, iar pentru cariera mea scriitoricească asta înseamnă să-i mulțumesc agentului meu, Kevan Lyon. Aproape că nu-mi vine să cred cât de departe am ajuns ca autor, iar asta se datorează în mare parte viziunii și înțelepciunii sale — și faptului că îmi frânge neabătut aripile de vis ori de câte ori vin cu o propunere ce implică crearea de lumi alternative sau realismul magic. Într-o bună zi, KL, într-o bună zi...

Îi mulțumesc lui Brian Hampton și întregii echipe de la Nelson Books și HarperCollins care au mizat pe cartea mea anterioară, *Fată, deschide ochii!*, pentru reușita căreia am lucrat cot la cot cu: Jenny Baumgartner, Jessica Wong, Brigitta Nortker, Stephanie Tresner, Sara Broun, plus toți cei din echipa de vânzări care mi-au promovat cartea către partenerii de distribuție, continuând să-mi răspundă la e-mailuri — chiar și atunci când erau enervante sau săreau calul.

Îi mulțumesc lui Jeff James și echipei de la HarperCollins Leadership pentru că au înțeles că o carte axată pe stabilirea de obiective și pe realizarea acestora este urmarea perfectă a unei cărți în care era vorba despre niște degete păroase la picioare și incontinența urinară.

Ca de fiecare dată, mulțumiri din inimă echipei de la Hollis Company, formată din cei mai implicați oameni din această industrie sau din oricare alta. Suntem mici, dar puternici. Suntem micul motor care pune lucrurile în mișcare.

Nu lăsați pe nimeni să vă spună că un grup mic de oameni hotărâți nu poate schimba lumea — căci au schimbat-o deja.

Mulțumirile mele se îndreaptă și către prietena mea Annie Ludes, cea care a ilustrat această carte. O reprezentare vizuală a vorbăriei mele nu e treabă ușoară, dar Annie a reușit s-o facă perfect!

Cu riscul de a fi siropoasă, vreau să mă opresc o clipă și să le mulțumesc mentorilor mei. Niciunul dintre ei nu știe cine este, dar din activitatea lor am obținut mijloacele cu care să-mi schimb viața și afacerea și le sunt veșnic recunoscătoare pentru îndrumările pe care le-au pus la dispoziția unor visători ca mine. Este vorba de: Dave Ramsey, Oprah Winfrey, John C. Maxwell, Keith J. Cunningham, Elizabeth Gilbert, Phil Knight, Înălțimea Sa Beyoncé Knowles Carter, Ed Mylett, Brendon Burchard și, mai ales, Tony Robbins. Cu toții mi-au fost de mare ajutor. Dacă eu, ca autor, ți-am influențat în vreun fel viața este pentru că acești oameni mi-au influențat mie, ca discipol, viața.

Le mulțumesc copiilor mei: Jackson Cage, Sawyer Neely, Ford Baker și Noah Elizabeth. Sper ca visurile pe care le vor urma să le umple inima de bucurie; mă rog să-mi pot trăi viața într-un fel care să vă facă să credeți că totul este posibil.

Și, ca de fiecare dată, cele mai însemnate mulțumiri le păstrez la urmă. Dave Hollis este piatra mea de temelie, galeria mea și, în multe feluri, cel care-mi poartă de grijă așa cum n-am avut parte în copilărie. Acum el este și partenerul meu de afacere. Pe când scriam această carte, am făcut un mare salt în necunoscut — dar care nu ni s-a părut chiar atât de mare. Ne-am mutat cu casa și cu firma din Los Angeles la Austin. După 17 ani de activitate, Dave și-a dat demisia dintr-un post foarte bun la Disney, renunțând la o poziție și la un salariu de invidiat. A făcut asta pentru că, la fel ca mine, și el crede în această viziune. Vrem să clădim o companie care să le ofere oamenilor mijloacele și sursele de inspirație cu ajutorul cărora să-și schimbe viața. Este un ideal grandios și o chemare misionară. N-aș fi putut face nimic din toate astea fără tine, dragostea mea!

Despre autoare

Rachel Hollis este pe prima poziție în topul vânzărilor *New York Times* și *USA Today*, realizează un foarte bine cotat podcast de business și este unul dintre cei mai căutați conferențiari pe teme motivaționale din lume. Fiind o autoare de succes și un mare influencer în domeniul stilului de viață, ea a pus bazele unei platforme de fani care numără milioane de persoane în social media. Este mândră că, deși este mamă a patru copii, a continuat să lucreze și este foarte atașată de micuțul oraș texan care i-a devenit casă.

O poți urmări pe Instagram (aplicația ei preferată!) @MsRachelHollis. Pentru a afla mai multe, vizitează TheHollisCo.com.

Note

Partea I: Scuze la care să renunți

1. Google dictionary, s.v. „excuse“, accesat la 15 septembrie 2018, https://www.google.com/search?active&q=Dictionary#dobs=excuse, din *Oxford Dictionaries*, s.v. „excuse,“ https: //en.oxforddictionaries.com/definition/excuse.

Scuza 1: Alte femei nu fac așa

1. Brené Brown, „Listening to Shame“, TED video, 20:32, discurs ținut la TED2012, martie 2012, transcript, 13:20, https: //www.ted.com/talks/brene_brown_listening_to_shame.

Scuza 9: Fetele bune nu dau din coate

1. După titlul cărții *Well-Behaved Women Seldom Make History* de Laurel Thatcher Ulrich (New York: Knopf, 2007).

Partea II: Comportamente pe care să le adopți

1. Google dictionary, s.v. „behavior“, accesat la 24 septembrie 2018, https://www.google.com/search?active&q=Dictionary#dobs=behavior, din *Oxford Dictionaries*, s.v. „behaviour“, https://en.oxforddictionaries.com/definition/behaviour.

Comportamentul 1: Încetează să mai ceri voie

1. *American Heritage Dictionary of the English Language*, ed. V (2016), s.v. „qualify“, accentul meu.

Comportamentul 3: Fii ambițioasă!

1. *Oxford Dictionaries*, s.v. „ambition“, accesat la 25 septembrie 2018, https://en.oxforddictionaries.com/definition/us/ambition.

Comportamentul 4: Cere ajutor

1. J.F.O. McAllister, „10 Questions for Madeleine Albright“, *TIME*, 10 ianuarie 2008, http://content.time.com/time/magazine/article/0,9171,1702358,00.html.

Comportamentul 7: Învață să spui nu

1. Citat original din Derek Sivers. Preluat de la Jen Hatmaker (@jenhatmaker), „Odată cu trecerea în 2016, îți doresc să ai un program mai normal în care prioritățile vieții tale să te mențină concentrată pe lucrurile care contează cel mai mult.“ Facebook, 4 ianuarie 2016, https://www.facebook.com/jenhatmaker/posts/as-you-move-into-2016-hoping-for-a-saner-schedule-that-prioritizes-your-actual-l/881671191931877/.

Partea III: Abilități pe care să contezi

1. *Oxford Dictionaries*, s.v. „skill“, accesat la 20 septembrie 2018, https://en.oxforddictionaries.com/definition/skill.

Abilitatea 2: Încrederea în sine

1. Tara Sophia Mohr, „Why Women Don't Apply for Jobs Unless They're 100% Qualified“, *Harvard Business Review*, 25 august 2014, https://hbr.org/2014/08/why-women-dont-apply-for-jobs-unless-theyre-100-qualified.

Abilitatea 4: Eficiența

1. Gary Keller și Jay Papasan, *The One Thing: The Surprisingly Simple Truth Behind Extraordinary Results* (Hudson Bend, TX: Bard Press, 2013).